U0743604

招标投标
焦点难点 探析

主　编　白如银

副主编　张志军　沈　磊

中国电力出版社
CHINA ELECTRIC POWER PRESS

内 容 提 要

本书梳理并择要精选招标投标实务中对《招标投标法》《政府采购法》及其配套立法的一些关键法条在理解上存有疑惑、争议的焦点问题，最新立法对招标投标制度的影响和热点问题，以及招标投标和政府采购实操中的难点问题，分专题研究探讨，涵盖招标投标机制、《招标投标法实施条例》、独立保函的司法解释、国家发展改革委 23 号令等立法政策的新规则及影响，招标文件编制、否决投标、定标和合同订立、履行等关键环节常见法律问题及对策，以及对《招标投标法》修订、联合体投标、评标委员会、定标权、电子招投标、投标保证金、串标围标、虚假投标等方面热点问题探讨。本书适合从事招标代理、招投标管理、政府采购、监督以及相关研究工作的人员阅读。

图书在版编目（CIP）数据

招标投标焦点难点探析／白如银主编. —北京：中国电力出版社，2017.12（2020.12 重印）
ISBN 978-7-5198-1665-0

Ⅰ. ①招… Ⅱ. ①白… Ⅲ. ①招标投标法－研究－中国 Ⅳ. ①D922.297.4

中国版本图书馆 CIP 数据核字（2018）第 001201 号

出版发行：中国电力出版社
地　　址：北京市东城区北京站西街 19 号（邮政编码 100005）
网　　址：http://www.cepp.sgcc.com.cn
责任编辑：赵　鹏　王　欢（010-63412240）
责任校对：朱丽芳
装帧设计：左　铭
责任印制：钱兴根

印　　刷：河北华商印刷有限公司
版　　次：2017 年 12 月第一版
印　　次：2020 年 12 月北京第五次印刷
开　　本：880 毫米×1230 毫米　32 开本
印　　张：10.5
字　　数：308 千字
定　　价：38.00 元

编 委 会

前　言

　　我国从20世纪80年代初开始逐步实行招标投标制度，先后在利用国外贷款、机电设备进口、建设工程发包、科研课题分配、出口商品配额分配等领域推行。实行招标投标制度，对于推进投融资体制改革，创造公平竞争的市场环境，提高经济效益和工程质量，具有重要意义。

　　经过多年实践，招标投标立法成为完善社会主义市场经济体系的内在要求。1999年，与《合同法》立法进程基本同步，我国第一部《招标投标法》正式颁布，为招标投标领域的行政立法奠定了上位法渊源，为市场主体的招标投标活动提供了规范性框架。其后，多部部门规章以及《招标投标法实施条例》等规范性法律文件相继出台，为不断完善招标投标法律体系，持续规范招标投标行为，有效强化国有资金采购行政监督，发挥了重要作用。

　　近年来，随着市场条件的巨大变化与招标投标实践的快速发展，业界在规范性法律文件的理解与适用方面形成了诸多焦点、难点问题，成为从业者和研究人员交流讨论的主要对象。其中一些问题，因涉及法律规范不具体、与民事基本法律的适用关系不明确、法律规定难以充分反映行业实践等，亟待深入研究探讨。

本书梳理了招标投标从业人员对《招标投标法》《政府采购法》《招标投标法实施条例》及其配套的部门规章中的一些关键法条在条文理解上存有疑惑、在理论探讨中存有争议的焦点与难点问题，最新立法对于招标投标制度的影响和热点问题，以及招标投标和政府采购实践操作中的焦点、难点问题，结合最新立法，分专题进行研究探讨，主要涉及招标投标机制的原理、基本原则研究，《招标投标法实施条例》、国家发展改革委 23 号令、独立保函的司法解释、《企业信息公示暂行条例》、工商登记制度改革等最新立法政策的新规则及影响，招标项目先决条件、招标文件编制、投标决策、联合体投标、招标失败、评标委员会、否决投标、定标以及招标项目合同订立与履行等招标投标关键环节、重点领域常见法律问题、法律风险及应对策略，以及对《招标投标法》修订、定标权、评定分离、电子招标投标、投标保证金、串标围标、虚假投标等方面热点问题的深入探讨。

本书对上述问题的分析研究，集中反映了作者身为一线招标投标研究、管理人员在某一阶段的所思所想。希望通过本书抛砖引玉，为更多专家、资深业者参与招标投标法律问题讨论，逐步凝聚共识，共同推动招标投标法律体系进一步完善，促进招标投标行业健康发展，贡献绵薄之力。

本书内容原文均曾在杂志公开发表，编选入本书时根据最新法律规定和实践经验进行了适当修改。限于编者（原作者）认识有限，本书偏颇疏漏势所难免，恳请读者批评指正。

编　者
2017 年 10 月

目　录

前言

●⋯⋯⋯⋯⋯⋯⋯ 一　综　合　篇 ⋯⋯⋯⋯⋯⋯⋯●

招标投标机制的原理及应用 ⋯⋯⋯⋯⋯⋯⋯⋯⋯⋯⋯⋯⋯⋯ 3
试论招标投标活动中的公平原则 ⋯⋯⋯⋯⋯⋯⋯⋯⋯⋯⋯ 13
论政府采购招标项目的法律适用 ⋯⋯⋯⋯⋯⋯⋯⋯⋯⋯⋯ 21
对《招标投标法》的若干修订建议 ⋯⋯⋯⋯⋯⋯⋯⋯⋯⋯ 25
《招标投标法实施条例》的新规则及影响 ⋯⋯⋯⋯⋯⋯⋯ 37
《招标投标法实施条例》的"题"与"解" ⋯⋯⋯⋯⋯⋯⋯ 51
对国家发展改革委等九部委 23 号令的解读 ⋯⋯⋯⋯⋯⋯ 66
电子招标投标的若干法律问题探析 ⋯⋯⋯⋯⋯⋯⋯⋯⋯⋯ 86
当前工商登记制度改革对招标活动的影响与对策 ⋯⋯⋯⋯ 94
《企业信息公示暂行条例》对招标工作的影响 ⋯⋯⋯⋯⋯ 99
地方保护政策对招标活动的影响及应对策略 ⋯⋯⋯⋯⋯ 104
对"投标保证金"的相关法律问题探析 ⋯⋯⋯⋯⋯⋯⋯⋯ 109
法律顾问参加招投标活动开展法律保障工作机制的探讨 ⋯⋯⋯ 117

●⋯⋯⋯⋯⋯⋯⋯ 二　招　标　篇 ⋯⋯⋯⋯⋯⋯⋯●

招标项目先决条件的相关法律问题及对策 ⋯⋯⋯⋯⋯⋯ 127
招标文件常见法律问题及风险防范策略 ⋯⋯⋯⋯⋯⋯⋯ 133
招标文件"倾向性"的认定与防范 ⋯⋯⋯⋯⋯⋯⋯⋯⋯⋯ 142
浅议招标文件中否决投标情形的设计与法律效力
　　——兼论合格投标人资格条件的合理约定 ⋯⋯⋯⋯⋯ 149

结合最新司法解释谈国内招投标中独立保函条款的编制 ········· 156
招标文件发售费用≠招标文件编制费用 ················· 160
招投标资格预审阶段的法律性质探究 ················· 163

三 投标篇

投标决策的相关法律问题与对策 ················· 171
联合体投标的相关法律问题及对策 ················· 177
投标人不足三个致招标失败风险防范对策 ············· 184
论工程招投标串标围标现象及防范 ················· 191

四 评标篇

关于评标委员会的性质及与招标人的法律关系的探讨 ········· 203
评标委员会相关法律问题分析 ················· 222
常见否决投标条件的法律梳理 ················· 230
资格证明文件造假的处理与防范对策 ··············· 240
废标、否决投标、无效投标辨析及废标权的归属 ········· 248

五 定标篇

论招标人定标权的内涵 ····················· 257
对《招标投标法实施条例》定标权相关规定的探讨 ········· 262
也论国资项目定标权的归属 ··················· 268
评定分离"热"中的冷思考 ··················· 285
中标通知书相关法律问题及对策 ················· 300
越权定标、迟延定标和违规定标的法律风险及对策 ········· 305

六 合同篇

招标项目合同订立中的法律问题及对策 ············· 313
招标项目合同履行中的法律问题及对策 ············· 321

参考文献 ··························· 327

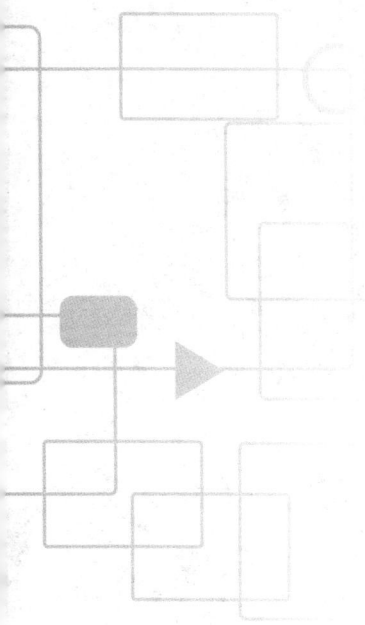

一

综 合 篇

招标投标机制的原理及应用

◎**本文概要** 借对比分析"招标"与"比武招亲",厘清了"招标"概念,提出招投标的三个典型特征—经济性、技术性和法律性,招投标机制运行的四项适用前提:市场诚信体系健全、买方市场、交易双方信息不对称、招标可期节约资金超过招标成本。

我国采用招标投标方式进行采购的历史可以追溯到晚清时期。20世纪初张之洞创办湖北皮革厂时,采用招标比价(招标投标)方式发包工程,五家营造商参加开标比价,结果张同升以1270两白银中标,并签订了以质量保证、施工工期、付款方法为主要内容的承包合同。1918年汉阳铁厂的两项扩建工程,也曾在汉口《新闻报》刊登通告,公开进行招标。但是由于诸多原因,我国招标投标制度并未以一种法律制度的形式在近代得到确立和发展。

改革开放以来,特别是《招标投标法》《政府采购法》等法律及其配套规范颁布实施以来,招标投标机制被广泛运用于我国工程、货物和服务采购活动中。据有关部门统计,2015年全国政府采购规模已突破2万亿元,总额达21070.5亿元,其中采用公开招标的项目金额为16413.5亿元,占77.9%。统计资料显示,在工程建设项目中,建筑、交通、水利水电等行业依法必须招标项目的招标率均达到90%以上。

随着我国招标采购法律体系和监督体制的逐步完善,在可以预见的将来,招标投标作为市场配置资源的一种有效方式,其优越性将继续受到采购人和招标采购代理机构的青睐。

一、引子

然而,在日常招标采购实践中,经常会出现一些啼笑皆非的事例。不妨列举一二：

事例一：2012 年，H 省教育厅使用中央专项资金拟采购一批商务印书馆出版的《新华字典》，最终采购到的是一批某某出版社出版的《学生新华字典》。据了解，这种版本的《学生新华字典》在注音、字形、释义、例句、部首、英汉对照以及标点符号等方面存在诸多错误，差错率超过万分之二十（国家规定的差错率为万分之一）。调查结果表明：该省教育厅花的是购买正版《新华字典》的钱，买到的却是另一版本的问题字典。

事例二：2013 年初，Y 省 T 县教育部门集中采购的 9 万多本《新华字典》发到学生手中时，其中相当一部分被发现纸张粗糙、字体颜色不均、装订质量较差。经查验，该批字典中有 7 万多册竟然是盗版字典！无独有偶，距离该县 400 多公里的 L 市通过招投标采购的 2.7 万余册《新华字典》也是盗版字典。

事例三：A 省某县政府采购中心采购中央空调，要求压缩机为"原装进口"，理由是中央空调压缩机技术要求非常严格，目前国产技术不成熟。事实上，国内空调压缩机技术已经比较成熟，无须购买进口产品。

事例四：N 省财政厅、文化厅、省直机关政府采购中心为突击花钱，通过招标方式花 3000 万元购买了市价 1500 万元的商品。

事例五：通过招标，L 省 F 市财政局购买了单价为 2398 元的 U 盘；国内某著名科研单位购买了单价为 6247 元的打印机内存条。

不可否认，在招标采购实践中，类似于上述事例的情形屡见不鲜。在经历了诸如此类的"采购事故"之后，一些业界人士不免发出感慨：招标，是场华而不实的豪华游戏。

与此相反的是：很多行政机关、事业单位和地方政府，对招标投标方式情有独钟，将招标活动扩大到项目融资、工程咨询机构遴选、代建单位选择等工程建设的方方面面，以及土地使用权、探矿权和药品采购等领域，大大扩展了招标投标方式的适用范围。在实践中，一些国有企事业单位还提出了"应招尽招、凡买必招"等要求，似乎把招标看成一剂能医治腐败滋生、效益不佳等诸多采购顽疾的苦口良药。

在这些看似矛盾而又现实存在的现象中，折射出一个不容忽视的现象：一些从业人员对招标投标机制的原理及适用前提了解不深，有时甚至存在诸多误解，导致招标投标领域在理论和实践方面存在诸多困惑。

究其原因：一方面我国引进现代招标投标制度较晚，招标投标活动作为一种法定交易方式和缔约程序的历史较短，造成实操人员对于招标投标机制原理掌握比较欠缺；另一方面我国高等院校中专门开设招标采购专业的学校很少，学科理论架构未成体系，基础理论研究比较缺乏，诸多实践问题尚未形成相对一致且能为大多数从业人员所能接受的主流观点。

本文拟从探讨招标投标概念的角度出发，分析招标投标机制的适用前提和特性，以期抛砖引玉，引发业界人士对招标投标基础理论研究的关注。

二、招标投标的概念

业界一般认为，招标投标是市场主体通过有序竞争方式，择优选择交易对象，签订交易合同，以完成工程、货物和服务等资源配置的一种方式。招标投标是程序极为烦琐、缔约成本相对较高的一种缔约程序。厘清招标投标的概念，须要区分两个不同的层面。

一是学理范畴中的招标。业界认为，招标投标是一种特殊的缔约程序，是交易发起方按照预先规定的交易条件和交易规则，对外发出投标邀请，邀请符合条件的制造商、承包商或潜在交易对象，按照事先公布的规则和要求提供履约方案和履约报价，从中择优选择出提供最优方案的交易响应方为中标人，并与之签订交易合同的一种活动。

在学理范畴中，招标又有广义和狭义之分。广义的招标，包括发布招标公告和文件、投标、开标、评标、中标和签约等招标投标活动的整个流程。狭义的招标，是与投标相对应的一个概念，是指交易发起方发起交易活动的行为。在日常使用中，如果仅使用"招标"这一表述时，往往采用其广义概念；如果招标与投标并用，表述为"招标投标"时，采用其狭义概念。

二是日常俗称中的招标。在日常俗称中，人们常把一些包括经营权、资产所有等公开竞价出让方式和非招标采购方式都统称为"招标"。其中最为常见的是央视黄金时段广告招标，凭借其国内媒体老大的地位和影响力，将"广告时段招标"的概念打造得深入人心。然而，从其竞争的特征来看，以央视"广告时段招标"为代表的所谓招标，和学理概念上的招标投标差别非常大。主要表现有：①报价的密封性。招标活动要求不同投标人的报价信息不得公开；而在央视"广告时段招标"过程中，每一位竞争者的报价信息均实时对外公布。②报价的一次性。在招标投标活动中，要求投标人一次性报出不可更改的报价，而在央视"广告时段招标"过程中，参与竞争的交易响应方可以进行多轮报价。

此外，在日常实践中，人们也常常把山林（或土地）经营权发包、国有商业用房竞价拍租等方式，也称之为经营权招标；而在竞争性谈判、询价等一些非招标采购方式中，也常有从业人员把响应文件截止时间称为"开标时间"，把通过竞争之后赢得合同签约权的供应商称为"中标人"。

从严格意义上看，上述这些日常俗称，基本上都属于对于"招标"这一概念的误用。这一方面固然与人们对招标和非招标采购方式的区别不太熟悉有关；另一方面也与招标这种方式最先适用于市场竞争环境，"招标"这一概念已深入人心，更为大多数人所喜闻乐见有关。

本文在探讨招标投标机制时，采用学理范畴概念。文中单独使用"招标"一词时，大多采用广义概念（极个别地方采用狭义概念）；与"投标"并用合称"招标投标"时，采用狭义概念。

三、招标与比武招亲

如前所述，招标投标是一种通过竞争方式择优选择交易对象的活动。理解这一概念的特征时，可以引进一个比较通俗的比方：招标投标，类似于武侠小说中的"比武招亲"。招标人类似于古代江湖侠士设立比武招亲擂台的擂主，通过事先公布参赛资格条件和比赛规则，让符合条件的供应商之间相互切磋武艺，经过激烈的竞争决出胜者后，最后将"女儿"许配给武功最高者（即把合同签约权授予中标人）。

从"比武招亲"的比喻中，我们可以管窥出招标投标活动的一些基本特性：①事先公布参赛资格；②事先公布比赛规则；③只与最终胜者签约；④选择签约对象时只认规则，不参与个人喜好和其他情绪因素。此外，在我国招标投标制度设计中，为体现公正性，把评判胜负的裁判权交由依法组建的第三方评审机构独立执行。这一设计，避免了规则的制定者和执行者合二为一的现象，符合制度设计中的规则制定、规则执行、执行监督三分离原则。

从这一意义上看，一旦采用招标方式，采购人就享有了采购需求编制权、评标办法选择权、评标标准制定权、评审参与权、评标报告审查权和中标人确定权（允诺权）等诸多权利；同时也把中标候选人的产生交给了一个事先确定的特殊竞争程序，相应地失去了与特定供应商进行磋商谈判、凭自己喜好定标、按特定供应商的条件量体裁衣、明招暗定、私相授受等方面的权利。这些权利的失去，有的是由于招标投标机制本身的要求和局限所致，有些则是由于法律规定方面的强制性要求。

四、招标与反腐的关系

从国内外实践来看，采用招标方式进行采购确实可以起到预防和减少腐败的作用。但是，招标方式作为市场配置资源的一种技术手段，有着与其他技术手段相同的缺陷：即招标方式只能解决部分技术问题，无法解决人性问题。

也就是说，采用招标方式，只是从技术上增加了从事腐败行为的难度，而无法从思想上解决腐败现象的根源——人的贪欲。在某些特定的情况下，一些熟知规则漏洞的当事人，反而可以利用制度设计中的一些缺陷，以表面的"合法"形式达到其非法目的。在这种情形下，招标投标机制也有可能成为腐败现象的"掩体"和"外衣"。

由于诸多原因，在我国工程建设领域，招标投标活动中的腐败现象屡有发生。招标投标作为操作复杂、程序规范和历时较长的一种缔约方式，只能助力于反腐制度建设，而难以承担反腐终极手段的重任。实际上，我国多年的招标投标实践印证了这一点。

五、招标投标的特性

业界通说认为：采用招标投标方式订立的合同，在合同缔约过程中，经历要约邀请—要约—承诺三个阶段。招标人发出的招标公告（招标文件）属于要约邀请，投标人递交的投标文件属于要约，而招标人向中标人发出的中标通知书则属于承诺。招标投标活动具有经济性、技术性和法律性三个显著特征。

首先，招标投标活动是一项经济活动。招标采购是从组织外部有偿获取资源的一项经济活动。招标采购的标的——工程、货物或服务，其本身即是一种商品，具有商品的经济性。

招标投标作为一项经济活动，应当遵循微观经济学和宏观经济学的普遍原理和规律以实现采购目标：在微观层面，招标投标活动应当遵循微观经济学中的信息不对称理论、多目标选择理论、博弈论、目标排序理论等基本原理。在宏观层面，国家对影响公共安全、社会公共利益的工程建设项目的招标活动进行立法管制即属于宏观经济管理范畴。在不同经济发展阶段，国家对经济管理的范围、内容和力度等有所不同。

其次，招标投标活动是一项技术活动。招标投标的技术属性主要体现在两方面：一是标的本身具有技术属性。招标采购标的一般分为工程、货物和服务三类，其技术属性通过国家标准、企业标准和规范以及商品本身的专业技术条件、图纸技术文件等体现。二是招标投标活动本身的技术属性。招标人通过分析招标项目的采购目标和需求特征以明确采购需求、编制采购方案和文件、组织招标采购活动并签订合同，这一过程离不开专业技术人员的参与或组织。

最后，招标投标活动是一项法律活动。招标投标的最终目标是缔结一份交易合同，作为民事合同的缔约方，招标投标活动的主体必须具备相应资格。采购人一旦采用招标方式选择交易对象，其行为则可能受到《招标投标法》及其实施条例、《政府采购法》及其实施条例、《合同法》和《民法总则》等诸多法律规范的调整和制约。

特别是依法必须进行招标的项目，由于采购标的涉及国家利益、社会公共利益或公共安全，其交易行为受到较为严格的法律管制，不是完全意义上的自由交易。

从某种层面看，招标投标活动其他特性，如竞争性、程序性、规范性和报价的一次性和密封性等特点，均源自于招标投标活动的经济性、技术性和法律性。

六、招标投标机制的适用前提

招标投标作为一种订立合同的特殊方式和程序，有其特定的适用前提。厘清招标投标机制的适用，对于正确把握招标投标制度，规范市场主体行为，优化市场资源配置，提高资金使用效益，预防和制止腐败行为等方面具有突出意义。

与其他合同缔约方式相比，采用招标投标方式缔约时，其最为突出的特点是：变"买卖双方的博弈"为"投标人（供应商）之间的博弈"，博弈的胜者才有资格成为合同的签约人。笔者认为，招标投标机制的适用前提主要体现在以下四个方面：

1. 市场诚信体系相对健全

在招标阶段，潜在投标人只能从采购人发布的招标公告和招标文件中获取项目信息，无法从其他渠道获取更多的信息；而在评审阶段，评标委员会则只对投标人提供的纸质或电子投标文件进行评审，而不对其超出投标文件以外的范围进行评审。因此，招标投标机制对交易双方诚信方面的要求极为严格，要求交易双方之间以白纸黑字方式提供的所有相关信息和相关承诺都是客观、真实、可靠的，而且默认对方会依约全面、完整履行。

不容否认，在诚信体系不太健全的大环境下，招标投标机制的优势很难得到充分展示和发挥。在招标投标实践中，虚假招标、弄虚作假投标、低价中标后串通业主更改设计等方式，都是不诚信的表现，是与招标投标机制的机理和适用前提相悖的。

但是，从现实需求来看，招标投标机制显然无法等到市场诚信体系完全健全后才进行推广和适用，更何况市场诚信体系建设原本就是一个渐进的发展过程，是否健全并无现成的、统一的标准。在目前我国市场诚信体系建设还比较薄弱的大环境下，特别需要招标人、投标人、行政监督部门和其他参与主体一道共同努力，投身于招标投标市场诚信体系建设，以便发挥出招标投标机制的特有优势。

2. 市场形态处于买方市场态势

经济学中的买方市场，是指市场处于供给大于需求、商品价格呈下降趋势，买方在交易上处于有利地位的市场态势。买方市场意味着在商品交换过程中，交易双方的平等地位由于商品供大于求而被打破，消费者在宽松的选择环境中可以货比三家，购得物美价廉的商品。正是在买方市场形态下，由于有数量足够多的潜在供应商，采购人才有可能利用自身的市场优势，引进招标投标机制促成供应商之间的相互竞争和博弈，引发商品价格的向下和相关服务的提升，进而在供应商之间的激烈竞争中，提高采购资金的使用效益。

招标投标活动适用于买方市场。当市场供大于求的特征不十分显著，或供方竞争明显不足，或是针对稀缺产品的采购时，招标投标机制则难以发挥出应有的优势和作用，因此不宜强行植入招标投标方式开展交易活动。从这个意义上看，实践中一些地方政府和部门提出的"应招尽招、凡买必招"等要求，一定程度上背离了招标投标机制的适用前提。

3. 交易双方处于信息不对称状态

在招标投标活动开始之前，交易双方所掌握的信息是不对称的：招标人一方对自己项目的特征和需求目标比较熟悉，而对工程、货物或服务的最低购买成本缺乏了解；潜在投标人一方对自身成本和履约优势较为熟悉，而对招标项目的交易条件、需求特征和采购目标不甚了解。

需要注意的是：在招标投标活动开始之后，交易各方因所处的市场地位不同，对交易信息的对称披露或者封闭保密要求有所不同：

（1）招标人与投标人之间：应最大程度地趋向于信息对称。交易信息对称是达成交易和成功履约的重要前提。唯有交易双方充分了解对方的相关信息，并足以信赖对方的签约诚意和履约能力，才有可能达成交易。因此，招标投标活动要求交易一方尽可能向对方完整、全面地展示、披露与交易相关的自身信息。例如，招标人应当通过指定媒体公开发布招标项目需求信息和交易资格条件，招标文件应当详细描述招标项目的需求特征；投标人应当如实提交履约资格、履约能力等相关信息等。

（2）投标人与投标人之间：应持续保持信息保密状态。为实现投标人之间的有效竞争，除依法公开的信息外，招标投标活动要求潜在投标人之间禁止交换、沟通本次交易信息。如潜在投标人之间相互交换交易信息或达成攻守同盟，将无法形成彼此之间的相互竞争，招标投标机制将难以发挥出竞争作用。因此，《招标投标法》禁止投标人之间串通投标，禁止招标人向他人透露已获取招标文件的潜在投标人的名称、数量以及可能影响公平竞争的有关招标投标的其他情况。

4. 可期节约资金应超过招标活动成本

通过招标方式进行采购，可以起到降低成本、提高资金的使用效益的作用。但是，招标投标作为一种交易方式，其本身也需要成本支出，如搜寻成本、信息成本、决策成本、缔约成本、监督成本和救济成本等方面的固定费用。当通过招标方式可节约的资金不足以弥补上述交易成本时，采用招标方式反而降低了资金的使用效益，造成了采购资金的浪费。在招标投标活动中，只有当采购项目达到一定的规模时，通过招标方式节约的资金才足以弥补招标成本支出。

因此，即便是涉及社会公共利益、使用公共资金的采购项目，也并非都必须进行招标，只有达到国家规定的招标限额标准才属于强制招标的范畴。实践中，有些行业规定几万元的项目，甚至是几千元的项目都要招标，实际上是不太可取的做法。从国内外的实践来看，采购标的过小的项目，使用招标方式所节约的资金难以弥补采购成本，无法实现提高资金使用效益的目的，不适宜采用招标方式进行采购。

七、结语

回顾本文引子中提到的几个例，通过对招标投标机制的原理和适用前提进行分析，之所以出现采购期望值与采购结果之间的巨大差异，一方面可能是采购人自己编制招标文件比较粗糙，在标的物的采购目标和需求特征描述等方面出现了一些偏差，如设计图纸、技术规格或功能材质等方面未能全面把握标的物需求特性；另一方面也可能是在市场诚信体系尚不太健全的前提下，供应商在诚信履约方面出现了问题。

笔者认为：破解采购期望值与采购结果之间的矛盾，应当从提高招标文件的编制质量和各参与主体合力构建市场诚信体系等方向出发，而不应依照"某个意向中标人"量体裁衣定制技术参数和评标标准，以走过场的方式明招暗定达到某种目的，否则有悖于招标投标机制的原理和适用前提，将对招标投标机制本身产生巨大的破坏，也与招标采购活动的规范化、法治化建设方向背道而驰。

（原文载于《招标与投标》2015 年第 2 期）

试论招标投标活动中的公平原则

◎**本文概要** 业界对招标投标活动中的公平原则有着不同的理解，本文认为应当包括交易双方之间的公平交易和不同潜在投标人之间的公平竞争两方面内容。

招标投标制度是市场经济的产物。开展招标投标活动应当遵循市场经济活动的基本原则。我国《招标投标法》第五条规定："招标投标活动应当遵循公开、公平、公正和诚实信用的原则"。"三公"和诚信原则，是开展招标投标活动应当遵循的基本原则。

一、关于招标投标活动公平原则的不同理解

各种文献资料对于公开、公正和诚实信用原则的解释大休一致。一般认为：公开原则是指信息透明，即要求招标投标活动具有高的透明度，使每一个投标人获得同等的信息，知悉招标的条件和要求。公正原则是指相关制度规则在执行时应当依据统一的标准严格执行，如要求评标委员会按事先公布的评标标准和方法对待所有的投标人，行政监督部门应当公正执法，不得偏袒护私等。诚实信用原则是指招标投标活动主体应当诚实良善，恪守信用，严禁弄虚作假、言而无信，以保证交易安全，促使交易目标的实现。

而关于公平原则，相关文献资料的解释不太一致。大致有如下一些观点：

一是机会均等说。2012版全国招标师职业水平考试辅导教材《招标采购法律法规与政策》和2015版全国招标师职业资格考试辅导教材《招标采购专业知识与法律法规》对公平原则作如下解读："公平原则，即机会均等，要求招标人给予所有投标人平等的机会，使其享有同等的权利并履行相应的义务，不歧视任何一方。"在赵勇、

陈川生等编著的《招标采购管理与监督》一书中，也有类似表述。

二是内容平等说。比较具有代表性的文献有陈川生、沈力等编著的《招标人暨行政监督疏议》和《招标投标法律法规解读评析》等文献中的表述，认为公平即是平等，是指行为人过程条件、采购过程和内容机会均等，以及采购行为结束后的结果平等。

三是机会均等兼公平交易说。比较具有代表性的是 2012 版全国招标师职业水平考试辅导教材《招标采购专业实务》一书，该文献对公平原则做如下表述："公平原则是指每个潜在投标人都享有参与平等竞争的机会和权利，不得设置任何条件歧视排斥或偏袒保护潜在投标人，招标人与投标人应当公平交易。"而在 2015 版全国招标师职业资格考试辅导教材《招标采购专业实务》一书中，对公平原则又作了进一步解释："公平原则主要体现在两个方面：一方面，机会均等，即潜在投标人具有均等的投标竞争机会；另一方面，各方权利义务平等，即招标人和所有投标人之间权利义务均衡并合理承担民事责任。"

上述三种理解哪一种更符合法理呢？笔者以为，对于公平原则内涵的探究，可按溯本清源之法，从法律渊源着手。

二、三部法律及相关释义对公平原则的不同解读

招标投标活动的目的，是为了订立一份合同。缔约行为本质上是一种民事行为，即便是在政府采购活动中，国家机关、事业单位和团体组织，也是以民事主体的角色参与市场交易活动。我国《民法总则》《合同法》和《招标投标法》中，均有关于公平原则的规定。

《民法总则》第六条规定："民事主体从事民事活动，应当遵循公平原则，合理确定各方的权利和义务。"一般理解，公平原则是指民事主体应依据社会公认的公平理念实施民事活动，以维持当事人之间的利益均衡，其内涵包括三点：一是民事主体法律地位平等，二是民事权利能力平等，三是民事主体平等受法律保护。

由此可见，民法中的公平原则主要是针对双方当事人提出的要求。依据《民法总则》，当事人在缔结民事合同时，应当合理确定各方的权利和义务，维系双方之间的利益均衡。即当事人一方不得凭

借主导地位和市场优势，把依法应当由己方承担的义务、责任和履约风险强加给另一方。

《合同法》第五条规定："当事人应当遵循公平原则确定各方的权利和义务。"根据全国人大常委会法工委主编的《中华人民共和国合同法释义》（以下简称《合同法释义》）一书中的解释："公平原则要求合同双方当事人之间的权利义务要公平合理，要大体上平衡，强调一方给付与对方给付之间的等值性，合同上的负担和风险的合理分配。具体包括：第一，在订立合同时，要根据公平原则确定双方的权利和义务，不得滥用权利，不得欺诈，不得假借订立合同恶意进行磋商；第二，根据公平原则确定风险的合理分配；第三，根据公平原则确定违约责任。"

《合同法》将公平原则作为合同当事人的行为准则，意在防止当事人滥用权利，有利于保护当事人的合法权益，维护和平衡当事人之间的利益。

关于《招标投标法》第五条中的公平原则，全国人大常委会法工委组编的《中华人民共和国招标投标法释义》（以下简称《招标投标法释义》）一书作如下解释："公平原则，就是要求给予所有投标人平等的机会，使其享有同等的权利并履行相应的义务，不歧视任何一方。"由此看来，本文之前提到的"机会均等说"，系源于《招标投标法释义》中的解读。

对比《民法总则》《合同法》和《招标投标法》三部法律的相关规定和释义，《民法总则》和《合同法》对公平原则的诠释大体比较接近，均可理解为要求交易双方利益均衡，权利义务、履约风险和违约责任设置合理。唯有《招标投标法释义》对公平原则作了不同解读，解释为所有参与竞争方应当享有同等权利义务。两者之间的差异主要表现在以下几个方面：

一是涵盖的内容不同。《民法总则》和《合同法释义》中，公平原则是关于交易双方之间权利义务约定方面的要求；而在招标投标法释义中，公平原则是关于竞争方遴选、评价标准制定等方面的要求。

二是约束的侧重点不同。《民法总则》和《合同法释义》中，公平原则侧重于权利义务设置的均衡性；而在《招标投标法释义》中，则侧重于遴选标准的统一性。

三是针对的对象不同。《民法总则》和《合同法释义》中，公平原则是对交易双方之间的共同要求；而在《招标投标法释义》中，则只对招标人一方提出要求。

四是维护的利益方不同。从《民法总则》和《合同法释义》来看，公平原则侧重于维护交易双方的利益；而在《招标投标法释义》中，则偏重于对投标方的保护。

就民事活动而言，《民法总则》《合同法》和《招标投标法》都属于调整和规范民事交易行为、交易过程和交易结果的法律，三部法律对公平原则的解读理应一脉相承、大同小异、各有侧重。笔者认为：在上述四大差异中，第三、第四方面的差异反映出了招标投标法所规制对象和范围的侧重点，体现了招标投标机制特有的属性特征。

但就第一、第二方面的差异而言，《招标投标法释义》与《民法总则》《合同法释义》之间的区别如此之大则有些令人意外。由此引发的疑虑是：《招标投标法释义》对公平原则的解读是否准确、是否到位？

三、招标投标法释义对公平原则的解读值得商榷

与《民法总则》和《合同法释义》相比，《招标投标法释义》对公平原则仅仅体现为要求招标人对投标人的选择实现"机会均等"，未对交易双方在权利义务设置、风险责任分配和利益分摊等方面提出要求。这一表述容易令人误解为招标投标活动中不强调交易内容方面的公平合理。

笔者认为：《招标投标法释义》中的这一表述值得商榷。依笔者观点，对招标投标活动公平原则的解释，不应仅限于对投标人遴选标准制定方面的要求。主要理由如下：

一是不同法律有机衔接的客观需要。业界通说认为，立法者旨在制定一部内部一致、外部连贯、合乎逻辑的法律，其在制度设计、意见收集、文字表述等方面付出的艰苦努力，大部分是为了保持法律体系之间的连贯性和一致性。

由于《民法总则》、合同法和招标投标法三部法律属于同一部门法体系下的不同法律，三者关于同一原则的理解，应表现为有机的联系、传承和细化关系，而不应表现为互斥和矛盾关系。从这个意义上看，招标投标法关于公平原则的释义，有必要吸纳《民法总则》、合同法释义中的一些有益内容。

二是招标投标法立法目的的完整体现。《招标投标法》第一条规定："为了规范招标投标活动，保护国家利益、社会公共利益和招标投标活动当事人的合法权益，提高经济效益，保证项目质量，制定本法。"无疑，保护招标投标活动当事人的合法权益是招标投标法的立法目的之一。而招标投标法所称的当事人，系指参与交易活动的双方当事人。

作为保护招标投标活动双方当事人合法权益的举措之一，结合招标人在交易活动中占据市场强势地位的特点，《招标投标法释义》在关于公平原则的解释中，理应提出"招标人应当在招标文件和合同条款草案中，合理配置交易双方权利、义务范围和风险责任边界"等类似表达，以充分、完整地体现《招标投标法》的立法目的。

三是招标采购实践的现实需求。笔者曾亲历一个案例：某地一城乡污水处理一体化管道工程，工期为 18 个月，工程预算 2100 万元，材料占比达 75% 以上。该项目招标文件规定，招标人不承担任何价格风险。招标文件发出后，主材某大口径球磨铸铁管价格非正常上涨。评标结果公示后，第一、第二、第三中标候选人先后均放弃中标，招标人从其余投标人中选择中标人未果，无奈之下重新组织招标，造成工期拖延近 3 个月。招标人在本项目二次招标文件中规定：工程预算调整为 2700 万元，价格风险承担方式改为主材价格涨幅超过 10% 时，业主承担 70% 风险比例，中标人承担 30% 风险比例。其后二次招标投标活动顺利实施，中标人如期签约进场施工。

在参与该项目的调查处理过程中，笔者切身感受到强调招标人在招标文件和合同草案中合理配置权利义务关系，保持交易双方利益相对均衡的重要性。就本案而言，由于一开始招标人对公平原则认识不够全面，希望借助招标方式转嫁所有价格履约风险，导致了首次招标失败，在合理配置价格风险承担方式以后，重新招标进展顺利。因此，在公平原则释义中引入关于"招标人应当在招标投标过程中对交易双方在权责、风险承担方面进行公平分配"等类似表述，在实践中也有利于招标投标活动的顺利开展，有助于减少定标后履约过程中的争议和纠纷。

四是招标投标机制的内在反映。招标投标机制适用的前提之一即是买方市场。在商品供过于求的买方市场态势下，交易双方的市场地位是不平等的：招标人占据市场优势地位，主导交易流程，享有交易规则制定权、评审标准制定权、商品选择权等多项权利；而投标人则在市场上处于弱势地位，只能被动地去适应招标人制定的游戏规则，且由于投标人之间的激烈竞争，则进一步加剧了其弱势地位。

为平衡交易双方之间的法律关系，有必要在解读公平原则时，强调交易双方应当公平交易，合理设置交易流程、合同条款中的权利义务以及风险责任分配方案，以维护交易双方之间的公平地位。

五是立法原理的真实体现。据考证，"法"的古体字为"灋"，由"水""廌""去"三者组成，系一会意字。《说文解字》记载："灋，刑也。平之如水，从水；廌，所以触不直者去之，从去。""平之如水，从水"，意指法代表公平；"廌"，据说是一种能断狱的神兽，形状似牛，头生一角，古时遇到疑难案件难以决讼，则令其用头上之角触不直者。因而，"廌"加"去"意指"不直者去（驱除）之"。从"法"字的本意来看：立法想要维护的即是双方当事人之间的公平，不公平者应被驱除。

综上，公平原则不应仅仅体现在对所有投标人都采用同一评判标准上，也应体现在交易规则和合同草案等相关内容中。由此看来，《招标投标法释义》对公平原则的解读，略显单薄且有失精准。

四、招标投标法相关法条对公平原则的诠释

《招标投标法》第十九条规定："招标人应当根据招标项目的特点和需要编制招标文件。"该法条同时规定招标文件应当包括评标标准等所有实质性内容和合同主要条款。从该条规定中，也可以管窥出招标人在起草合同条款时，其内容应当符合招标项目的特点和需

要，不得违背公平原则。

《招标投标法实施条例》第二十三条规定："招标人编制的资格预审文件、招标文件的内容违反法律、行政法规的强制性规定，违反公开、公平、公正和诚实信用原则，影响资格预审结果或者潜在投标人投标的，依法必须进行招标的项目的招标人应当在修改资格预审文件或者招标文件后重新招标。"结合上位法《招标投标法》关于招标文件内容方面的要求，该条所指的"招标文件的内容"违反公平原则，无疑也包括招标文件中合同条款中的相关内容违反公平原则。

此外，在《招标投标法》和《招标投标法实施条例》中，"招标"这一章节的篇幅最大，法条最多，其中有相当一部分法条意在约束招标人的各种行为。如关于澄清或修改招标文件的时限规定、强制招标项目等标期不得少于 20 天的规定、投标保证金数额不得超过 2%、不得组织单个或者部分潜在投标人踏勘现场、不得随意终止招标、终止招标后招标人应当退还招标文件费用和投标保证金等，这些规定意在通过交易程序正义保障交易结果正义，以促成交易结果的公平合理，这些规定一定程度上反映了立法者在相关法条的设计中，对公平原则的要求，已不仅限于要求"招标人给予所有投标人平等的机会"，而是对交易程序、交易规则和交易结果等方面的公平性均提出了相应要求。

五、对招标投标活动公平原则内涵的探究

结合《民法总则》《合同法》以及相关法律释义对公平原则的解读，结合招标投标机制的特点，笔者认为招标投标活动中的公平原则，不应仅仅体现为"机会均等"，起码还应包括对交易双方当事人之间在权利义务设置、风险责任分配的合理性、均衡性等方面的要求。概括起来，应包括如下两方面的内容：

一是招标人应当维持当事人之间的利益均衡。这一要求意在维护交易双方之间的公平交易。即要求招标人在主导交易过程、制定交易规则和合同条款时，不宜凭借市场优势转嫁其法定义务和法定责任，不得将本应由己方承担的交易风险和履约风险强加给对方，

否则将构成对公平原则的违反和破坏，也不利于交易活动和合同履约的正常开展。

实践中常见的违反交易双方公平交易的情形有：招标人要求潜在投标人在购买招标文件时就提交投标保证金；要求潜在投标人不得对招标文件的违法内容提出异议；要求潜在投标人承诺不因等标期不足而投诉；规定投标人购买招标文件后不参加投标的，投标保证金不予退还等。

二是招标人应当对所有投标人实行同一标准。这一要求意在维护投标人之间的公平竞争。即要求招标人给予所有投标人平等的机会，使其享有同等的权利并履行相应的义务，不歧视任何一方。

实践中常见的违反投标人之间公平竞争的情形有：就同一项目向潜在投标人提供差异化信息；在招标文件中标明或指定特定的生产供应商；以特定行业或地区的业绩作为加分或中标条件；对不同投标人设置不同的资格条件和评审标准；等等。

六、结语

业界对招标投标活动中的公平原则有着不同的理解。依笔者观点，对于招标投标活动中的公平原则，应当包括交易双方之间的公平交易和不同潜在投标人之间的公平竞争两方面的内容。

（原文载于《招标与投标》2015 年第 4 期）

论政府采购招标项目的法律适用

◎**本文概要** 政府采购招标项目兼受《政府采购法》《招标投标法》"两法"规范，政府采购工程招标在程序上适用《招标投标法》，同时执行政府采购政策；政府采购货物和服务招标适用《招标投标法》中的一般规定和《政府采购法》及其配套制度的特殊规定。

我国公共采购领域并行着《政府采购法》和《招标投标法》两部法律，以及与上述两部法律相配套的行政法规、部门规章、地方性法规、地方政府规章和政府规范性文件，构成了较为完整的规范招标采购活动的法律体系。政府采购项目招标投标活动如何准确适用相关法律规定，一直是招标采购业界人士争论的话题。

一、政府采购项目招标兼受《招标投标法》和《政府采购法》约束

《政府采购法》第二条规定："在中华人民共和国境内进行的政府采购适用本法。"根据《政府采购法》的相关规定，各级国家机关、事业单位和团体组织，使用财政性资金采购依法制定的集中采购目录以内的或者采购限额标准以上的货物、工程和服务，均受《政府采购法》管辖。

政府采购的法定采购方式有公开招标、邀请招标、竞争性谈判、询价、单一来源采购和竞争性磋商等。公开招标和邀请招标作为《政府采购法》法定的采购方式之一，无疑应当遵循《政府采购法》及其配套法律规范的调整。

《招标投标法》第二条规定："在中华人民共和国境内进行招标投标活动，适用本法。"根据《招标投标法》的规定，在我国境内进行招标投标活动的，均应受《招标投标法》及其配套法律规范的约束。

因此，从《政府采购法》和《招标投标法》两法调整的范围来看，政府采购项目，包括政府采购工程项目、政府采购货物项目以及政府采购服务项目，凡是采用招标投标方式的，应当同时适用《政府采购法》《招标投标法》以及与上述两法配套的法规、部门规章和规范性文件。

二、政府采购工程招标项目的法律适用

《政府采购法》第四条规定："政府采购工程进行招标投标的，适用招标投标法。"从立法上排除了《政府采购法》对政府采购工程招标项目的约束。对此，《政府采购法实施条例》第七条进一步作了补充和细化："政府采购工程以及与工程建设有关的货物、服务，采用招标方式采购的，适用《中华人民共和国招标投标法》及其实施条例；……政府采购工程以及与工程建设有关的货物、服务，应当执行政府采购政策。"上述两个法条表达了如下两层意思：

一是政府采购工程项目招标，包括与工程建设项目有关的货物和服务项目招标，在程序上适用《招标投标法》及其配套法律规范的规定。这一规定，明确了政府采购工程项目以及与政府采购工程建设相关的货物、服务项目招标投标活动的法律适用。

二是政府采购工程在适用《招标投标法》及其配套法律规范规定的程序的同时，应当执行政府采购相关政策规定。即政府采购工程项目（包括与工程建设相关的货物和服务项目，本文下同）招标，仍应当执行如采购国货、优先采购节能环保产品、对小微企业的报价给予6%～10%的价格优惠等方面的政府采购政策。

三、政府采购货物和服务招标项目的法律适用

《招标投标法》虽在第二条将我国境内的所有招标投标活动均纳入管辖范围，但在其《招标投标法实施条例》第八十四条中规定："政府采购的法律、行政法规对政府采购货物、服务的招标投标另有规定的，从其规定。"这一规定，体现了对《政府采购法》及其配套法律规范中对政府采购货物和服务招标项目相关规定的衔接，体现了社会主义法律体系下，不同法律规范之间的相互协调和统一。

《招标投标法实施条例》中关于"另有规定的，从其规定"的表述，可理解为以下几层意思：一是政府采购货物和服务招标项目，受《招标投标法》的管辖；二是《招标投标法》及其实施条例中的一般规定，适用于政府采购货物和服务招标项目；三是如《政府采购法》及其配套法律规范对政府采购货物和服务招标项目另有规定的，从其规定。

关于政府采购货物和服务招标项目，《政府采购法》另行作了规定。《政府采购法》关于政府采购货物和服务招标的规定共有 7 条，其中 3 条是关于招标采购方式方面的规定，分别为第二十七条、第二十八条、第二十九条；4 条是关于招标程序方面的规定，分别为第三十四条、第三十五条、第三十六条和第三十七条。

在政府采购实践中，一些从事政府采购行业的人士认为政府采购货物和服务招标项目，只受《政府采购法》及其配套法律规范的约束，而不受《招标投标法》及其配套法律规范的约束。笔者认为：这一观点是不全面的。

首先，这一观点人为割裂了相关法律之间的联系。从《招标投标法》和《政府采购法》两部法律（本文简称"两法"）来看，在立法目的上并无冲突，都不乏"规范招标采购行为，维护国家利益和社会公共利益，保护当事人合法权益，提高资金的使用效益"等基本要素，同属于规范招标采购活动且相互联系、互为补充的法律规范。

其次，这一观点曲解了相关法律在管辖范围之间的分工。通说认为，立法者旨在制定一部内部一致、外部连贯的法律，以避免相关法律之间的矛盾。因此，尽管"两法"在管辖范围方面有所区别，但其中也有包容和衔接，并无实质性冲突，相反还在一些具体法条上表现出了"两法"之间的协调和统一。

其三，政府采购货物和服务招标项目，一方面因其项目性质属于政府采购项目，依法纳入《政府采购法》管辖为应有之义；另一方面因其采购方式属于招标方式，依法理应在《招标投标法》的管辖范围之列。因此，该类项目的属性特点决定了应当同时接受"两法"的调整和规范。

其四，关于政府采购货物服务项目的特殊性，《招标投标法》在法律适用方面作了相应安排。立法者对《招标投标法》及其配套法律规范的相关条文在表述方面的针对性和局限性有着较为充分的认识，体现出了尊重政府采购货物和服务招标项目的特殊性原则，立法时采用了"另有规定的，从其规定"的让步性措施，维护了"两法"在制度设计层面的协调和统一。

其五，政府采购活动的复杂性也决定了需要"两法"共同规范。实践中需要"两法"协同规范的例子不胜枚举。如：某政府采购货物招标项目，招标文件未规定提交备选方案，开标后发现某投标人提交了两份不同的投标文件，由于招标文件中未对该情形如何处理作出相关规定，而《政府采购法》及其配套法律规范对此未作任何规定，评标委员会一时一筹莫展。

如果认同政府采购项目招标应同时接受"两法"的约束和规范，那么对该案例的处理就不会成为一个问题。《招标投标法实施条例》第五十一条规定："有下列情形之一的，评标委员会应当否决其投标：……同一投标人提交两个以上不同的投标文件或者投标报价，但招标文件要求提交备选投标的除外。"根据这一规定，该投标人的投标应当被否决，作无效投标处理。这一处理方式也符合《招标投标法实施条例》第八十四条的立法本意，即当《政府采购法》及其实施条例未另行规定时，应遵循《招标投标法》及其实施条例的相关规定。此外，政府采购相关法律规范未对延长投标有效期如何操作、如何启动履约能力审查等事项作出规定，如拒绝认同《招标投标法》及其配套法律规范的管辖，无疑将对项目顺利招标带来不利影响。

四、结语

笔者认为：政府采购招标项目应同时受《政府采购法》和《招标投标法》两部法律的规范和调整。根据"两法"的相关规定：政府采购工程项目招标，在程序上适用《招标投标法》及其配套法律规范的规定，同时应执行政府采购相关政策；政府采购货物和服务招标，受《招标投标法》中一般规定的管辖，如《政府采购法》及其实施条例对政府采购货物和服务招标项目另有规定的，从其规定。

（原文载于《招标与投标》2015 年第 4 期）

对《招标投标法》的若干修订建议

◎**本文概要**　本文梳理了《招标投标法》存在的立法漏洞及实践争议问题，按照统一开放、差别化管理、融合协调和问题导向的思路，法律分析与实践考量相结合，从 12 个方面提出立法修订建议，以期促进该法与相关立法衔接，与招标实践同步，为招标实务中的突出问题提供法律解决方案。

《招标投标法》颁布实施近 20 年来，对规范招标投标活动、推动社会资源合理配置、促进市场公平竞争起到很大作用。但是随着实践的深入，串标围标、虚假投标等乱象也相伴而生，亟待通过立法予以治理。一些招标采购创新实践、经验做法，也需要通过立法予以确认。为适应市场经济环境的新需求、新变化，笔者认为应抓紧修订《招标投标法》，进一步完善公开、公平、公正的市场竞争机制，推进社会诚信体系建设。

一、坚持统一、开放，协调好《招标投标法》与其他相关法律的关系，重新定义"招标投标"

《招标投标法》应当是一部全面规范招标投标活动的基本法律，应覆盖政府采购项目的招标投标活动，应统一规范工程建设项目招标投标在内的采购活动以及出售标的等行为，甚至还应涵盖以招标方式作出行政许可决定的行政行为。

（一）协调《招标投标法》和《政府采购法》管辖范围，将招标活动统一纳入《招标投标法》体系管辖

与西方国家的政府采购法或公共采购法一样，我国《招标投标法》也是规范公共采购及其招标投标行为的基本法。但是，《政府采购法》及其配套的行政法规、部门规章又自立门户规定了一系列政

府采购项目招标投标法律规范。从长期实践来看，两法并存给我国的招标投标和政府采购的操作带来了很多问题，如法律的适用问题、监督部门的分工问题等。按照《招标投标法》第二条规定，在我国境内进行的所有招标投标活动，都要适用《招标投标法》，当然也包括政府采购工程的招标。从《招标投标法》的管辖规定来看，《政府采购法》第四条的规定没有实际意义。但问题是，《政府采购法》第四条只规定政府采购工程进行招标投标的，适用《招标投标法》，未同时列明政府采购货物、服务也要适用《招标投标法》。这一表述无疑会让人理解为政府采购货物和服务项目招标不适用《招标投标法》，引发理解方面的歧义。

由于《招标投标法》调整的范围是公共采购及其招标投标行为，《政府采购法》调整的范围是传统政府采购，因此，两法都是共同调整公共采购和传统政府采购的基本法，不存在谁高谁低、母法与子法的关系。但鉴于《招标投标法》已对公共采购的招标投标程序规则做了详细的规定，并适用于在中华人民共和国境内进行的一切招标投标活动，《政府采购法》就不应就政府采购的招标投标程序另外做出不同的规定，应纳入《招标投标法》的统一规范，以实现法制的统一和协调。至于政府采购项目的行政审批、项目范围、各类采购方式（含招标）适用项目范围、各类非招标方式采购程序等内容，可以由《政府采购法》规范和调整。

（二）重新定义"招标投标"概念，扩大其适用范围

（1）应将以招标方式作为出售标的的情形纳入规范范围。现行招标投标法体系的法条表述，大多把招标默认为一种采购方式，而尚未考虑到招标可以作为一种出售标的的情形，故在商业用房招租、特许经营权出让、国有土地使用权出让等出售标的的情况下，该法及其实施条例和配套的部门规章的诸多规定无法直接适用，使这些招标投标行为或多或少游离于《招标投标法》规范之外。如囿于《招标投标法实施条例》中关于"不得设置最低投标限价"的规定，对于以招标方式出让国有土地使用权等项目，要求不得设置最低投标限价但可设置最高投标限价，给实操带来诸多困惑，且容易引发理解和适用混乱。因此，建议修订《招标投标法》时，对"招标投标"

重新进行定义，增加适用范围，涵盖出售标的的行为。

（2）将其他类型的招标活动纳入《招标投标法》予以规范。现行《招标投标法》从其内容来看，大多法律规范是针对工程建设项目招标特点（特别是施工招标的特点）而设，因此，从该法及其配套法律规范的行文特点来看，有相当一部分法条，确实存在着对非工程类项目，特别是非工程类的货物、服务的特点适用性不强的实情，因而诸如土地使用权出让、特许经营等其他类型的项目，大多另有法律政策文件做出不同规定，影响了立法的统一性、规范性，建议通过修订法律来弥补这一不足，将产权交易、政府采购货物服务招标、科技项目招标、药品采购等其他类型项目的招标活动统一到《招标投标法》体系下，赋予同等地位，予以一体规定，对该法规定的流程进行优化、细化和完善，增强该法的适应性，以促进我国招标投标法律制度的协调统一。

（3）应涵盖以招标方式做出的行政许可行为。《行政许可法》第五十三条规定："实施本法第十二条第二项所列事项的行政许可的，行政机关应当通过招标、拍卖等公平竞争的方式做出决定。但是，法律、行政法规另有规定的，依照其规定。行政机关通过招标、拍卖等方式作出行政许可决定的具体程序，依照有关法律、行政法规的规定。行政机关按照招标、拍卖程序确定中标人、买受人后，应当做出准予行政许可的决定，并依法向中标人、买受人颁发行政许可证件。行政机关违反本条规定，不采用招标、拍卖方式，或者违反招标、拍卖程序，损害申请人合法权益的，申请人可以依法申请行政复议或者提起行政诉讼。"该法第十二条规定："下列事项可以设定行政许可：……（二）有限自然资源开发利用、公共资源配置以及直接关系公共利益的特定行业的市场准入等，需要赋予特定权利的事项……"。因此，属于有数量限制、排他性，且取得者需要付出对价的行政许可，可通过招标方式作出行政许可决定，这样有利于增强行政机关作出决定程序的规范性、透明度，建立公平竞争的秩序，防范暗箱操作、权力寻租，促进资源配置的效益。因此，这些招标属于行政行为，因其基本程序遵照《招标投标法》的规定，故也应纳入《招标投标法》予以规范。

二、坚持差别化管理，针对强制招标项目及非强制招标项目做出宽严不同的规定，充分尊重非强制招标项目招标人的自主权

现行招标投标法体系区分自愿招标项目、强制招标项目和国有资金投资的强制招标项目，对此实行差别化管理，对不同的项目实行宽严不一的法律规范，但在法条中的表述上却有一些不统一。建议《招标投标法》参考其他程序法的立法技术，设置简易程序、普通程序（或称一般程序）两种不同流程，对上述三类项目分类做出规定。

（一）缩小依法必须进行招标的工程建设项目的范围

《招标投标法》第一条规定了五项立法目的，但最本质的目的是为了提高项目资金的使用效益，而对于使用民营资本进行建设的大型工程建设项目来说，其投资风险和资金的使用效益均由民营资本自己负责，政府无须在程序立法方面进行干预。目前这一认识已在业界基本形成共识，故建议将依法必须进行招标的工程建设项目的范围调整为"使用国有资金或国有资金占控股或主导地位的大型基础设施和公用事业项目"。

（二）减少对非强制招标项目的限制性规定

现行《招标投标法》对强制招标项目和非强制招标项目设置了不同的适用法条。针对两类不同的项目，相关法条在其适用情形的表述上，总体上比较清晰，但依然有部分法条表述存有争议，给招标投标实践带来困惑。举两个例子：

一是《招标投标法》第六条和第十八条第二款。第六条规定："依法必须进行招标的项目，其招标投标活动不受地区或者部门的限制。"根据本条规定，非强制招标项目可以设置地区和部门设置。第十八条第二款规定："招标人不得以不合理的条件限制或者排斥潜在投标人，不得对潜在投标人实行歧视待遇。"由于该条款没有注明适用前提，从一般意义上理解，应适用于所有招标项目。因此，若按第十八条的规定，对地区和部门限制属于"不合理条件"，属歧视性待遇。《招标投标法实施条例》第三十二条第（五）项规定"限定或

者指定特定的专利、商标、品牌、原产地或者供应商"属违法行为，也未区分强制招标项目还是非强制招标项目。因此，在招标实践中，就自愿招标项目能否设置地区和部门限制问题，《招标投标法》第六条、第十八条及《招标投标法实施条例》之间存在理解和适用方面的困惑。

二是《招标投标法》第二十八条第一款规定："……投标人少于三个的，招标人应当依照本法重新招标。"该法条未注明适用情形，依一般意义理解，适用于所有类型的项目，即自愿招标项目招标失败以后应当进行二次招标。但就自愿招标项目而言，是否选择招标方式属采购人自主权，不应因为选择过招标方式就丧失了该项权利，要求其在招标失败以后必须进行二次招标，既不合法理，也不合情理。

如上所述，《招标投标法》的一些表述缺陷，主要源于本法既适用于强制招标项目，又适用于自愿招标项目，法条在表述时，必须从多个维度进行衡量，有时难免顾此失彼。法条表述上的缺陷，势必给实践带来诸多困惑。因此，对于非强制招标项目，笔者建议立法时不宜做出过多的限制性规定，仅对依法必须进行招标的项目做出一些禁止性或强制性规范。

在关于中标人的确定方面，《招标投标法》及其实施条例也存在着类似缺陷。《招标投标法》第四十一条规定："中标人的投标应当符合下列条件之一：（一）能够最大限度地满足招标文件中规定的各项综合评价标准；（二）能够满足招标文件的实质性要求，并且经评审的投标价格最低；但是投标价格低于成本的除外。"按这两个"最"的中标条件，应由排名第一的中标候选人中标，这一规定符合招标投标机制的基本原理。该法条未注明适用情形，应适用于所有类型的项目。而《招标投标法实施条例》第五十五条规定"国有资金占控股或者主导地位的依法必须进行招标的项目，招标人应当确定排名第一的中标候选人为中标人"，该法条限定了第一名中标候选人中标的项目仅限于国资控股或者主导的强制招标项目。两个法条的适用前提存在着实质上的不统一。有鉴于此，笔者建议对上述两个法条进行修订，使之在适用前提方面保持一致。

引入招标投标机制，无疑是希冀通过招标投标方式选择出最适合承接本项目的合同签约人。因此，除法律规定的特殊情形外，选择排名第一的中标候选人为中标人原本无可厚非。但是，基于差别化管理原则，不同项目的招标人未依序定标，应在法律责任方面有所区别。笔者建议：按照《招标投标法》第四十一条规定的中标原则，国有资金占控股或者主导地位的依法必须进行招标的项目，招标人如未依序定标的（法定情形除外），应同时承担民事责任和行政责任，如其情形特别严重，触犯刑律的，还应承担刑事责任；而对于民营资金投资的依法必须进行招标的项目和自愿招标项目，由于投资人自行承担投资风险或法律不强制其采取招标方式选择签约对象，如招标人未依序定标的（法定情形除外），只承担民事责任。

或将本条修改为："中标人的投标应当符合招标文件规定的中标条件；国有资金占控股或者主导地位的依法必须进行招标的项目的中标人的投标应当符合下列条件之一：①能够最大限度地满足招标文件中规定的各项综合评价标准；②能够满足招标文件的实质性要求，并且经评审的投标价格最低；但是投标价格低于成本的除外"，以充分体现分类管理原则，并突出国家对国有资金投资的监督约束机制。

三、坚持融合协调，加强与相关法律衔接，为招标投标争议问题提供完善的法律解决方案

招标投标活动是一项民事行为，一种合同签订行为，自然受《民法总则》《合同法》等民事立法的制约和规范，其触犯刑律的严重违法行为也应受刑法规范。但是，现行《招标投标法》在立法的有机衔接方面，还存在一些瑕疵。建议在《招标投标法》修订时，对此予以回应，以利于定纷止争，引导各方当事人规范招投标行为，维护招标投标法律关系的稳定。

（一）对接《民法总则》，重新界定"招标人"和"投标人"

《民法通则》将民事主体区分为法人、其他组织及自然人三类，但《民法总则》将民事主体分为法人、非法人组织、自然人，且法人分类更为细致。《招标投标法》对于"招标人"和"投标人"等参

与市场竞争的主体也应按此重新定义，并应允许自然人也可在有限项目范围内投标，不使用国有资金的非依法必须招标项目应由招标人自主决定是否允许自然人（个体工商户）投标，鼓励"大众创业、万众创新"。

如《招标投标法》第八条中的"招标人是依照本法规定提出招标项目、进行招标的法人或者其他组织"应修订为"招标人是依照本法规定提出招标项目、进行招标的法人或者非法人组织"；第二十五条中的"投标人是响应招标、参加投标竞争的法人或者其他组织。依法招标的科研项目允许个人参加投标的，投标的个人适用本法有关投标人的规定"应修改为"投标人是响应招标、参加投标竞争的法人、非法人组织。依法必须招标的项目，法律、行政法规允许自然人参加投标的，投标的自然人适用本法有关投标人的规定"。

（二）对接《合同法》，明确招标采购合同生效时间及规避招标的合同效力

《招标投标法》的理论体系主要是建立在《合同法》上的要约邀请-要约-承诺的理论基础之上，但也有其特殊性。由于《合同法》与《招标投标法》几乎同时制定，两法之间在一些制度设计上存在差异，《合同法》第一百七十二条规定："招标投标买卖的当事人的权利和义务以及招标投标程序等，依照有关法律、行政法规的规定"，也就是主要依据《招标投标法》来解决。鉴于招标投标是一种特殊的签订合同的方式，相对《合同法》而言，作为特殊法的《招标投标法》可以对不同于一般合同签订行为的特殊内容在该法中做出明确规定。

（1）建议对中标通知书的性质及招标采购合同生效时间做出规定。《招标投标法》第四十五条规定："中标人确定后，招标人应当向中标人发出中标通知书，并同时将中标结果通知所有未中标的投标人。中标通知书对招标人和中标人具有法律效力。中标通知书发出后，中标人改变中标结果的，或者中标人放弃中标项目的，应当依法承担法律责任"，但是对中标通知书具有什么样的法律效力，拒绝签约应承担什么样的法律责任，并未明确，由此在招投标实践和司法实务中引发了诸多争议。该问题的解决取决于中标通知书发出

后应当签订的招标采购合同何时生效这一问题的解决。针对这一问题，目前主要有三种观点。第一种观点认为招标人向中标人发出中标通知书后，待双方签订书面合同时合同成立，任何一方无正当理由不签订书面合同导致合同无法履行，对方可以请求承担缔约过失责任。第二种观点认为，招标人向中标人发出中标通知书后，双方成立合同预约，对方当事人有权请求承担预约合同违约责任或者要求解除预约合同并主张损害赔偿。第三种观点认为中标通知书就是承诺，既然中标通知书一经发出即生效，则如无其他情形，此时合同成立且生效（需要依法办理合同登记手续生效的除外），如果一方当事人不履行合同，则需承担违约责任。

从实践来看，双方结算合同款的依据一般为签订的书面合同，故中标通知书并非双方确定最终权利义务的依据。从法律规定来看，《招标投标法》第四十六条规定双方需要签订书面合同以确定各自的权利义务关系，故笔者认为第一种观点更为合理。按第二种观点，中标通知书发出后预约合同成立，但按照《合同法》规定，拒绝签约一方承担的违约责任就是必须签订本约合同，有违合同自由原则，而且实践中几无签订正式合同的可能，司法实务中也多追究缔约过失责任，故预约合同之说操作性差。如按第三种说法，中标通知书一经下发合同成立且生效，则《招标投标法》第四十六条要求双方签订书面合同的条款就显得多余，也不利于固定双方权利义务关系，且与《合同法》第三十二条也不完全吻合。全国人大常委会法制工作委员会编写的《中华人民共和国招标投标法释义》载明：《招标投标法》第四十六规定招标人和中标人在法定期限内订立书面合同也属于强制性规定，是以专门法律规定招标人和中标人必须订立合同书，该规定是与《合同法》第三十二条规定中"当事人采用合同书形式订立合同的，自双方当事人签字或者盖章时合同成立"的相关规定的精神是一致的，因此招标采购合同的成立生效时间应当是招标人和中标人订立书面合同的时间。发出中标通知书之后如一方拒绝签约承担的法律责任属于缔约过失责任，这表明了立法部门的态度，因此有必要在《招标投标法》中明确将此观点"入法"，减少争执和误解。

（2）建议明确强制招标项目规避招标的合同的效力。《招标投标法》第四条规定："任何单位和个人不得将依法必须进行招标的项目化整为零或者以其他任何方式规避招标"，第四十九条进一步规定，将必须进行招标的项目化整为零，或者以其他任何方式规避招标的行为，将依法追究其法律责任。《合同法》第五十二条规定："有下列情形之一的，合同无效：……（五）违反法律、行政法规的强制性规定。"《最高人民法院关于适用〈中华人民共和国合同法〉若干问题的解释（二）》第十四条进一步规定："合同法第五十二条第（五）项规定的'强制性规定'，是指效力性强制性规定。"《最高人民法院关于审理建设工程施工合同纠纷案件适用法律问题的解释》第一条规定："建设工程施工合同具有下列情形之一的，应当根据合同法第五十二条第（五）项的规定，认定无效：……（三）建设工程必须进行招标而未招标或者中标无效的。"这些立法对强制招标项目规避招标的法律责任进行了规定，但仅明确属于强制招标的建设工程施工项目未招标或者中标无效的，该施工合同无效，对于强制招标的建设工程项目的服务、货物采购等其他招标项目以及工程建设领域以外的其他强制招标项目，如果未招标或者中标无效的，其合同是否也无效，现行法律并没有给出明确、直接的答案。笔者认为，《招标投标法》应当规定依法必须招标项目未经过招标签订的合同无效，以减少实践中的争论。

（三）对接《刑法》，扩大串通投标罪的适用主体

《招标投标法》及其实施条例规定了投标人之间串通、招标人与投标人串通两种串通投标罪的主体类型。《刑法》第二百二十三条规定："投标人相互串通投标报价，损害招标人或者其他投标人利益，情节严重的，处三年以下有期徒刑或者拘役，并处或者单处罚金。投标人与招标人串通投标，损害国家、集体、公民的合法利益的，依照前款的规定处罚"，串通投标罪的行为主体仍限于招标人和投标人。但在实践中，串通投标罪的行为主体远远超出于此。如行政监督人员、评标委员会成员、交易中心工作人员、招标代理机构、银行工作人员等其他主体参与串通投标的情形也时有发生，但由于《刑法》《招标投标法》及其实施条例仅把串通投标罪的行为主体框定在

招标人、投标人两类，导致其他相关主体在参与串通投标时，无法以串通投标行为定罪量刑，有的只能以破坏市场秩序等其他名义入罪，有的则难以入罪，一定程度上助长了围标串标等违法犯罪行为。因此，建议在《刑法》《招标投标法》及其实施条例中，增加串通投标罪的适用主体类型。

四、坚持问题导向，《招标投标法》应回应经济社会发展新需求，吸纳招标采购创新实践，破解实践中的突出问题

立法需求始于实践需要，立法内容源于实践做法，立法目的落脚于保护实践成果、促进实践创新。《招标投标法》也应当及时反映近几年我国全面深化改革新成果和经济社会发展新趋势，注重吸收招标采购管理创新取得的成功经验予以"入法"，着力破解招标实践中新出现的突出问题，进一步完善立法，这样的立法才富有生命力。

（一）建议取消招标代理机构资格认定制度的相关规定

这一届政府全面贯彻落实简政放权、放管结合、优化服务的要求，把转变职能、简政放权当作开门第一件大事，围绕营造公平竞争环境强化事中事后监管，取消了一系列行政审批事项，其中重要一项就是弱化招标代理资质（资格）管理，相继取消了政府采购代理资格、机电产品国际招标资格，与此相协调，体现相关法律体系的有机衔接，下一步工程招标代理资格以及中央投资项目招标代理资格亦应取消，交由市场调节，政府应在强化监管上"做功课"。故笔者建议删除《招标投标法》第十四条关于招标代理机构资格认定制度的规定（注：2017 年 12 月 27 日《全国人民代表大会常务委员会关于修改〈中华人民共和国招标投标法〉〈中华人民共和国计量法〉的决定》已删去《招标投标法》第十四条第一款）。

（二）完善招标采购活动行政监督制度

目前，按照国务院现行的招标投标活动行政监督职责分工，商务、水利、交通、铁道、民航、信息产业、住房建设、财政、能源等行政主管部门分头履行招标活动行政监督职责，呈"九龙治水"状态，监督力量分散、监督内容有空档，弱化了监督效果，有必要改变现行"九龙治水"的行业监管分工现状，避免政出多门，要形

成政令统一、上下贯通、简洁高效的招标投标行政监督体制。故建议在《招标投标法》中归并招投标活动行政监督权，明确由统一的职能部门行使对招标投标活动的行政监督职责，形成监督"一个拳头"，履行对所有招标投标活动统一、全面监督的主体责任。

（三）完善招标采购市场诚信机制建设

诚实信用原则是市场经济的基石，是招标投标活动应遵循的主要原则。目前招投标领域中"规避招标、虚假招标、围标串标"等违规违法行为时有发生，严重影响了招标投标体制的公信力，其根源之一就是诚信机制不健全。为构建完善有效的诚信体系，2008年国家发展改革委等十部门联合印发《招标投标违法行为记录公告暂行办法》，建立招标投标违法行为记录公告制度，对于健全招标投标失信惩戒机制、净化招投标市场、创造公平竞争的招投标市场环境具有重要意义。近几年，为落实《国务院关于印发社会信用体系建设规划纲要（2014—2020年）的通知》（国发〔2014〕21号）要求，国家在招投标诚信体系建设方面也出台了一系列制度，如最高人民检察院、国家发展改革委《关于在招标投标活动中全面开展行贿犯罪档案查询的通知》，最高人民检察院等四部门《关于在工程建设领域开展行贿犯罪档案查询工作的通知》，最高人民法院、国家发展改革委等九部门《关于在招标投标活动中对失信被执行人实施联合惩戒的通知》。《招标投标法》应进一步强化招标投标领域诚信机制建设方面的基本制度，吸纳和完善实践经验，对投标保证金、失信联合惩戒、行贿违法记录查询、"黑名单"等制度作出明确的规范，以推动招标投标活动规范、高效、透明。

（四）完善招投标操作程序

《招标投标法》应是一部程序严谨规范、内容完善适用的侧重程序、兼顾实体的法律，但现实问题是《招标投标法》的条款过于原则性，在具体实践适用中存在诸多"空白"，比如对资格预审，全文没有做出任何规定，对于异议也仅仅在该法第六十五条出现一次且极易为人忽视，对于集中规模招标、框架招标等新的招标形式也未提及，显得该法立法体系先天不完善、内容有缺项，而且也滞后于招标采购管理实践。鉴于此，建议在《招标投标法》中增加资格预审、否决投标程序，完善重新招标的条件，增加对开标、招标文件的内容及评标结果异议前置的内容，并吸纳实践中的集中规模招标、框架招标等新的招标采购实践经验对其特殊性予以规范，以进一步完善招标投标程序，适应招标投标实践需要。

（五）完善转包、违法分包及挂靠等非法行为的认定办法

长期以来，挂靠经营、转包、违法分包是我国工程建设市场长期并存的三大痼疾。《建筑法》《招标投标法》《合同法》等对这三种行为都做出了禁止性规定。《最高人民法院关于审理建设工程施工合同纠纷案件适用法律问题的解释》第四条在立法中首次将这三方面问题集中归纳阐述，并明确了法律后果。但对这三种违法行为的具体情形认定标准，《招标投标法》《建筑法》《招标投标法实施条例》都没有规定，影响了法律适用和司法认定。2014 年 8 月 4 日，住房和城乡建设部制定了《建筑工程施工转包违法分包等违法行为认定查处管理办法（试行）》，对违法发包、转包、违法分包及挂靠等违法行为的界定提出了具体方案，规定了 8 种违法发包、7 种转包、8 种违法分包和 8 种挂靠情形，对于规范建筑工程施工承发包活动，有效遏制违法发包、转包、违法分包及挂靠等违法行为，维护建筑市场秩序和建设工程主要参与方的合法权益具有重要意义，但是该办法仅适用于房屋建筑和市政基础设施工程，对于其他招标项目不适用，而且该办法仅属于规范性文件，法律位阶较低。故建议借鉴《招标投标法实施条例》规定"串通投标"认定标准的做法，并吸纳前述办法的成熟条款在《招标投标法》或其实施条例中对转包、违法分包等违法行为的认定做出具体规定，增强立法的操作性、科学性。

（原文载于《招标采购管理》2017 年第 9 期）

《招标投标法实施条例》的新规则及影响

◎**本文概要** 《招标投标法实施条例》是对《招标投标法》的细化、补充和完善，增强了招标投标法律制度的可操作性。本文对《招标投标法实施条例》新提出的四方面 20 项重点法律制度进行了细致阐释。

《招标投标法实施条例》（本文简称《条例》）严格遵从上位法，注重细化《招标投标法》的原则性规定，吸收部门规章和政策性文件以及招标实务中已经形成共识的规定和经验，进一步创新完善招投标制度，着力增强《招标投标法》的操作性，规范招投标程序，统一招投标规则，强化招投标监督管理，维护市场竞争秩序。《条例》创设的新规则为招投标活动提供了更为完善的操作指引，深刻影响着招投标规则和流程。

一、《条例》细化和解释了《招标投标法》原则性条款和概念，清晰界定了法定条件，压缩了人为自由裁量操作空间

1. 解释"工程"含义，划定依法必须招标项目的范围

《条例》第二条借鉴《政府采购法》关于"工程"的定义，解释《招标投标法》第三条所称工程建设项目，是指工程以及与工程建设有关的货物、服务；所称工程，是指建设工程，包括建筑物和构筑物的新建、改建、扩建及其相关的装修、拆除、修缮等；所称与工程建设有关的货物，是指构成工程不可分割的组成部分，且为实现工程基本功能所必需的设备、材料等；所称与工程建设有关的服务，是指为完成工程所需的勘察、设计、监理等服务。不仅仅是新建、改建、扩建工程，与其相关的装修、拆除、修缮也都在依法必须招

标项目之列，扩大了我们以往理解的"工程"范围。依法必须进行招标的工程建设项目的具体范围和规模标准，根据《工程建设项目招标范围和规模标准规定》（原国家计委3号令）确定。

2. 严格限定可以不进行招标的条件

考虑部分项目不适宜招标的实际，同时又为防范规避招标，《条例》第九条第一款在《招标投标法》第六十六条之外，吸收了部门规章中的规定，明确在依法必须招标项目范围内经申请批准可以不进行招标的其他四种情形为：①需要采用不可替代的专利或者专有技术；②采购人依法能够自行建设、生产或者提供；③已通过招标方式选定的特许经营项目投资人依法能够自行建设、生产或者提供；④需要向原中标人采购工程、货物或者服务，否则将影响施工或者功能配套要求的。实践中，一些扩建、技改或大修等项目需要考虑施工或者功能配套要求时，存在适用前述第④项情形的，可以在原中标合同的基础上继续追加而无须进行招标，当然适用本项必须同时具备如下三个限制条件：一是原项目是通过招标确定了中标人；二是如果不向原中标人追加采购，必将影响项目施工或者功能配套要求；三是原项目中标人具有继续履行合同的能力。

3. 补充完善资格预审规则

《招标投标法》并未区分资格预审和资格后审。为进一步规范资格审查制度，防止以资格审查之名限制、排斥潜在投标人，最大限度地保证公平竞争，《条例》第十五条至第二十三条补充完善了资格预审的具体程序，在资格预审文件、资格审查主体和方法、资格预审结果等方面提出了明确要求。《条例》规定：采用资格预审的项目，应当发布资格预审公告、编制资格预审文件；依法必须进行招标项目的资格预审公告应当在依法指定的媒介发布；资格预审文件或者招标文件的发售期不少于5日，依法必须招标项目提交资格预审申请文件的时间不少于5日；招标人可以对已发出的资格预审文件进行澄清或者修改并应当在提交资格预审申请文件截止前3日书面通知潜在投标人；潜在投标人或者其他利害关系人可在提交资格预审申请文件截止前2日对资格预审文件提出异议，招标人应当答复；国有资金占控股或者主导地位的依法必须进行招标的项目，招标人应当组建资格审查委员会审查资格预审申请文件；资格预审应当按照资格预审文件载明的标准和方法进行；资格预审结束后，招标人应当及时发出资格预审结果通知书；通过资格预审的申请人少于 3 个的，应当重新招标。招标人采用资格预审方式择优选择合格投标人的，须按照前述规则操作，否则有限制、排斥竞争嫌疑。

4. 列举说明招投标违规行为界定原则和标准

在这一方面，《条例》作了较大篇幅的补充、细化和完善。主要内容如下：

一是细化了对招标人限制、排斥投标行为的认定。《条例》第三十二条、第六十三条规定就同一招标项目向潜在投标人或者投标人提供有差别的项目信息，设定的资格、技术、商务条件与招标项目的具体特点和实际需要不相适应或者与合同履行无关，依法必须进行招标的项目以特定行政区域或者特定行业的业绩、奖项作为加分条件或者中标条件，对潜在投标人或者投标人采取不同的资格审查或者评标标准，限定或者指定特定的专利、商标、品牌、原产地或者供应商，依法必须进行招标的项目非法限定潜在投标人或者投标人的所有制形式或者组织形式，依法应当公开招标的项目不按照规定在指定媒介发布资格预审公告或者招标公告，在不同媒介发布的同一招标项目的资格预审公告或者招标公告的内容不一致影响潜在投标人申请资格预审或者投标等行为，属于以不合理条件限制、排斥潜在投标人。

二是补充列举串通投标行为。《条例》第三十九条规定投标人之间协商投标报价等投标文件的实质性内容、约定中标人、约定部分投标人放弃投标或者中标，投标人之间为谋取中标或者排斥特定投标人而采取的其他联合行动，为投标人串通投标。该法条将属于同一集团、协会、商会等组织成员的投标人，按照该组织要求协同投标的界定为串通投标，这一规定对于防止集团内企业协同一致串通投标有着现实意义。《条例》第四十条还规定了不同投标人的投标文件由同一单位或者个人编制、相互混装、载明的项目管理成员为同一人、内容异常一致或者投标报价呈规律性差异，不同投标人委托同一单位或者个人办理投标事宜，不同投标人的投标保证金从同一单位或者个人的账户转出等情形，视为投标人相互串通投标，这一规定总结归纳了实践中串通投标行为的常见表现形式，大大增强了判定串通投标行为的可操作性。此外，《条例》第四十一条还列举了招标人与投标人串通投标的情形，如招标人在开标前开启投标文件并将有关信息泄露给其他投标人，直接或者间接向投标人泄露标底、评标委员会成员等信息，明示或者暗示投标人压低或者抬高投标报价，授意投标人撤换、修改投标文件，明示或者暗示投标人为特定投标人中标提供方便等，为招标人设置更多禁止逾越的"红线"。

三是列举了虚假投标的具体情形。《条例》第四十二条规定使用通过受让或者租借等方式获取的资格、资质证书投标的，属于以他人名义投标；使用伪造、变造的许可证件，提供虚假的财务状况或者业绩，提供虚假的项目负责人或者主要技术人员简历、劳动关系证明，提供虚假的信用状况等弄虚作假的行为都属于虚假投标行为。

5. 归纳解释禁止关联企业投标条款

多年的招标实践表明：与招标人存在利害关系可能影响招标公正性的投标单位，容易与招标人串通招投标；单位负责人为同一人的不同投标单位之间，存在控股或管理关系的投标单位之间，容易相互串通投标，破坏市场竞争秩序。《条例》在归纳总结实践经验的基础上，在第三十四条规定："与招标人存在利害关系可能影响招标公正性的法人、其他组织或者个人，不得参加投标；单位负责人为同一人或者存在控股、管理关系的不同单位，不得参加同一标段投标或者未划分标段的同一招标项目投标。"

上述法条可作如下解读：一是禁止与招标人具有利害关系的潜在投标人参与投标，包括招标人不具有独立法人资格的附属机构，招标人与潜在投标人之间相互控股或参股、相互任职或工作的，潜在的施工投标人为招标项目前期准备提供设计或咨询服务等。具体情形在国家发展改革委等部委发布的《标准施工招标文件》第二章"投标人须知"第1.4.3条款有详细举例。二是禁止单位负责人为同一个人或者存在控股或者管理关系的企业参加同一标段或项目的投标。除单位负责人相同、以资本为联结纽带的控股公司外，还有一些集团公司或专门从事管理的公司受托管理其他企业，相互之间形成管理关系，也容易发生协同一致投标行为，故也禁止其参加同一项目的投标。

二、《条例》弥补了《招标投标法》的立法漏洞，改进和优化了招投标制度和程序规则

1. 补充完善招标文件澄清发售规则

一是明确资格预审文件或者招标文件的发售期。《条例》第十六条规定资格预审文件或者招标文件的发售期不得少于 5 日。

二是明确招标文件澄清修改的期限。《条例》第二十一条规定招标人可以对已发出的资格预审文件或者招标文件进行必要的澄清或者修改。澄清或者修改的内容可能影响资格预审申请文件或者投标文件编制的，招标人应当在提交资格预审申请文件截止时间至少 3 日前，或者投标截止时间至少 15 日前，以书面形式通知所有获取资格预审文件或者招标文件的潜在投标人。不足 3 日或者 15 日的，招标人应当顺延提交资格预审申请文件或者投标文件的截止时间。

三是明确投标有效期的计算。《条例》第二十五条强调招标人应当在招标文件中载明投标有效期，投标有效期从提交投标文件的截止之日起算。

四是严格招标文件发售费用。《条例》第十六条限定招标人发售资格预审文件、招标文件收取的费用应当限于补偿印刷、邮寄的成本支出，不包括以往理解的组织招标文件编制、审查等成本（如专家费、会议费）。招标人必须要考虑招标文件定价的合理性，不得再以提高招标文件售价方式增加潜在投标人负担或者以此作为营利手段。

2. 补充工程总承包招标和两阶段招标两种招标形式

一是允许总承包招标。《条例》第二十九条规定："招标人可以依法对工程以及与工程建设有关的货物、服务全部或者部分实行总承包招标。以暂估价形式包括在总承包范围内的工程、货物、服务属于依法必须进行招标的项目范围且达到国家规定规模标准的，应当依法进行招标。前款所称暂估价，是指总承包招标时不能确定价格而由招标人在招标文件中暂时估定的工程、货物、服务的金额。"

总承包招标中不应包括监理，监理单位应独立于施工单位等。对总承包招标的组织方式和具体程序，有待部门规章或地方性法规出台相关规定来规范。

二是引入两阶段招标。《条例》第三十条规定："对技术复杂或者无法精确拟定技术规格的项目，招标人可以分两阶段进行招标。第一阶段，投标人按照招标公告或者投标邀请书的要求提交不带报价的技术建议，招标人根据投标人提交的技术建议确定技术标准和要求，编制招标文件。第二阶段，招标人向在第一阶段提交技术建议的投标人提供招标文件，投标人按照招标文件的要求提交包括最终技术方案和投标报价的投标文件。招标人要求投标人提交投标保证金的，应当在第二阶段提出。"上述规定弥补了原《招标投标法》确定的招标程序过于刚性的缺陷，对于招标人创新招标形式，就工程建设项目实行设计施工总承包（DB）或设计采购施工总承包（EPC）或者就技术复杂或采用新技术暂时无法准确提出技术规格的项目尝试采用两阶段招标，提供了法律依据。

3. 补充完善招投标活动新程序

一是终止招标程序。《条例》第三十一条规定："招标人终止招标的，应当及时发布公告，或者以书面形式通知被邀请的或者已经获取资格预审文件、招标文件的潜在投标人。已经发售资格预审文件、招标文件或者已经收取投标保证金的，招标人应当及时退还所收取的资格预审文件、招标文件的费用，以及所收取的投标保证金及银行同期存款利息。"终止招标是招标人的权利，但同时招标人还须承担及时通知、退还有关费用和投标保证金等义务。

二是开标异议制度。《条例》第四十四条规定："投标人对开标有异议的，应当在开标现场提出，招标人应当当场作出答复，并制作记录。"实践中，开标过程容易出现形形色色的意外情况，为了保护投标人的合法权益，允许投标人当场提出异议，且招标人应当场答复。但是，对投标文件是否有效等实体问题的处理，仍应交评标委员会认定处理。

三是评标结果公示制度。《条例》第五十四条规定："依法必须进行招标的项目，招标人应当自收到评标报告之日起 3 日内公示中标候选人，公示期不得少于 3 日。投标人或者其他利害关系人对依法必须进行招标的项目的评标结果有异议的，应当在中标候选人公示期间提出。招标人应当自收到异议之日起 3 日内作出答复；作出答复前，应当暂停招投标活动。"该规定为投标人监督评标活动是否公平、公正以及中标候选人是否符合招标文件要求提供了救济渠道和机会。

四是履约能力审查程序。《条例》第五十六条规定："中标候选人的经营、财务状况发生较大变化或者存在违法行为，招标人认为可能影响其履约能力的，应当在发出中标通知书前由原评标委员会按照招标文件规定的标准和方法审查确认。"实践中经常发生投标人在投标后经营状况发生重大变化或者存在违法行为造成履行能力变化的情形，因没有相应制度设计，招标人难以操作，拒绝签订合同又存在一定法律风险，《条例》的规定弥补了漏洞，解决了实践中的突出问题。

4. 确立了中标候选人不适格的后续处理规则

《条例》第五十五条规定："国有资金占控股或者主导地位的依法必须进行招标的项目，招标人应当确定排名第一的中标候选人为中标人。排名第一的中标候选人放弃中标、因不可抗力不能履行合同、不按照招标文件要求提交履约保证金，或者被查实存在影响中标结果的违法行为等情形，不符合中标条件的，招标人可以按照评标委员会提出的中标候选人名单排序依次确定其他中标候选人为中标人，也可以重新招标。"当排名第一的中标候选人不适格的，如果重新招标必将造成时间、人力、资源的浪费，同时也会侵害了其他合格投标人的合法权益，因此可在评标委员会推荐的中标候选人范围内顺延让其他中标候选人中标。

5. 确立投标保证金制度

《招标投标法》没有规定投标保证金，《条例》借鉴联合国、世界银行、亚洲开发银行等国际组织的采购指南，吸收部门规章相关规定和实践经验，全面确立了投标保证金制度，解决实践中投标保证金经常被滥用和误用的弊端。

一是统一投标保证金的有效期。《条例》第二十六条规定，投标保证金有效期应当与投标有效期一致。

二是限定投标保证金金额与提交、管理要求。《条例》第二十六条规定："招标人在招标文件中要求投标人提交投标保证金的，投标保证金不得超过招标项目估算价的 2%。依法必须进行招标的项目的境内投标单位，以现金或者支票形式提交的投标保证金应当从其基本账户转出。招标人不得挪用投标保证金。"投标保证金是投标人提交给招标人的担保，其受益人应当是招标人。招标人如将不予退还的投标保证金任由招标代理机构自行处置，严格意义上不符合投标保证金的内在要求。此外，应该特别注意的是：投标保证金并不是投标文件不可或缺的组成文件，是否提交投标保证金可由招标人在招标文件中自行规定，如招标文件要求投标人提交投标保证金的，应当对投标保证金的交纳提出具体、详细、便于执行的要求（包括其提交的时间、形式、金额和有效期等）。

三是规范投标保证金的退还要求。《条例》第五十七条规定招标人最迟应当在书面合同签订后 5 日内向中标人和未中标的投标人退还投标保证金，同时应支付银行同期存款利息，改变了以往无息退还投标保证金的通常做法，不允许招标人再无偿占用投标保证金。

四是归纳了投标保证金不予退还的几种情形。包括：①中标人拒绝按招标文件、投标文件及中标通知书要求与招标人签订中标合同；②中标人或投标人要求修改、补充和撤销投标文件的实质性内容或要求更改招标文件和中标通知书实质性内容；③中标人拒绝按招标文件约定时间、金额、形式提交履约保证金；④法律法规和招标文件约定的其他情形。

6. 规范完善了评标规则

一是强调评标专家的抽取与评标委员会的组建要求。《条例》第四十六条规定除特殊招标项目外，依法必须进行招标的项目，其评标委员会的专家成员应当从评标专家库内相关专业的专家名单中以随机抽取方式确定，任何单位和个人不得指定，行政监督部门的工作人员不得担任本部门负责监督项目的评标委员会成员。依法必须进行招标项目的招标人不按照规定组建评标委员会，或者确定、更换评标委员会成员违反法律规定的，根据《条例》第七十条规定，违法确定或者更换的评标委员会成员做出的评审结论无效，依法重新进行评审。

二是重申了独立评审原则。《条例》第四十八条规定招标人应当向评标委员会提供评标所必需的信息，但不得明示或者暗示其倾向或者排斥特定投标人。招标人应当根据项目规模和技术复杂程度等因素合理确定评标时间。超过三分之一的评标委员会成员认为评标时间不够的，招标人应当适当延长。

三是规定评标委员会成员的更换规则。《条例》第四十六条规定评标过程中，评标委员会成员有回避事由、擅离职守或者因健康等原因不能继续评标的，应当及时更换。被更换的评标委员会成员做出的评审结论无效，由更换后的评标委员会成员重新进行评审。

四是规范评标专家的执业行为。《条例》第四十九条规定评标委员会成员不得私下接触投标人，不得收受投标人给予的财物或者其他好处，不得向招标人征询确定中标人的意向，不得接受任何单位或者个人明示或者暗示提出的倾向或者排斥特定投标人的要求，不得有其他不客观、不公正履行职务的行为。

五是对评标报告的编制和签署提出要求。《条例》第五十三条规定评标完成后，评标委员会应当向招标人提交书面评标报告和中标候选人名单。中标候选人应当不超过 3 个，并标明排序。评标报告应当由评标委员会全体成员签字。对评标结果有不同意见的评标委员会成员应当以书面形式说明其不同意见和理由，评标报告应当注明该不同意见。评标委员会成员拒绝在评标报告上签字又不书面说明其不同意见和理由的，视为同意评标结果。

7. 补充完善了投标无效的规定

一是投标人发生变化导致投标资格不合格的，其投标无效。《条例》第三十八条规定："投标人发生合并、分立、破产等重大变化的，应当及时书面告知招标人。投标人不再具备资格预审文件、招标文件规定的资格条件或者其投标影响招标公正性的，其投标无效。"

二是投标报价超过招标人设置的投标限价的，投标无效。《条例》第二十七条规定："招标人设有最高投标限价的，应当在招标文件中明确最高投标限价或者最高投标限价的计算方法。招标人不得规定最低投标限价。"将原来高于最高投标限价作为约定否决投标条件上升为法定否决投标条件。设定最高投标限价，可以防止在投标竞争不充分时投标人的报价过分高于市场价或者在投标人协同一致提高报价串通投标时保护招标人自身权益。这一做法此前虽然在《招标投标法》中没有规定，但在实践中已被广泛应用。

三是联合体经资格审查合格后其成员变更的，投标无效。《条例》第三十七条规定资格预审后联合体增减、更换成员的，其投标无效。联合体各方在同一招标项目中以自己名义单独投标或者参加其他联合体投标的，相关投标均无效。

此外，《条例》五十一条还吸纳了部门规章中关于评标委员会应当否决投标的几种情形。

8. 进一步规范合同的签署与履行要求

一是禁止在招标结束后违反招标文件的规定和中标人的投标承诺订立合同，防止招标人与中标人串通搞权钱交易。《条例》第五十七条规定招标人和中标人应当依照《招标投标法》和《条例》的规定签订书面合同，合同的标的、价款、质量、履行期限等主要条款应当与招标文件、中标人的投标文件的内容一致；招标人和中标人不得再行订立背离合同实质性内容的其他协议。

二是限定履约保证金金额。《条例》第五十八条规定招标文件要求中标人提交履约保证金的，中标人应当按照招标文件的要求提交，履约保证金不得超过中标合同金额的 10%。履约保证金和投标保证金都属于《担保法》中的"其他担保方式"。招标人不按照招标文件的要求提交履约保证金的，按《条例》第五十五条规定丧失中标资格，招标人有权选择其他中标候选人为中标人，也可以重新招标。

三是强调严格依法履约。《条例》第五十九条规定中标人应当按照合同约定履行义务，完成中标项目。中标人不得向他人转让中标项目，也不得将中标项目肢解后分别向他人转让。中标人按照合同约定或者经招标人同意，可以将中标项目的部分非主体、非关键性工作分包给他人完成。接受分包的人应当具备相应的资格条件，并不得再次分包。中标人应当就分包项目向招标人负责，接受分包的人就分包项目承担连带责任。

三、《条例》在现有法律制度框架内适当兼顾了前瞻性，创新完善了招投标制度，拓展了招标采购市场空间

1. 建立电子招投标制度

电子招投标是绿色采购手段，不仅能节约招标人和投标人大量的成本，同时也是最透明的采购，是改变传统招投标的随意、隐蔽、低效、耗能等弊病，促进招投标规范、透明、高效、低碳发展的有效途径。信息化、网络化的发展为电子招投标的推广提供了技术保障。《条例》第五条第二款规定"国家鼓励利用信息网络进行电子招投标"，第一次在法律上明确了电子招投标制度，为推进电子招投标奠定了法律基础。电子招投标最大的优势就是由于数据电文的保密性、真实性、完整性和不可抵赖性等固有特性，使得招投标活动赖以健康发展的公开、公平、公正、诚实信用等原则得到最大程度的技术保证，为有关项目管理和行政监督部门对工程建设项目的管理和有效监督提供了可靠平台，为促进招投标市场资源和信息的公开透明、招投标行业诚信自律体系的形成产生了巨大的推动作用。

2. 建立标准资格预审文件和标准招标文件制度

制定推广招标文件范本是规范招标程序、加强行政监督的有效手段之一。《条例》第十五条强调："编制依法必须进行招标的项目的资格预审文件和招标文件，应当使用国务院发展改革部门会同有关行政监督部门制定的标准文本。"目前国家发展改革委和有关部委已经组织编制并颁布了一些标准文本推行使用，如 2007 年版《标准施工招标资格预审文件》《标准施工招标文件》、2012 年版《简明标准施工招标文件》《标准设计施工总承包招标文件》、2017 年版《标准设备采购招标文件》《标准材料采购招标文件》《标准勘察招标文件》《标准设计招标文件》《标准监理招标文件》等。招标人编制招标文件应优先采用已颁布的标准文本。

3. 建立评标专家专业分类制度

评标专家独立公正地履行职责，是确保招投标成功的关键环节之一。《条例》第四十五条规定："国家实行统一的评标专家专业分类标准和管理办法。具体标准和办法由国务院发展改革部门会同国

务院有关部门制定。省级人民政府和国务院有关部门应当组建综合评标专家库。"组建综合评标专家库，作为向社会提供专家资源服务的平台，为各行业、各领域开展招标活动提供专家资源服务，为抽取评标专家提供保障和支撑，有助于解决评标专家类别和数量有限、能力水平良莠不齐、重大和技术复杂项目评标专家严重缺乏等实际问题，满足招标人对评标专家的多元需求。另外，组建开放共享、跨部门、跨地区的统一专家库，也有利于提高评标专业技能和综合素质，减少不当干扰和违规违纪评标行为。

4. 建立招投标信用制度

信息披露作为社会监督的重要形式在监督体系中有重要作用。强制性信息披露制度推动了招投标信用制度的建立，使"诚信者受益，失信者受罚"的机制在招投标活动中得以体现，有利于优化市场环境，促进公平竞争，保障行业可持续发展。《条例》第七十九条规定："国家建立招投标信用制度。有关行政监督部门应当依法公告对招标人、招标代理机构、投标人、评标委员会成员等当事人违法行为的行政处理决定。"招投标信用信息包括招投标主体经营范围、资格能力、资信状况、纳税记录、社会贡献记录、招投标行为记录、完成业绩记录、违法违规和违约行为记录等。

四、《条例》重点强化了政府监督检查职责和法律责任条款，加大了制裁打击招投标违法行为的力度，加强和改进了招投标行政监督

1. 明确规定了投标人的投诉与行政处理程序

《条例》第六十条、第六十一条、第六十二条规定投标人或者其他利害关系人认为招投标活动不符合法律、行政法规规定的，可以自知道或者应当知道之日起 10 日内向有关行政监督部门投诉；投诉人就同一事项向两个以上有权受理的行政监督部门投诉的，由最先收到投诉的行政监督部门负责处理。行政监督部门应当自收到投诉之日起 3 个工作日内决定是否受理投诉，并自受理投诉之日起 30 个工作日内作出书面处理决定；行政监督部门处理投诉，有权查阅、复制有关文件、资料，调查有关情况，相关单位和人员应当予以配

合。必要时，行政监督部门可以责令暂停招投标活动。《条例》赋予了投标人向行政监督部门投诉的权利，同时也对投诉的时间和形式提出了要求，并禁止恶意投诉行为，强调了行政监督部门必须依法履行职责。

2. 对招标投标法律责任制度进行补充完善

《条例》对招投标中的违法行为尽量做出了全面明细的界定，并针对每一类型提出了具体的法律制裁措施，主要体现在对招标人法律责任（第六十三条、第六十四条、第六十六条、第七十条、第七十三条、第七十五条、第七十七条）、投标人法律责任（第六十七条～第六十九条、第七十四条、第七十六条、第七十七条）、招标代理机构、招标师法律责任（第六十五条）、评标委员会成员法律责任（第七十一条、第七十二条）以及行政部门、国家工作人员法律责任（第七十九条、第八十条）的补充完善方面。《条例》注重从招标人与投标人法律地位公平的法律原则出发，对于招标人、投标人的违法行为规定的非常具体细微，对招标实践存在的常见问题逐一设定法律制裁措施，为招投标活动设置更多"雷区"，旨在平衡招投标双方的权益，推动招投标活动规范开展。

3. 规范和约束招投标行政监督行为

《条例》在明确各行政部门执法权力的同时规定了相应的责任，从而有效防止了在监督执法中滥用职权和不作为的行为。一是《条例》严格规定执法分工，进一步明确了行政监督部门的职责分工，规定了发展改革部门总体指导协调，工业和信息化、住房城乡建设、交通运输、铁道、水利、商务等各有关行政监督部门分工协作的行政监督体制，强调了财政部门和监察机关的监督职责，一定程度上缓解了行政监督的缺位和越位问题。

二是本着适度监管的原则，明确禁止国家工作人员以任何形式违法干预招投标活动，禁止领导干部插手干预招投标活动，禁止行政监督部门的工作人员担任本部门负责监督项目的评标委员会委员等，要求监察机关依法对与招投标活动有关的监察对象实施监察，并对徇私舞弊、滥用职权或者玩忽职守的行为施加严厉的行政责任和刑事责任，落实行政问责制度，旨在解决备受诟病的行政干预、权钱交易、操纵招投标活动等违法违纪问题，维护市场秩序和招投标当事人利益。

《条例》的颁布实施，是规范招投标行为、促进公平竞争、预防和惩治腐败的重大举措，为完善招投标程序规则提供了法律保障，给企业创造了公平竞争的市场环境，为开展招投标活动提供了具体操作指引。《条例》颁布后，不论是招标人、投标人、招标代理机构、行政监督部门还是评标委员会成员，都应严格依据《条例》新创设完善的制度规则，清理修订相关招标采购制度与招标文件范本，对招标采购规则进行补充完善，注意改变现有招投标工作规则和招标实践中与《条例》规定不一致之处，防范在现有惯性思维模式引导下进行违规操作的风险。也要在现有制度框架下继续大胆探索、创新，解决招投标实践中不断涌现出来的新问题，进一步推动招投标制度完善创新，推动招投标活动在公平、公正、有序、和谐的环境中健康进行。

（原文载于《中国招标》2012 年 6 期）

《招标投标法实施条例》的"题"与"解"

◎**本文概要** 《招标投标法实施条例》能否贯彻执行到位，首先取决于执行者对其条文内容的准确理解。本文就招投标实践中对《招标投标法实施条例》理解不一、实操有难点的十五个重点问题给出了"答案"和看法。

《招标投标法实施条例》（本文简称《条例》），是对《招标投标法》的细化、补充和完善，增强了招标投标法律制度的规范性和可操作性。综观《条例》全文，其内容虽力求完善详尽，但一些条款仍显笼统，为我们理解、执行条文留下了很大弹性和不确定性。本文结合招标投标实践，就《条例》理解不一、易产生争议的十五个问题谈谈认识和看法。

一、《条例》是否适用于政府采购货物、服务的招标活动

《政府采购法》和《招标投标法》适用范围不同，两者的争议由来已久。《招标投标法》第二条规定"在中华人民共和国境内进行招标投标活动，适用本法"。《条例》第二条规定："招标投标法第二条所称的招标投标活动，是指采用招标方式采购工程、货物和服务的活动"，统一了《政府采购法》和《招标投标法》对招标项目范围的界定条款。《条例》第八十四条规定："政府采购的法律、行政法规对政府采购货物、服务的招标投标另有规定的，从其规定。"初看好像除工程施工招标外，政府采购货物、服务的招标投标适用《政府采购法》及其实施条例，而不适用《招标投标法》及其《条例》，其实不然。

《条例》第二条、第八十四条实则将《招标投标法》的适用范围明显拓展到整个政府采购领域，同时又明确给政府采购货物和服务

项目招标投标法制建设单独预留了空间，即对于政府采购货物和服务招标，允许《政府采购法》及其实施条例可以另行制定不同于《招标投标法》及其《条例》的规定。依据《立法法》规定，特别法优于一般法，政府采购无论是工程还是货物和服务项目，均适用《招标投标法》及其《条例》，如果《政府采购法》及其实施条例有特别规定的，优先适用。其次，上位法优于下位法，目前财政部颁布的部门规章（如《政府采购货物和服务招标投标管理办法》）和各级地方政府采购规范性文件，法律层级和效力都低于《条例》，都不得与《条例》规定相抵触。综上，《条例》规定也适用于政府采购货物、服务的招标活动。

二、商务部等部门或地方政府颁布的招标文件标准文本是否也应当推广使用

制定推广招标文件范本是规范招标程序、加强行政监督的有效手段之一。《条例》第十五条规定："编制依法必须进行招标的项目的资格预审文件和招标文件，应当使用国务院发展改革部门会同有关行政监督部门制定的标准文本。"也就是说，依法必须进行招标的项目应当使用国家颁布的招标文件标准文本来制作招标文件。目前，国家发展改革委联合有关部门编制了《标准施工招标文件》《标准施工招标资格预审文件》《简明标准施工招标文件》《标准设计施工总承包招标文件》《标准设备采购招标文件》《标准材料采购招标文件》《标准勘察招标文件》《标准设计招标文件》和《标准监理招标文件》等标准文本推行使用，参与编制前述文本的部门也纷纷结合各自行业特点和管理需要，对这些文本予以细化补充，形成具有行业特点的标准文本，如《公路工程标准施工招标文件》《水利水电工程标准施工招标文件》《水电工程施工招标和合同文件示范文本》等，也应在推行之列，这是国家发展改革委推动招标采购标准化进程的重要举措。

此外，也有一些部委和地方政府部门自行制定了一些标准文本，如《通信建设项目货物招标文件范本》《铁路建设项目物资招标文件示范文本》《北京市建设工程设计招标文件范本》等为数众多的招标

文件范本。这些文本，国家发展改革委都未参与，是否也应带有强制性地推广使用，《条例》并未规定。推究立法本意，国家发展改革委作为招投标主管部门，标准文本应由其牵头制定，这有利于克服"各立山头"的弊端，统一招标投标规则，建立统一的招标市场。但鉴于招标投标多头管理、"九龙治水"的现状，其他政府主管部门在其管理范围内制定的标准文本，以及地方政府补充编制的标准文本，也应享受同等待遇，在本行业、本地区内应当推广使用。而且，招标人为了减少招标监管的风险，也应当优先采用这些标准文本。《机电产品国际招标投标实施办法（试行）》（商务部令 2014 年第 1 号）第十八条规定："编制依法必须进行机电产品国际招标的项目的资格预审文件和招标文件，应当使用机电产品国际招标标准文本。"商务部机电和科技产业司随之发布了 2014 年版《机电产品国际招标标准招标文件（试行）》。

三、招标人可以终止招标程序的情形有哪些

《条例》第三十一条规定："招标人终止招标的，应当及时发布公告，或者以书面形式通知被邀请的或者已经获取资格预审文件、招标文件的潜在投标人。已经发售资格预审文件、招标文件或者已经收取投标保证金的，招标人应当及时退还所收取的资格预审文件、招标文件的费用，以及所收取的投标保证金及银行同期存款利息。"也就是说，招标人可以决定终止招标，也即取消招标活动，已经经过的招标投标程序都废止，不再继续进行。招标行为仅仅处于要约邀请阶段，对双方约束力弱，招标人决定终止招标程序的，应及时通知投标人，同时退还有关费用和投标保证金。

招标人不得随意终止招标程序，终止招标须有合适的理由。可惜《条例》对哪些情形下可以终止招标没有规定，给招标人留下很大的自由裁量空间，以灵活适应招标活动中的不同需要。结合招标投标实践，一般可终止招标程序的情形主要有：一是发现招标文件有重大错误，招标活动不能继续往下进行，必须终止后重新招标；二是国家法律法规或政策变化调整后，原招标项目需要调整相关招标采购内容或技术要求，或者需要取消招标项目不再继续建设时，

必须终止招标活动；三是招标人发生重大经营困难，无力继续维持该项目的投入；四是招标人调整经营方向或生产任务，停止招标项目建设；等等。这些情况下，因招标人的原因或者外部环境政策因素变化导致招标项目必须进行调整后重新招标，或者招标项目取消的，招标人可决定终止招标。

四、与招标人存在"利害关系"而被禁止投标如何认定

与招标人具有利害关系，存在控制或管理关系的企业投标，易协同一致与招标人串通，影响招标公正性。因此，《条例》第三十四条规定："与招标人存在利害关系可能影响招标公正性的法人、其他组织或者个人，不得参加投标。单位负责人为同一人或者存在控股、管理关系的不同单位，不得参加同一标段投标或者未划分标段的同一招标项目投标。违反前两款规定的，相关投标均无效。"其中，与招标人具有"利害关系"的情况比较常见也比较复杂，包括招标人不具有独立法人资格的附属机构，招标人与潜在投标人之间相互控股或参股、相互任职或工作的，潜在的施工投标人为招标项目前期准备提供设计或咨询服务等情形，这种"利害关系"有投资、管理、业务关系，内涵太广，不易界定，《标准施工招标文件》第二章"投标人须知"第 1.4.3 条款列举的情形可供参考。

是否与招标人具有前述"利害关系"，都不能投标？《条例》规定禁止有"利害关系"的潜在投标人参与投标竞争还有一个前提条件，就是"可能会影响招标公正性"。实践中影响最大的是，招标人投资的具有法人资格的下属单位，很可能影响招标公正性，如果不允许其投标，又不甚合理，剥夺其竞争机会和生存条件，尤其是对于业务大而全的国有企业集团来说，更是如此。如果所有投标人都是企业集团内部企业，处于同一竞争环境中，地位相同，一般视为不存在"可能影响招标公正"的问题。但集团内部企业和外部单位一起来投标，其公正性就会受到严格审视和质疑。《条例》也并未一概禁止，只要招标人能够保证招标文件编制、评标专家的抽取、开标、评标、定标等环节，有充分理由证明对每一位投标人均做到公开、公平、公正，并没有任何证据明显显示对其他单位不公，并做

好相关资料的存档工作，以备投标人提出异议时，招标人可以给予合理的答复，能够出具有说服力的书面证据，这样的情况下，可允许有利害关系的单位投标。"公正性"难以保证的，就不应允许其投标，否则对其他投标人不公，在面对"不公正"的指责时难以作出有说服力的解释。

五、虚假资格和业绩证明文件如何认定

实践中，为了谋求中标，个别投标人提供虚假的财务报表、资格证明文件或伪造、虚报业绩等弄虚作假，严重扰乱了正常的招标投标秩序。《条例》对该类问题重点关注，第四十二条规定，投标人有下列情形之一的，属于虚假投标行为：①使用伪造、变造的许可证件；②提供虚假的财务状况或者业绩；③提供虚假的项目负责人或者主要技术人员简历、劳动关系证明；④提供虚假的信用状况；⑤其他弄虚作假的行为。实践中前述情形经常碰到，屡禁不止。

招投标活动中，投标文件中的投标人资格、业绩证明文件（如中标通知书、合同、资质等级证书、生产许可证、试验报告）均为复印件，为投标人伪造证明文件提供机会和可能。评标工作要严谨细致，评标专家要严格审查投标人尤其是初次参加投标的投标人的资格和业绩证明文件。对于资格、业绩证明文件真伪有疑点的，评标委员会要仔细认真核实，可以提出澄清，要求投标人提供原件核对。可以建立外部单位配合协查机制，联系投标文件载明的相关项目业主单位核实，对业绩证明文件是否系伪造予以核实，联系资质证书、生产许可证、试验报告出具单位，对证书、报告的真实性予以鉴别。在确定中标候选人后，仍可以采用书面外调、实地调研、协查等途径调查核实，补充评审。查证确属虚假投标的，不仅其投标或者中标无效，还将承担行政甚至刑事责任，让虚假行为无所遁形，为招标投标发展创造干净、公平的市场环境。

六、对投标人提出的开标异议，招标人如何当场答复

《条例》颁布实施前，《招标投标法》未对开标现场投标人提出异议及投标人的答复提出明确要求。在实践中，一般对投标人开标

时提出的异议和反映的情况，招标人只如实记录，但当场不作评审、不下结论、不作答复，提交评标委员会判断。《条例》确立了开标异议制度，第四十四条规定："投标人对开标有异议的，应当在开标现场提出，招标人应当当场作出答复，并制作记录。"允许投标人在开标现场对开标提出异议且要求招标人应当场作出答复。

具体操作时还需要注意以下几点：

第一，招标人可以当场答复的问题范围是有限的。一般，开标仅仅是公布投标人名称、投标报价等重要信息，仅仅对于招标投标的程序性问题提出的异议、需要核实投标文件内容的异议等，招标人或招标代理机构可以当场答复。但是，对于投标文件内容的效力、实质性响应程度的评判以及试图通过异议对投标文件进行补充、修改的异议，开标时仅记录在案，都是由评标委员会在评标环节解决。开标时仅记录开标情况，无权对投标文件的实质性内容进行评判，对于投标人提出的关于投标文件实质性内容的异议不作评判也无权答复。招标人答复内容的深度是有限的，如果仅仅是因为对开标内容有异议需要核实投标文件（如认为开标时的报价与其投标文件中载明的投标报价不一致，开标顺序与招标文件规定不符等）时，招标人可以当场核实答复。但如果涉及投标文件的实质性内容或无权答复的，必须提交评标委员会认定解决，此时可仅仅对投标人的"异议"回应"我们已经记录在案且将提交评标委员会评审判断"作为"答复"即可，而不能越权或代行评标后当场答复。

第二，只有对于投标人在开标现场当场提出的异议，且该异议是对开标程序或者开标内容等与开标有关的异议，才是有效的异议，招标人对此有义务进行答复，否则异议无效，招标人无需答复。

第三，投标人的异议方式，应以书面异议为有效，如果是投标人口头提出的，也应由开标工作人员记录在案，由投标人签字，以便备查。招标人的答复以书面为主，简单的答复，可以口头答复后作书面记录，并由投标人签字确认已经知悉答复内容为妥。

七、标底有什么"参考作用"

《条例》第五十条规定："招标项目设有标底的，招标人应当在开标时公布。标底只能作为评标的参考，不得以投标报价是否接近标底作为中标条件，也不得以投标报价超过标底上下浮动范围作为否决投标的条件。"由于标底往往不准确，容易与市场造价水平相脱节，如以失真的标底去衡量投标报价是否有效明显不合理，且由于投标人多方打听，标底难以保密，弊端太多，极有可能导致投标竞争变成单纯围绕标底的投标策略活动，违背招标投标的宗旨。因此，标底既不能作为中标条件，也不能作为否决投标的条件，那么，标底的"参考作用"如何体现，设置标底有无必要性？

标底是招标工程的预期价格，受严格保密。招标项目不一定设置标底。监理、设计等服务性招标项目，因为有政府指导价，可以不设标底。但是工程项目施工及相关设备和材料采购招标项目，标底就非常重要。标底是核定成本价的参考依据，是招标人是否接受投标报价的参考标准，招标人可以以标底为尺度来评判投标人的投标单价和总价是否合理、可信，是否有不平衡报价。标底也是评定选定中标人投标报价的经济性的参考标准，是招标人调整合同价格的依据，可以用它来控制工程造价和项目投资。因此，标底是评标、定标的重要参考依据，并非可有可无。标底不能作为否决投标条件，不能将标底或其上下浮动一定范围作为招标控制价。为了限制投标报价控制在招标人可以接受的范围内，招标人可以参考标底设置合理的最高投标限价，《条例》第五十一条规定投标报价高于招标文件设定的最高投标限价的，该投标应被否决。招标实践中，招标人可将此设置为招标文件中的否决投标条件。

八、中标候选人如何公示

《条例》第五十四条新增了中标候选人公示制度，规定："依法必须进行招标的项目，招标人应当自收到评标报告之日起 3 日内公示中标候选人，公示期不得少于 3 日。投标人或者其他利害关系人对依法必须进行招标的项目的评标结果有异议的，应当在中标候选人公示期间提出。招标人应当自收到异议之日起 3 日内作出答复。作出答复前，应当暂停招标投标活动。"对依法必须招标项目的中标候选人公示起始时间、公示期限以及投标人及其他利害关系人的异议权利都作出规定。第一，《条例》对公示的媒介平台没有规定，原则上应为发布依法必须招标项目招标公告的媒体（如中国采购与招标网）。第二，公示期限为3天，为自然日，即便是休息日、节假日也不影响，三日内因公示未结束，招标人暂不能发出中标通知书。第三，中标候选人名单原则上应全部公示。投标人可以借公示机会监督招标人是否公开、公平、公正举行招标投标活动，招标人也可以借投标人监督检举不合格中标候选人的机会，更准确地评判中标候选人是否具有承担招标项目的能力，这对招标人是有利的。而且，本条文隐含之义是，中标人不但要从中标候选人中选出，而且必须要经过中标候选人的公示，要在阳光之下"晒"一下，经受其他投标人的监督，方可服众胜出当选"中标人"。因此，只要是经评标推荐的中标候选人，不管为几人，原则上都应一次性公示。当然，如果评标委员会推荐了三名中标候选人，而公布时全部公示，也可能会助长第二名、第三名恶意以各种理由举报、扳倒其前者而使自己能够中标的动力，拖延定标及项目进展。因此，公示全部中标候选人的做法利弊兼有。实践中，也有很多地方的招标人只公布第一名，在这种情况下，如第一名有问题，应逐次公示第二、第三名中标候选人。需要注意的是，《机电产品国际招标投标实施办法（试行）》第六十七条明确规定，依法必须进行招标的项目的评标结果应当一次性公示，公示期不得少于3日。

九、投标保证金的利息如何计算

《招标投标法》没有规定投标保证金，《条例》借鉴联合国、世界银行、亚洲开发银行等国际组织的采购指南，全面确立了投标保证金制度，解决实践中投标保证金经常被滥用和误用的弊端。其中《条例》第五十七条规定"招标人最迟应当在书面合同签订后5日内向中标人和未中标的投标人退还投标保证金，同时应支付银行同期存款利息"，改变了以往无息退还投标保证金的通常做法，不允许招标人再无偿占用或挪用投标保证金。该项规定平衡保护投标人的利益，制度是合理的，但是投标保证金的利息如何计算，在实践中又是一个有争议的问题。

投标保证金利率标准和计算利息的起算时间和截止时间如何确定，这既要考虑合法性，也要考虑实践上的可行性、合理性。第一，计算投标保证金的利率应当是活期利率，其理由为：①《条例》禁止招标人挪用投标保证金，也就是说禁止招标人拿投标保证金作定期存款等投资受益，招标人不得将投标保证金转移到其他账户，只能留在原账户收取活期利息。②《条例》规定投标保证金与投标有效期（一般最长为90天，国际招标长一些）一致，投标保证金停留在招标人处的时间较短，适宜计算活期利息。第二，计算投标保证金的利息起算时间以投标截止时间为宜，而不是以投标人提交投标保证金的实际时间（早于或晚于投标截止时间）为准，且对不同投标人的退还时间也相同，其理由：①投标人在投标截止前提交投标保证金都是有效的，招标人也不提倡提前提交；②在投标人为数众多时，若按照各自不同时间计算投标保证金，非常琐碎，如按照前述统一起止时间，再结合对同一招标项目适用相同固定金额的投标保证金的做法，则对招标人而言计算利息变得较为简便，易于操作，对投标人而言既公平也没多大损失。因此，招标人可在招标文件中将利息标准约定为"银行同期活期存款利息"，同时合理约定计息期限，以投标截止之日起算利息。

当然，投标保证金形式为银行保函，是不会产生银行利息的，保函到期自动失效。对于规模小、项目估算金额少、招标采购时间短的招标项目，可以不要求提供投标保证金。在招标投标实践中，该类项目的大多数投标人一般情况下都可以接受约定，并给予积极配合，体现了效率和效益相匹配的原则。

十、最高投标限价何时公布

《条例》颁布前，原有法律法规及部门规章都未明确最高限价(习惯称"拦标价")的公布时间，大多数招标活动一般是开标仪式上在唱标前公布，有的规定在开标前三天公布，也有的在投标截止日之前任意时间以招标文件补遗的形式通知潜在投标人。《关于加强房屋建筑和市政基础设施工程项目施工招标投标行政监督工作的若干意见》提倡在工程项目的施工招标中设立对投标报价的最高限价，以预防和遏制串通投标和哄抬标价的行为，规定招标人设定最高限价的，应当在投标截止日 3 天前公布。最高限价在开标时公布，可以使得投标人无法围绕投标限价报价，也能减少串通报价投标行为，但是其缺陷在于不能避免投标人在不知道投标限价的情况下，其报价都超出限价而被全部否决之后，没有有效投标导致招标失败，或者剩余有效投标不具备竞争性而导致否决所有投标情形的发生，给招标人和投标人都带来一定实际损失，也会延误采购和招标项目进度。提前公布最高限价，对于竞争不充分的项目而言，又会导致极为有限的投标人围绕最高限价投标甚至发生串通投标行为。应该说，最高投标报价公布时间早晚各有利弊。

但是，依据《招标投标法》的规定，最高投标限价应提前公布。最高投标限价决定着投标人的报价策略和竞争地位，属于招标文件中的实质性要求，影响投标人的投标，也属于招标文件的一部分，应当与招标文件其他实质性内容一样在招标文件中明确规定，以便投标人制作投标文件。《条例》第二十七条规定："招标人设有最高投标限价的，应当在招标文件中明确最高投标限价或者最高投标限价的计算方法。"如果招标人在发布招标文件之时决定设置最高投标限价，但是暂时还没制定出最高限价或未明确最高限价计算方法的，可以暂时在招标文件中不列明最高限价的金额或计算方法，留待对招标文件进行澄清修改时再明确。需要注意的是，因为最高限价属于招标文件实质性内容，可能影响投标文件的编制，按照《条例》第二十一条规定，应当在投标截止时间至少 15 日前，以书面形式通知所有获取招标文件的潜在投标人；如果不足 15 日的，招标人应当顺延提交投标文件的截止时间，以满足至少 15 日的要求。

十一、投标保证金的形式如何确定

《条例》第二十六条规定："招标人在招标文件中要求投标人提交投标保证金的，投标保证金不得超过招标项目估算价的 2%。投标保证金有效期应当与投标有效期一致。依法必须进行招标的项目的境内投标单位，以现金或者支票形式提交的投标保证金应当从其基本账户转出。招标人不得挪用投标保证金。"是否需要提交投标保证金，由招标人根据招标项目实际在招标文件中提出，并明确投标保证金的形式、金额及提交时间等要求。

投标人应当按照招标文件要求的形式提供投标担保，投标担保有现金、支票、本票、银行汇票或银行保函等形式，实践中通常统称为"投标保证金"。为了减少风险，提高评审效率，招标人可事前在招标文件中明确投标保证金的形式，一般应选择风险少、易审核的方式，如现金、汇票和银行保函。允许提交银行保函的，由于银行内部对不同层级分支机构的权限各有不同，招标人可以要求投标人至少提供地市级以上分行提供的银行保函；各个银行的保函格式是不同的，招标人也可以规定银行保函的格式与内容要求，对此投标人必须遵守，不得对其格式或内容作出限制性的规定（如限制在一定区域、限制的时间短于投标有效期、附加支付约束性条件等），否则都将构成实质性偏差，其投标可能被拒绝。

十二、评标委员会成员因何调整、何时解散

1. 更换评标委员会成员的适用情形

《条例》第四十八条规定"评标过程中，评标委员会成员有回避事由、擅离职守或者因健康等原因不能继续评标的，应当及时更换。"结合招投标实践，需要更换评标专家的情形主要有：一是回避，主要情形有：①与投标人有利害关系（如投标人或者投标人主要负责人的近亲属，与投标人有经济利益关系，可能影响对投标公正评审的）；②项目主管部门或者行政监督部门的人员；③曾因在招标、评标以及其他与招标投标有关活动中从事违法行为而受过行政处罚或刑事处罚的。二是擅离职守，工作不认真，不能胜任评标工作或违规违纪，被招标人取消评标资格的。如评标专家违反工作纪律，私下接触投标人，收受他人的财物或者其他好处，透露对投标文件的评审和比较、中标候选人的推荐情况以及与评标有关的其他情况。三是评标专家生病或其他个人原因（如家庭或单位有重要事情必须亲自办理），不能继续评标的。调整评标专家的时间，在评标专家已经抽选出组成评标委员会之后，评标结束之前的任何时间都可以。

2. 调整评标专家人数的方法

前述情况下，评标专家人数减少后，需要调整评标委员会成员的，一般有以下方法：一是自然减员，直接减少应更换的专家，不再补充，但必须保证剩余评标委员会成员达到"人数为五人以上单数，其中技术、经济等方面的专家不得少于成员总数的三分之二"的要求，且与评标工作量相符，保证评标委员会力量充足，能够按期完成评标工作。二是补抽，依据法律规定的抽取评标专家的方法重新抽取，或者从以前抽取的备用专家里面补充，但需注意做好保密工作。评标专家调整人数众多（如超过原有成员数一半）的，以重新抽选评标专家组成新的评标委员会为宜。招标人代表需要更换的，由招标人重新选派人员即可。

3. 评标委员会的解散

评标委员会是临时机构，其生命随着评标工作而始终。评标委员会的组建时间在评标开始前，但是并不是评标结束即解散，笔者认为应在发出中标通知书之时解散。因为公示中标候选人后，还需要评标委员会核实投诉；投标人履约能力发生变更的，也需要评标委员会进行履约能力审查。《条例》第五十六条规定，"中标候选人的经营、财务状况发生较大变化或者存在违法行为，招标人认为可能影响其履约能力的，应当在发出中标通知书前由原评标委员会按照招标文件规定的标准和方法审查确认"，其意就在于提交评标报告以后，中标通知书发出之前，评标委员会还有可能重新审查投标文件，评标委员会的职责使命在发出中标通知书后方能完成。

十三、对投标文件的澄清方式有哪些

《条例》第五十二条规定："投标文件中有含义不明确的内容、明显文字或者计算错误，评标委员会认为需要投标人作出必要澄清、说明的，应当书面通知该投标人。投标人的澄清、说明应当采用书面形式，并不得超出投标文件的范围或者改变投标文件的实质性内容。评标委员会不得暗示或者诱导投标人作出澄清、说明，不得接受投标人主动提出的澄清、说明。"其中，着重强调澄清必须要采用"书面"形式。也就是说，招标人以书面形式向投标人提出需要澄清的问题，投标人也同样以书面形式回复，既能起到证明效力，也有利于隔离评标专家与投标人的联系，达到评标保密要求。

但在工程项目施工、监理或者设计招标实践中，经常要求项目经理负责人、总监理工程师或者项目总设计师进行答辩，就投标技术方案的关键点进行讲解（俗称"述标"），补充文字所难以精确表述到位的内容，同时回答招标人提出的问题，实际上就是对投标文件的补充和说明。这样"面对面"的直接沟通比较有效，能够准确反映投标人对招标文件的理解与响应程度，在工程招标中比较常见，可是这种方式又与"书面澄清"以及评标需要保密的要求相冲突。解决之道建议如下：第一，应允许投标人当面口头澄清，但随后记录在案并让投标人签字，或者要求投标人在口头回答招标人提出的问题后再提交书面形式的答复，或者采用录音录像方式，落实在书面形式作为证据存档，答复内容以书面为准。第二，与投标人当面接触的招标人联系人不能是评标委员会成员，招标人联系人可以受评标委员会之托向投标人提出问题，并转述或者通过录像等形式将投标人陈述内容转交评标专家进行评标；或者采用技术手段，在确保不泄露评标专家名单的背景下，通过物理隔离（如玻璃屏风，互相看不见或者不同房间通过电话等设备通话）、视频、网络交流等手段，让评标专家"面对面"与投标人澄清交流。第三，即使"面对面"澄清，招标人也不能诱导投标人作出改变原投标文件实质性内容的澄清或说明，投标人做出的修改原投标文件的内容的澄清说明也不能作为评标的依据。

十四、中标人如何确定

1. 中标人的确定规则

《招标投标法》及其实施条例对于招标项目按照可以自行决定招标的项目、依法必须招标的项目以及国有资金占控股或者主导地位的依法必须进行招标的项目三类，逐层递进规定越来越严格的规则。其中，对于国有资金占控股或者主导地位的依法必须进行招标的项目，《条例》第五十五条规定："招标人应当确定排名第一的中标候选人为中标人。"该条款与《评标委员会和评标办法暂行规定》关于

"使用国有资金投资或者国家融资的项目，招标人应当确定排名第一的中标候选人为中标人"的规定相比，压缩了"第一名中标"的适用范围，更易理解和操作。

2. 中标人的更换

《条例》第五十五条规定："排名第一的中标候选人放弃中标、因不可抗力不能履行合同、不按照招标文件要求提交履约保证金，或者被查实存在影响中标结果的违法行为等情形，不符合中标条件的，招标人可以按照评标委员会提出的中标候选人名单排序依次确定其他中标候选人为中标人，也可以重新招标。"第一名中标候选人不合格的，是依次确定后续排名在前的候选人为中标人还是重新招标，应根据项目实际判断。如没有中标候选人可选，或者剩余中标候选人的投标文件响应条件离招标人期望值差距较大，招标人对其技术或价格某一方面不是太满意，都可以重新招标，选择权在招标人。不存在前述情况的，以直接选定后续中标候选人中标为宜，一是可以减少重新招标增加的费用支出和时间成本，提高采购效率，二是对投标人而言更加公平，由于其价格已经公开，重新招标会改变原有竞争地位。

十五、总承包项目中暂估价合同项目的招标实施主体是谁

《条例》出台前，暂估价的项目，即使项目规模比较大，很多都不招标，这样容易导致规避招标或者不正当交易。《条例》强调达到规模标准的暂估价项目必须招标，其第二十九条规定："招标人可以依法对工程以及与工程建设有关的货物、服务全部或者部分实行总承包招标。以暂估价形式包括在总承包范围内的工程、货物、服务属于依法必须进行招标的项目范围且达到国家规定规模标准的，应当依法进行招标。前款所称暂估价，是指总承包招标时不能确定价格而由招标人在招标文件中暂时估定的工程、货物、服务的金额。"

执行该条款需注意：第一，暂估价项目，总承包人不能再参加投标，主要还是从公正性考虑的。如让其投标，则限制竞争，影响公正性。第二，至于组织实施招标的主体，《条例》没有规定，以总

承包人组织招标为宜，也可以发包人与总承包人联合实施招标。通常情况下，不建议由招标人单方实施，主要原因如下：一是合同法律关系发生质变。如招标人单方实施，则暂估价项目的合同签约方应当是招标人和暂估价项目的中标人。此时，暂估价项目相当于独立发包项目，即暂估价项目和原招标项目转变成了平行发包关系。二是项目管理关系混乱。如暂估价项目由招标人单方实施招标，由于总承包人不得参与暂估价项目的投标，总承包人既无可能承接暂估价项目，也不是暂估价项目的合同发包方，难以名正言顺地以项目总承包人的身份对暂估价项目实施管理。三是项目管理协调难度较大。退一万步说，即便招标人可以以权利义务概括转让的方式把合同主体转让给总承包人，也必须考虑总承包人对暂估价项目实施管理的想法、思路和条件，以征得其理解配合和支持。否则，因缺少总承包人的认同与配合，项目管理难度、总分包人之间的关系协调等难度加大，对招标项目能否按照预定计划正常实施的影响都非常大。

（原文载于《中国招标》2012年第13期、第20期）

对国家发展改革委等九部委
23号令的解读

◎**本文概要** 国家发展改革委等九部委 23 号令修改了招投标领域常用的 11 件部门规章和 1 件规范性文件，优化完善了招标投标法律制度。本文对其中 24 项重要修改内容归纳分析，并指出 23 号令的遗憾和不足。

2013 年 3 月 11 日，国家发展改革委等九部委发布了第 23 号令《关于废止和修改部分招标投标规章和规范性文件的决定》（本文简称 23 号令），这是贯彻落实《招标投标法实施条例》，对《招标投标法》实施以来国家发展改革委牵头制定的规章和规范性文件进行全面清理的成果。23 号令决定废止《关于抓紧做好标准施工招标资格预审文件和标准施工招标文件试点工作的通知》（发改法规〔2008〕938 号），修改《招标公告发布暂行办法》等招投标工作中常用的 11 件规章和 1 件规范性文件，重点是对接《招标投标法实施条例》中的相关规定，对相关部门规章的相应条款和规范性文件的相关规定作了大量的适应性修改。本文对修改的重要内容进行逐项梳理，有助于了解一些关键法条的来龙去脉和立法考量，纠正惯性思维带来的错误认识，防止误导实践操作。

一、23号令修改的主要内容

23 号令决定修改的内容共 237 项，主要涉及以下六方面：

一是根据《招标投标法》颁布以后政府机构改革名称变更的实际，统一更改了相关政府部门名称，如将"国家计委""国家发展计划委员会"修改为"国家发展改革委"。

二是对于现行有效的规章和规范性文件，其制定依据或者在引用的条文中，引用《招标投标法》的，同时都增加了新的上位法依据《招标投标法实施条例》。

三是根据《招标投标法实施条例》的规定，删除规章和规范性文件中不适应或相违背的条文，如删除《工程建设项目勘察设计招标投标办法》第四十五条原规定的"招标人应当在将中标结果通知所有未中标人后7个工作日内，逐一返还未中标人的投标文件"。

四是根据《招标投标法实施条例》的规定，修订完善、细化、补充规章和规范性文件中的一些条款，这是本次修改的重点，也是本文第二部分分析的重点。

五是修改规章或者规范性文件名称，如将"《工程建设项目可行性研究报告增加招标内容和核准招标事项暂行规定》"修改为"《工程建设项目申报材料增加招标内容和核准招标事项暂行规定》"。

六是对原规章条款中的错误进行更正，如将《工程建设项目施工招标投标办法》第四十八条中的"转让"修改为"受让"，二者意思截然相反，原文表述确有错误。

二、对重点修改的条文分析

1. 将"审批""批准"修改为"审批、核准或者备案"，"可行性研究报告"修改为"可行性研究报告或者资金申请报告、项目申请报告"

《国务院关于投资体制改革的决定》（国发〔2004〕20号）在项目管理方式上进行了改革，由不分投资主体、不分资金来源、不分项目性质，一律按投资规模大小分别由各级政府及有关部门进行"审批"，调整为区分政府投资项目和企业投资项目，分别采用"审批""核准"和"备案"方式。对政府投资项目继续实行审批制，对企业不使用政府投资建设的项目，区别情况实行核准制（如火电站由国务院投资主管部门核准）和备案制。审批、核准主要是指国务院和地方人民政府有关部门根据权限负责审批项目建议书、可行性研究报告、资金申请报告以及核准项目申请报告。实行审批制、核准制的项目需要审核招标内容，实行备案制的项目不再审核招标内容。《招标投标法实施条例》第七条规定："按照国家有关规定需要履行项目审批、核准手续的依法必须进行招标的项目，其招标范围、招标方式、招标组织形式应当报项目审批、核准部门审批、核准。"根据 23 号令，规章和规范性文件中提及项目"审批"的一律修改其称谓，如将"审批"修改为"审批、核准或备案"，"审批部门"修改为"审批、核准部门"，"可行性研究报告"也修改为"可行性研究报告或者资金申请报告、项目申请报告"。

2. 修订不适应电子招标实际的条款

电子招标是指利用现代信息技术，以数据电文形式进行的无纸化招标投标活动。在电子商务和信息化迅速发展的今天，电子招标已成为大势所趋。《招标投标法实施条例》第五条规定，"国家鼓励利用信息网络进行电子招标投标"，随后出台了《电子招标投标办法》（国家发展改革委等八部委 20 号令）及相关技术规范，建立健全了电子招标投标制度。与传统招投标方式相比，电子招标实现了招投标文件的电子化，其制作、修改、递交等都通过计算机系统和网络进行。但此前的招标投标法律条款都是基于传统全部采用纸质文件的方式制定的，在实行电子招标的项目中已显出很大的不适应性。

23 号令适应《电子招标投标办法》和电子招标的实际，对规章中的一些不适宜的条款进行了修订。如在《工程建设项目勘察设计招标投标办法》第二十六条中"投标人在投标截止时间前提交的投标文件，补充、修改或撤回投标文件的通知，备选投标文件等，都必须加盖所在单位公章，并且由其法定代表人或授权代表签字"之后增加了"但招标文件另有规定的除外"的表述。根据该条，如果是电子招标，可以在招标文件中约定采用电子签名方式，无需再像纸质投标文件那样必须单位盖章且法定代表人或授权代表签字。再如《工程建设项目施工招标投标办法》第十五条原文为"招标人可以通过信息网络或者其他媒介发布招标文件，通过信息网络或者其他媒介发布的招标文件与书面招标文件具有同等法律效力，但出现不一致时以书面招标文件为准。"此次将后半句话修改为："……出现不一致时以书面招标文件为准，国家另有规定的除外。"这是为了适应《电子招标投标办法》作出的修订。考虑到电子招标的优势和发展趋势，应以电子文件优先，这一修订有机对接了《电子招标投标办法》第六十二条的规定："电子招标投标某些环节需要同时使用纸质文件的，应当在招标文件中明确约定；当纸质文件与数据电文不一致时，除招标文件特别约定外，以数据电文为准。"

3. 调整依法必须公开招标的项目进行邀请招标的条件

《招标投标法实施条例》第八条规定了公开招标的项目范围以及可以邀请招标的条件和程序，一是国有资金占控股或者主导地位的依法必须进行招标的项目，应当公开招标；二是项目适用邀请招标的两个前提条件：①技术复杂、有特殊要求或者受自然环境限制，只有少量潜在投标人可供选择；②采用公开招标方式的费用占项目合同金额的比例过大；三是邀请招标的许可程序：属于需要批准、核准的依法必须招标的项目，由项目审批、核准部门在审批、核准项目时作出认定；其他项目由招标人申请有关行政监督部门作出认定。

23 号令承接上述规定，对《工程建设项目勘察设计招标投标办法》《工程建设项目施工招标投标办法》《工程建设项目货物招标投标办法》中规定的邀请招标的条件都作了相应修订，即三种情形下可邀请招标：①项目技术复杂或有特殊要求，或者受自然地域环境限制，只有少量潜在投标人可供选择；②涉及国家安全、国家秘密或者抢险救灾，适宜招标但不宜公开招标（《工程建设项目勘察设计招标投标办法》无此项规定）；③采用公开招标方式的费用占项目合同金额的比例过大。

4. 调整依法必须进行招标项目可以不招标的条件

《招标投标法实施条例》第九条规定了可以不进行招标的特殊情形，即：除招标投标法第六十六条规定的可以不进行招标的特殊情况外，有下列情形之一的，可以不进行招标：①需要采用不可替代的专利或者专有技术；②采购人依法能够自行建设、生产或者提供；③已通过招标方式选定的特许经营项目投资人依法能够自行建设、生产或者提供；④需要向原中标人采购工程、货物或者服务，否则将影响施工或者功能配套要求；⑤国家规定的其他特殊情形。

23 号令衔接上述规定，对《工程建设项目勘察设计招标投标办法》《工程建设项目施工招标投标办法》《工程建设项目货物招标投标办法》中规定的依法必须进行招标的项目中可以不进行招标的条款做了相应修订，如将《工程建设项目勘察设计招标投标办法》第四条规定的可以不进行招标的情形修改为：①涉及国家安全、国家秘密、抢险救灾或者属于利用扶贫资金实行以工代赈、需要使用农民工等特殊情况，不适宜进行招标；②主要工艺、技术采用不可替代的专利或者专有技术，或者其建筑艺术造型有特殊要求；③采购人依法能够自行勘察、设计；④已通过招标方式选定的特许经营项目投资人依法能够自行勘察、设计；⑤技术复杂或专业性强，能够满足条件的勘察设计单位少于三家，不能形成有效竞争；⑥已建成项目需要改、扩建或者技术改造，由其他单位进行设计影响项目功能配套性；⑦国家规定其他特殊情形。《工程建设项目货物招标投标办法》《工程建设项目施工招标投标办法》也有类似修改。

5. 招标文件标准文本适用范围由试点项目扩展为依法必须招标项目

《招标投标法实施条例》第十五条明确规定："编制依法必须进行招标的项目的资格预审文件和招标文件，应当使用国务院发展改革部门会同有关行政监督部门制定的标准文本。"23号令在将原《〈标准施工招标资格预审文件〉和〈标准施工招标文件〉试行规定》名称修改为"《〈标准施工招标资格预审文件〉和〈标准施工招标文件〉暂行规定》"的同时，对《标准施工招标资格预审文件》和《标准施工招标文件》的适用范围也进行了调整，原来仅在政府投资项目中试行，修订后其第二条规定"本《标准文件》适用于依法必须招标的工程建设项目"。《标准施工招标资格预审文件》和《标准施工招标文件》就是由国家发展改革委牵头编制的标准文本，根据《招标投标法实施条例》规定应适用于所有依法必须招标的工程建设项目。

6. 纸质文件与数据电文不一致时以后者为准，招标文件有特别约定除外

招标投标的相关法律文件（如招标公告、招标文件、投标文件等）可能会发生纸质文件与数据电文不一致的情形。《工程建设项目货物招标投标办法》第十四条原规定："通过信息网络或者其他媒介发布的招标文件与书面招标文件具有同等法律效力，出现不一致时

以书面招标文件为准,但法律、行政法规或者招标文件另有规定的除外。"23 号令将此修订为"……但国家另有规定的除外"。《工程建设项目施工招标投标办法》第十五条也有相同修改。其意思就是,当书面招标文件与数据电文形式的投标文件不一致的,原则上以书面招标文件为准,如果包括规章和规范性文件在内的国家规定另有规定的,从其规定。但《电子招标投标办法》第六十二条规定:"电子招标投标某些环节需要同时使用纸质文件的,应当在招标文件中明确约定;当纸质文件与数据电文不一致时,除招标文件特别约定外,以数据电文为准。"前者强调以书面招标文件(应表述为"纸质招标文件"更为合理,因为《合同法》规定,包括电报、电传、传真、电子数据交换和电子邮件在内的数据电文形式的招标文件也属于书面招标文件)为准,后者强调以数据电文为准。可见,同为部门规章的规定不一致,立法上存在模糊和冲突。对纸质文件与数据电文不一致时以何为准的问题,要综合两部规章来分析,在电子招标中一般不需要纸质文件,特殊情况需要时应当在招标文件中对以何为准作出约定。建议首选以数据电文为准,这符合电子化、信息化发展趋势;未作约定时,应以数据电文为准。对于勘察设计等其他招标项目,则直接适用《电子招标投标办法》第六十二条规定。

7. 勘察设计、施工、货物招标项目的投标保证金仍有上限金额的限制

《招标投标法实施条例》第二十六条规定:"招标人在招标文件中要求投标人提交投标保证金的,投标保证金不得超过招标项目估算价的 2%",并无具体上限金额的限制。国家发展改革委法规司等联合编著的《中华人民共和国招标投标法实施条例释义》也阐明:"在《条例》起草过程中,有的意见建议为投标保证金设定一个具体的上限金额。《条例》未采纳上述意见,主要是考虑到,《条例》所调整的采购对象千差万别,不加区分地统一规定投标保证金的具体限额,不利于发挥投标保证金的作用。"依据这一解读,普遍认为投标保证金仅以招标项目估算价的 2% 作为上限限制,不再限制其上限金额。

但是 23 号令在《招标投标法实施条例》规定的"不得超过招标

项目估算价的 2%"的基础上，仍然保留了原规章中对投标保证金具体上限金额的限制，如将《工程建设项目勘察设计招标投标办法》第二十四条修改为："招标文件要求投标人提交投标保证金的，不得超过勘察设计估算费用的百分之二，最多不超过十万元人民币。"同时对《工程建设项目施工招标投标办法》第三十七条、《工程建设项目货物招标投标办法》第二十七条也有类似修改。也就是说，工程建设项目勘察设计、施工、货物招标项目的投标保证金上限，均不得超过项目估算价的 2%，且分别不超过 10 万元、80 万元、80 万元。

8. 取消以电报、电传、传真以及电子邮件方式提交投标文件的禁止性规定

在传统依靠纸质文件招标的情况下，考虑电报、电传、传真以及电子邮件等方式在保密性、真实性等方面存在一些法律问题，法律依据也不健全，所以禁止以这些方式提交投标文件，要求投标文件必须是纸质文件且为原件。但是在电子招标条件下，《电子招标投标办法》第二条规定允许以数据电文形式（包括但不限于电子数据交换、电子邮件、电报、电传或者传真），依托电子招标投标系统完成全部或者部分招标投标交易、公共服务和行政监督活动，且数据电文形式与纸质形式的招标投标活动具有同等法律效力，在此情况下再限制提交投标文件的方式已经不合时宜，且会阻碍电子招标的发展。23 号令适应电子招标的需要，删除了《工程建设项目货物招标投标办法》第三十四条中"招标人不得接受以电报、电传、传真以及电子邮件方式提交的投标文件及投标文件的修改文件"的内容。根据该项修改，对于投标文件的提交形式，只要符合招标文件要求即可，可要求只提交纸质或数据电文形式的投标文件其中一项，也可要求二者都提交（同时明确二者内容不一致时以何为准）。

9. 立法确认投标保证金可以交给招标代理机构

投标保证金是投标人按照招标文件规定的形式和金额向招标人递交的，约束投标人履行其投标义务的担保。《招标投标法》没有投标保证金条款，《招标投标法实施条例》也未规定投标保证金应交给谁，但根据其担保的性质和设定目的的考虑，投标保证金应提交给其受益人即招标人，招标人可以委托招标代理机构代其收取投标保证

金。实践中也是招标人将收取投标保证金在内的招标事务一揽子委托给招标代理机构。由于招标代理机构并不是投标保证金的法定受益人，根据《民法总则》的规定，招标代理机构收取投标保证金时，只能以代理人身份以招标人的名义收取，并按照招标人的指令管理投标保证金，相应的权利和义务仍属于招标人。23号令将《工程建设项目施工招标投标办法》第三十七条中的"投标人应当按照招标文件要求的方式和金额，将投标保证金随投标文件提交给招标人"修改为："……将投标保证金随投标文件提交给招标人或其委托的招标代理机构。"这一规定使得把投标保证金提交给招标代理单位有了明确的法律依据，如采用保函时，抬头可直接写招标代理机构而不再写招标人。

10. 终止招标后应通知潜在投标人并退还投标保证金和相关费用

一般情况下，招标人在发布招标公告、发出投标邀请书、发售招标文件或资格预审文件后不得终止招标。但实践中也经常会发生各种意外情况（如招标文件存在重大错误、招标项目被取消等），使得招标人必须终止招标。《招标投标法实施条例》第三十一条规定："招标人终止招标的，应当及时发布公告，或者以书面形式通知被邀请的或者已经获取资格预审文件、招标文件的潜在投标人。已经发售资格预审文件、招标文件或者已经收取投标保证金的，招标人应当及时退还所收取的资格预审文件、招标文件的费用，以及所收取的投标保证金及银行同期存款利息。"23号令重申了上述规定，对《工程建设项目货物招标投标办法》第十四条进行了修订，即：招标人终止招标的，应当通知潜在投标人，及时退还资格预审文件、招标文件发售费用和投标保证金及其利息，对工程货物招标项目终止招标之后的处理措施有了明确规定。勘察设计、施工招标项目则直接执行《招标投标法实施条例》第三十一条的规定。

11. 投标截止时间之后禁止撤销而不是撤回投标文件

《合同法》第十七条规定："要约可以撤回。撤回要约的通知应当在要约到达受要约人之前或者与要约同时到达受要约人。"该法第十八条同时规定："要约可以撤销。撤销要约的通知应当在受要约人发出承诺通知之前到达受要约人。"也就是说，要约未到达承诺人的，可以撤回；要约到达承诺人之后，只可以撤销。投标文件属于要约，投标截止时间就是投标文件（要约）生效的时间，也是投标有效期开始起算的时间。潜在投标人是否发出要约，完全取决于自己的意愿。由于在投标截止时间前，投标文件尚未产生约束力，投标人有权撤回其已经递交的投标文件，无需承担法律责任；但在投标截止时间之后，投标人向招标人发出的要约已经生效，投标文件已经对招标人和投标人产生约束力。合同法允许在承诺人作出承诺之前撤销要约，但是招标投标法属于特殊法，禁止要约（投标文件）在招标人做出承诺（发出中标通知书）之前撤销。因此，投标截止后投标人在投标有效期内撤销其投标文件的，应当承担相应的法律责任。

23 号令依据合同法规定，将投标截止时间之后禁止"撤回其投标文件"的表述修改为禁止"撤销其投标文件"。如《工程建设项目货物招标投标办法》第三十六条原规定中的"在提交投标文件截止时间后，投标人不得补充、修改、替代或者撤回其投标文件"修改为"在提交投标文件截止时间后，投标人不得撤销其投标文件"。该条中禁止撤销投标文件，也包含不允许补充、修改、替代其投标文件，因为投标人如果补充、修改、替代其投标文件，即为其撤销原已生效的要约并发出新的要约。同理，《工程建设项目勘察设计招标投标办法》第二十五条、《工程建设项目施工招标投标办法》第四十条也都规定"在提交投标文件截止时间后到招标文件规定的投标有效期终止之前，投标人不得撤销其投标文件。"

12. 细化、调整投标人不足 3 个时重新招标的规则

根据修订前的《工程建设项目勘察设计招标投标办法》第四十八条、《工程建设项目施工招标投标办法》第三十八条、《工程建设项目货物招标投标办法》第三十四条等规定，投标人不足 3 个的，招标人应当重新招标；重新招标后投标人仍少于 3 个的，勘察设计、施工招标中属于依法必须审批的项目报经原审批部门批准后可以不再进行招标，货物招标中依法必须招标的工程建设项目报有关行政监督部门备案后可以不再进行招标，或者对两家合格投标人进行开

标和评标。这些规定，一是要求不管是否属于依法必须招标的项目，其勘察设计、施工和货物招标，只要投标人不足 3 个的，招标人都应重新招标；二是货物采购项目重新招标失败后，只要备案即可决定不再招标或者对两家合格投标人进行开标和评标，这一规定与勘察设计、施工招标要求不同。

23 号令对此作出实质性修改，对三类项目重新招标统一进行规定。一是只有依法必须招标的项目投标人不足 3 个的，才需重新招标；重新招标失败经审批、核准后，方可不再进行招标；对自愿招标的项目不作限制。二是明确规定投标人不足 3 个的，应当在分析招标失败的原因并采取相应措施后，方可重新招标。这是考虑投标人不足 3 个导致招标失败时应先查清原因，区别情况改正或提出完善优化措施后再行招标，力求重新招标取得预期效果。如果属于资格条件过高导致投标人数量不足、技术规格过于严格限制竞争、招标公告内容不完整没有引起足够的市场响应、合同条款不合理、中标人风险过大等原因导致投标人过少等情形的，应修改招标公告、招标文件后重新招标。如果是因为投标文件未按投标截止时间送达、未按规定标记密封或签署等原因而被拒收或潜在投标人放弃投标导致不足 3 个投标的，可直接重新招标。如果是因为市场供应能力不足，市场竞争不充分，供应商本来就少，即使重新招标仍不足 3 个投标时，可行的办法就是改变采购方法，但是依法必须招标项目应当报项目主管部门审批、核准后方可不再进行招标；对于自愿招标项目，招标人可自行决定采购方法。

13. 废止"废标"的提法，代之以"否决投标"表述

在规制公共采购领域的法律制度中，不同法律中对"废标"这一概念赋予了不同含义。修订前的《工程建设项目施工招标投标办法》等规章中提及的"废标"，是指废除某个或多个不合格投标的竞标资格；而《政府采购法》中的"废标"是整个招标采购活动作废，依法重新组织招标。此次修改以"否决投标"代替"废标"，主要是为了规范法律术语，避免与《政府采购法》规定的"废标"概念相混淆。否决投标，是指在评标过程中，投标文件没有对招标文件提出的实质性要求和条件做出响应，评标委员会做出对其投标文件不

再予以进一步评审，投标人失去中标资格的决定。如《评标委员会和评标方法暂行规定》第二十三条规定："评标委员会应当审查每一投标文件是否对招标文件提出的所有实质性要求和条件作出响应。未能在实质上响应的投标，应当予以否决。"该办法第二十五条以及《招标投标法实施条例》第五十一条，《工程建设项目勘察设计招标投标办法》第三十六条、第三十七条，《工程建设项目施工招标投标办法》第五十条，《工程建设项目货物招标投标办法》第四十一条等都具体规定了否决投标的法定情形。

14. 明确排名第一的中标候选人不符合中标条件时重新招标的条件

《招标投标法实施条例》第五十五条规定："国有资金占控股或者主导地位的依法必须进行招标的项目，排名第一的中标候选人放弃中标因不可抗力不能履行合同不按照招标文件要求提交履约保证金，或者被查实存在影响中标结果的违法行为等情形，不符合中标条件的，招标人可以按照评标委员会提出的中标候选人名单排序依次确定其他中标候选人为中标人，也可以重新招标。"根据该条规定，第一名中标候选人不合格的，哪种情况下依次确定后续排名在前的中标候选人为中标人还是重新招标，《条例》没有具体规定，缺乏操作性。

23号令解决了上述疑问。修改后的《评标委员会和评标方法暂行规定》第四十八条中规定"排名第一的中标候选人放弃中标、因不可抗力提出不能履行合同，或者招标文件规定应当提交履约保证金而在规定的期限内未能提交，或者被查实存在影响中标结果的违法行为等情形，不符合中标条件的，招标人可以按照评标委员会提出的中标候选人名单排序依次确定其他中标候选人为中标人。依次确定其他中标候选人与招标人预期差距较大，或者对招标人明显不利的，招标人可以重新招标"。《工程建设项目勘察设计招标投标办法》第四十条、《工程建设项目施工招标投标办法》第五十八条、《工程建设项目货物招标投标办法》第四十八条也有相同规定。简单归纳如下：第一，排名第一的中标候选人不符合中标条件的，以依次确定其他中标候选人为中标人为宜（若仅有一名中标候选人则只能重新招标），这样可以减少重新招标增加的费用支出和时间成本，提高采购效率，对投标人而言也更加公平，由于其价格已经公开，重新招标可能会改变原有竞争地位。第二，依次确定其他中标候选人与招标人预期差距较大，或者对招标人明显不利的，可以重新招标。对于"预期差距较大""对招标人明显不利"，具体应根据项目实际判断，如其他中标候选人响应的技术参数或投标报价离招标人期望值差距较大，可以重新招标，判定权在招标人。

15. 评标委员会并不在提交书面评标报告后即告解散

评标委员会成立于抽取出评标专家参加评标之时，其何时解散，修改前的《评标委员会和评标办法暂行规定》第四十四条规定"向招标人提交书面评标报告后，评标委员会即告解散"。《招标投标法实施条例》对评标委员会的解散没有规定，但是根据其第五十六条规定可以推断出评标委员会只能在定标之后发出中标通知书之时解散，该条规定："中标候选人的经营、财务状况发生较大变化或者存在违法行为，招标人认为可能影响其履约能力的，应当在发出中标通知书前由原评标委员会按照招标文件规定的标准和方法审查确认。"也就是说，在评标结束后，招标人认为中标候选人履约能力不满足招标文件要求的，可要求原评标委员会审查确认。如果按照《评标委员会和评标办法暂行规定》第四十四条原来的规定，则评标委员会已经解散，无法再担当履约能力审查之职。正因为如此，23号令删除了《评标委员会和评标办法暂行规定》第四十四条中"向招标人提交书面评标报告后，评标委员会即告解散"的规定。即评标委员会不但负有评标、提交评标报告、推荐中标候选人之责，也有在中标通知书发出之前对中标候选人的履约能力进行核查核实的职责。

16. 合同应当在投标有效期内且在中标通知书发出后30日内签订

招标人和中标人都负有依法签订书面合同的义务。《招标投标法》第四十六条规定："招标人和中标人应当在中标通知书发出之日起30日内，按照招标文件和中标人的投标文件订立书面合同。"中标通知书发出后，如果招标人与中标人不签订合同，或者不按照规定签订合同，都将使招标失去意义。投标文件都有有效期，超过投标有效期的，投标文件自然失效，则中标人有权拒绝签订合同。因此，招标人和中标人不仅要在中标通知书发出之日起30日内，而且还应在投标有效期内订立书面合同，这是为了保证招投标活动的效率，防止招标人或投标人无故拖延订立合同，损害对方的合法权益。因此，《招标投标法实施条例》第五十七条规定："招标人最迟应当在书面合同签订后5日内向中标人和未中标的投标人退还投标保证金及银行同期存款利息。"

23号令根据上述规定，将《评标委员会和评标办法暂行规定》第四十九条修改为"中标人确定后，招标人应当向中标人发出中标通知书，同时通知未中标人，并与中标人在投标有效期内以及中标通知书发出之日起30日之内签订合同"，显然对签订合同的时间加上了"在投标有效期内"的限定，督促招标人和中标人及时签约，防止出现中标通知书发出时间较晚，距离投标有效期截止时间过短，导致投标文件失效最终签约失败的风险。如果在投标有效期内无法完成合同签订的，招标人可以要求投标人适当延长投标有效期。如果投标人拒绝延长投标有效期，双方又不能在投标有效期内签订合同的，投标文件对招标人和投标人不再具有约束力，招标人应当退还投标保证金。

17. 强调在招标的任何阶段都不得变更合同主要内容

《评标委员会和评标办法暂行规定》第四十七条原规定为："在确定中标人之前，招标人不得与投标人就投标价格、投标方案等实质性内容进行谈判。"23号令删除了限制语"在确定中标人之前"。也就是说，在确定中标人之后、签约之前也不允许招标人与投标人就投标价格、投标方案等实质性内容进行谈判。变更投标文件的实质性内容，实际上变更了招标结果和合同内容，涉嫌侵害招标人或投标人的利益，也贬损招标投标制度的价值。为确保招标结果的公正性，《招标投标法实施条例》第五十七条明确规定："招标人和中标人应当依照招标投标法和本条例的规定签订书面合同，合同的标的、价款、质量、履行期限等主要条款应当与招标文件和中标人的投标文件的内容一致。招标人和中标人不得再行订立背离合同实质性内容的其他协议。"

18. 退还投标保证金的同时应一并退还同期银行存款利息

《招标投标法实施条例》第五十七条规定："招标人最迟应当在书面合同签订后 5 日内向中标人和未中标的投标人退还投标保证金及银行同期存款利息。"银行同期存款利息是指以现金、支票等方式提交的投标保证金本身产生的孳息，不具任何赔偿性质。投标保证金虽然提交给招标人但其所有权仍归投标人，其产生的孳息（利息）也应为投标人所有，招标结束应一并退回。通常情况下，招标文件可以约定退还投标保证金的利息按照银行同期活期存款利率计算。当投标人使用银行保函、专业担保公司保证担保方式提交的投标保证金并不产生孳息，不存在同时返还银行同期存款利息的问题。

23 号令在规章中退还投标保证金的条款中都增加规定了要一并退还投标保证金利息的内容，如将《工程建设项目勘察设计招标投标办法》第四十四条修改为："招标人与中标人签订合同后五个工作日内，应当向中标人和未中标人一次性退还投标保证金及银行同期存款利息。"退还的是定期利息还是活期利息，以招标文件规定为准，考虑到自投标截止时间至中标通知书发出的时间多为一两个月，且《招标投标法实施条例》第五十七条要求最迟应在书面合同签订后 5 日内退还投标保证金及其利息，从投标人递交投标保证金到退还的周期一般较短，故投标保证金计算活期利息较为合理；招标周期过长的项目，招标文件规定退还定期利息的，从其规定。

19. 履约保证金取消"双倍返还"的规定

履约保证金属于中标人向招标人提供的用以保障其履行合同义务的担保。中标人不履行合同义务的，招标人将按照合同约定扣除其全部或部分履约保证金，或由担保人承担担保责任；中标人违约给招标人造成的损失超过履约保证金的，还应该依法赔偿超过部分的损失。反之，招标人如果不履行合同义务也要承担返还投标保证金、赔偿超出履约保证金部分的损失的责任。履约保证金是主要为补偿损失设置的，合同法上也无"双倍返还履约保证金"一说，它不等同于定金，只有定金有在收取定金的一方当事人违约之后才应当双倍返还。

23 号令将《工程建设项目施工招标投标办法》第八十五条中的"招标人不履行与中标人订立的合同的,应当双倍返还中标人的履约保证金;给中标人造成的损失超过返还的履约保证金的,还应当对超过部分予以赔偿"修改为"招标人不履行与中标人订立的合同的,应当返还中标人的履约保证金,并承担相应的赔偿责任"。根据该条规定,招标人不履行与中标人订立的合同的,应当返还中标人的履约保证金,并根据合同法规定承担违约责任。如果合同中有定金条款,招标人违约时,可依据合同约定双倍返还定金,则另当别论。

20. 对未中标的投标人因串通投标进行罚款有了计算依据

23 号令修改的很大一部分内容,是根据《招标投标法实施条例》的规定对招标投标规章中的法律责任条款进行了多处重大修改。比较典型的一项就是,《工程建设项目施工招标投标办法》等规章原规定投标人串通投标的,有关行政监督部门可以对该投标人处中标项目金额千分之五以上千分之十以下的罚款,对单位直接负责的主管人员和其他直接责任人员处单位罚款数额百分之五以上百分之十以下的罚款,但是对于未中标的投标人进行罚款的数额如何计算却没有规定,追究违法者的行政责任时缺乏计算依据,法律条款不严密。《招标投标法实施条例》第六十七条规定:"……投标人未中标的,对单位的罚款金额按照招标项目合同金额依照招标投标法规定的比例计算。"《招标投标法》第五十三条规定"处中标项目金额千分之五以上千分之十以下的罚款"。23 号令弥补了立法缺憾,在《工程建设项目施工招标投标办法》第七十四条中补充规定:"投标人未中标的,对单位的罚金金额按照招标项目合同金额依照招标投标法规定的比例计算。"这样,如果未中标的投标人有串通投标行为的,对其罚款金额的计算就有了依据。同时需指出的是,使用"罚金"一词不妥。罚金是由人民法院强制被判了刑的人在一定的期限内交纳一定数量的金钱,它和判处有期徒刑、无期徒刑、没收财产等一样,是一种刑罚,前提必须是被判处罚金的人构成了犯罪。罚款是行政处罚手段,处以罚款的前提条件是有行政违法行为,其法律根据是规定行政处罚的法律、行政法规。因此，该条中的"罚金"应修改为"罚款"。另外，《工程建设项目勘察设计招标投标办法》《工程建设项目货物招标投标办法》都无类似规定，应依据《招标投标法实施条例》第六十七条、《招标投标法》第五十三条规定处理。

21. 因评委违规取消评标资格的项目范围限缩为依法必须招标的项目

《招标投标法实施条例》第七十一条对评委违规的法律责任中明确规定："情节严重的，禁止其在一定期限内参加依法必须进行招标的项目的评标；情节特别严重的，取消其担任评标委员会成员的资格。"但是原部门规章中多规定"不得再参加任何招标项目的评标"，其限制范围较广，不论依法必须招标的项目还是自愿招标的项目都予以限制。

23 号令将《工程建设项目施工招标投标办法》第七十七条中"评标委员会成员收受投标人的财物或者其他好处的，不得再参加任何招标项目的评标"修改为"不得再参加依法必须进行招标的项目的评标"，将《工程建设项目施工招标投标办法》第七十八条中评标成员有违法违规行为的，其法律责任由"情节严重的，取消担任评标委员会成员的资格，不得再参加任何招标项目的评标，并处一万元以下的罚款"修改为"情节严重的，禁止其在一定期限内参加依法必须进行招标的项目的评标；情节特别严重的，取消其担任评标委员会成员的资格"。这两条修改的重点都是仅针对依法必须招标项目作出的限制。《工程建设项目货物招标投标办法》第五十八条、《评标委员会和评标办法暂行规定》第五十三条都有类似修改。

22. 纠正"没收投标保证金"的不当表述为"不退回投标保证金"

投标保证金是投标人向招标人提供的一种担保方式。没收，在法律上一般指强制无偿地收归国有，如没收违法所得、没收违法活动使用的工具，这是《行政处罚法》和《刑法》规定的一种行政处罚或刑事处罚措施，属于公权力行为，并不适用于平等主体之间的民事行为。招投标活动属于平等主体（招标人与投标人）之间进行的民事活动，一方违反法律规定应承担缔约过失责任或者违约责任，都属民事责任。因此，原规章中"没收投标保证金"的说法不妥，应根据《招标投标法实施条例》第三十五条和第七十四条规定不予退还投标保证金。

23号令根据《招标投标法实施条例》的规定将"没收投标保证金"更改为"不退还投标保证金"。招标文件可以规定以下情形不退还投标保证金：①在投标截止时间后投标人撤销其投标文件；②中标人拒绝按招标文件的规定和投标文件的承诺签订合同；③中标人未按招标文件规定提交履约保证金；④在投标截止时间后对投标文件提出实质性修改；⑤投标人串通投标或有其他违法行为。存在上述情形的，招标人有权不退还投标保证金；给招标人造成的损失超过投标保证金的，招标人还可要求赔偿超过部分的损失。

23. 衔接政府采购的规定修订多项条款

为了处理好《招标投标法》与《政府采购法》的关系和衔接性问题，《招标投标法实施条例》已经在概念术语、调整范围等方面做出了努力，如对"工程建设项目"的界定在两部法律的适用方面实现了沟通和融合。23号令的修改在这方面继续前行，如修改后的《〈标准施工招标资格预审文件〉和〈标准施工招标文件〉暂行规定》第四条增加规定："招标人应根据《标准文件》和行业标准施工招标文件（如有），结合招标项目具体特点和实际需要，按照公开、公平、公正和诚实信用原则编写施工招标资格预审文件或施工招标文件，并按规定执行政府采购政策。"再如23号令将规章和规范性文件中的"废标"一律修改为"否决投标"，也是在纠正《招标投标法》与《政府采购法》上的法律概念不一致的现象，为两部法律制度的条文统一和协调适用奠定基础。

24. 取消一些对于自愿招标项目的限制性条款

《招标投标法》《招标投标法实施条例》区分依法必须招标项目和自愿招标项目制定了宽严不同的法律规范，其中一些条款是专门规制依法必须招标项目的，不适用于自愿招标的项目，比如应当在国家指定媒介发布招标公告，自招标文件发出之日起至投标人提交投标文件截止之日止不得少于二十日，评标委员会专家成员不得少于三分之二，所有投标被否决后应当重新招标，编制资格预审文件和招标文件应当使用标准文本，非因法定事由不得更换评标委员会成员等规定。如果将针对依法必须招标项目的强制性规定施加于自愿招标项目，则过多干预市场竞争，侵害了采购人的自主权。原规章中存在着一些对自愿招标项目等同于依法必须招标项目进行严格规制的条款，应予以修订。

23号令严格遵照《招标投标法实施条例》的规定，甄别、取消了违反条例限制自愿招标项目的条款。如《工程建设项目货物招标投标办法》第二十八条原规定："在原投标有效期结束前，出现特殊情况的，招标人可以书面形式要求所有投标人延长投标有效期。……同意延长投标有效期的投标人少于三个的，招标人应当重新招标。"现修改为："……依法必须进行招标的项目同意延长投标有效期的投标人少于三个的，招标人在分析招标失败的原因并采取相应措施后，应当重新招标。"该规定仅对依法必须招标的项目进行强制性规定，自愿招标项目实际上招不招标都可以，对其像依法必须招标项目那样严格限制实无必要。再如第三十四条原规定："提交投标文件的投标人少于三个的，招标人应当重新招标。"现修改为："依法必须进行招标的项目，提交投标文件的投标人少于三个的，招标人在分析招标失败的原因并采取相应措施后，应当重新招标。"诸如此类的修改还有多处，将依法必须招标项目和自愿招标项目区别对待，注重充分发挥市场机制的作用，尊重采购人的意愿和自主权。自愿招标项目的采购人可以在更大空间自主决定如何操作，只要不违反法律法规的强制性规定即可。

三、23号令存在的遗憾和不足

通过第二部分的分析，不难看出，23号令仅仅是对原有规章的条文内容结合《招标投标法实施条例》和电子招标实际的适应性修改，原规章结构与主要条文并未改变，《工程建设项目勘察设计招标投标办法》《工程建设项目施工招标投标办法》《工程建设项目货物招标投标办法》三部主要规章的条文也不均衡，相当一部分只是直接重申复述条例已有的规定，增加新的制度或者对条例进行细化完善的内容较少。总体来看，明显显示出这次修改的仓促及其具有过渡性属性的特点，应当说仅完成了解决原有规定与《招标投标法实施条例》不一致的矛盾的任务，但对于协调融合各规章制度以及如何细化完善实施措施，衔接落实好《招标投标法实施条例》，回应电子招标的发展趋势等方面的任务还有待继续深化。另外，笔者认为前述三部规章的条文绝大多数雷同，实有清理合并的必要，以条例的"实施细则"或者统一为一个"办法"为宜。

23号令在具体文字表述方面也还存在一些问题，希望以后进一步修订相关规章时予以考虑。一是在立法上技术上有不当的地方。立法中各项列举不同情形时一般以"的"字为结尾（如："（三）采购人依法能够自行勘察、设计的；（四）已通过招标方式选定的特许经营项目投资人依法能够自行勘察、设计的；"），但此次修改都删除了这个"的"字，导致语句不完整；列举不同情形的项的序号一般为文字表述的数字外加括号（如"第（一）项、第（二）项"），但此次修改都没有括号，如规定"前款第二项"而不是"前款第（二）项"。还有多处条款序号引用错误，如将《招标公告发布暂行办法》"第十六条第（一）项、第（二）项、第（三）项"误表述为"第十六条第一款、第二款、第三款"，将"第二款"当作"第三款"，诸如此类的问题还很多。立法中除外条款、兜底条款一般都规定"法律法规另有规定的除外"，但23号令全部改为"国家另有规定的除外"，"国家规定"是否包括比规章层级更低的规范性文件、"通知"、"复函"等，不无疑问。列举、引用多个法律依据时，一般依据法律位阶和效力由高到低排列，但此次修改有错乱问题，如《国家重大建设项目招标投标监督暂行办法》第五条规定："招标人和中标人应按照《中华人民共和国招标投标法》、《中华人民共和国招标投标法实施条例》和《中华人民共和国合同法》规定签订书面合同"，错误地将行政法规《招标投标法实施条例》列于法律《合同法》之前，不合常规。还有，删除条款后并没有同时提出调整条款序号，如《〈标准施工招标资格预审文件〉和〈标准施工招标文件〉暂行规定》删除第十四条后没有同时说明将第十五条序号调整为第十四条，存在疏忽。

二是在法律术语上有错误或文字表述不严谨之处。如第二部分所述，将行政处罚措施之一的"罚款"写作"罚金"，"纸质招标文件"写作"书面招标文件"。23 号令只标明删除某处文字，但该处文字前后的标点符号应否一并删除或调整没有明确。根据 23 号令修改后的同一规章中对于罚款金额或者比例，既有用阿拉伯数字表述，也有用汉字表述的，较为混乱，甚至同一条中也存在混用阿拉伯数字和汉字表述的现象，如《工程建设项目勘察设计招标投标办法》第五十三条中就存在"处一万元以上五万元以下的罚款"与"处 10 万元以下的罚款"用两种方式表述的现象。《评标委员会和评标办法暂行规定》第四十四条规定"……评标委员会应将评标过程中使用的文件、表格以及其他资料应当即时归还招标人"，一句话中"应"和"应当"同时出现，不够严谨。《国家重大建设项目招标投标监督暂行办法》第十三条中有"《中华人民共和国招标投标法》《中华人民共和国招标投标法实施条例》及相关配套法规、规章"的表述，这里应是与《招标投标法》相关配套的法规，《招标投标法实施条例》本身就是法规，怎还有与之相配套的法规？

总体而言，此次修订幅度大，其中有几部"办法"修改得面目全非，如《工程建设项目施工招标投标办法》92 条中就有 50 处修改，《工程建设项目施工招标投标办法》64 条中就有 42 处修改，立法部门应当重新发布修订后的文本，促进法律制度的统一和正确适用。也希望今后制定、清理立法时提高立法技术，减少失误差错，增强细化完善可操作的条款，法律条文应力求简约、精当、严谨，不断完善招标投标法律制度，促进招标投标事业科学、健康发展。

（原文载于《招标与投标》2013 年第 9 期）

电子招标投标的若干法律问题探析

◎**本文概要**　本文依据《电子招标投标办法》，探讨了电子文件的证据效力及与纸质文件不一致的效力确定、电子投标文件上传、解密异常的风险防范及投标人不足三家的认定等问题，就完善电子招标程序提出建议。

在电子商务和信息化迅速发展的今天，电子招标投标已成为招投标行业发展的趋势。2013 年 5 月 1 日起实施的《电子招标投标办法》，确立了电子招标投标的程序性法律规范框架。一些地方和企业率先开发了电子招标投标系统，推行电子招标取得了成功经验，并逐渐推行电子化单轨制运行，验证了电子招标投标的优势和价值所在。实行电子招标投标，很大程度上提高了采购效率，节省了招标成本，促进了公开、透明，减少和避免了腐败。但是目前我国电子招标投标法律制度仍不健全、不完善，特别是细化可操作性的条款缺失，公众对电子招标系统的安全性也存有疑虑。本文将对电子招标投标中存在的一些法律问题进行初步探讨，并对完善操作程序、防范风险提出几点建议。

一、电子招标投标属书面签约形式

电子招标投标是指以数据电文形式，依托电子招标投标系统完成的全部或者部分招标投标交易活动。电子招标投标的实施，需要法律和技术两大支持性条件。2000 年以来，《招标投标法》及其配套法规、规章陆续出台，招标投标法律制度日趋完善。招标投标为合同签约方式之一种，《招标投标法》强调须采用书面形式，招标人发出的招标公告、招标文件及其补遗或修改、澄清，投标人提交的投标文件及其修改或撤回以及澄清答复文件等法律文件，都应是书面形式。

书面形式不等同于纸质形式。不论是传统的以纸质文件为载体的招标投标，还是以电子数据文件为载体的招标投标，都符合《合同法》规定的"书面形式"要件，该法第十一条规定合同可以采用书面、口头或者其他形式，其中书面形式包括合同书、信件和数据电文（电报、电传、传真、电子数据交换和电子邮件）等可以有形地表现所载内容的形式。《电子签名法》是电子商务方面的基础性法律，该法解释"数据电文"是指以电子、光学、磁或者类似手段生成、发送、接收或者储存的信息，包括电子数据交换、电子邮件、电报、电传或者传真等。2012年修改的《民事诉讼法》第六十三条规定："证据包括当事人的陈述、书证、物证、视听资料、电子数据、证人证言、鉴定意见和勘验笔录"，赋予电子数据文件证据效力。这些法律解决了电子签名、数据电文、电子合同的法律效力以及电子档案的适格性等问题，赋予以数据电文形式进行招标投标与传统纸质方式进行的招标投标同等的法律效力，总体上确立了电子招标投标的合法性地位。《招标投标法实施条例》第五条提出"国家鼓励利用信息网络进行电子招标投标"，《电子招标投标办法》规定了具体程序要求。

二、电子招标投标文件证据效力的固定

《民事诉讼法》规定的证据包括"电子数据"。电子数据证据是指以电子的形式存在的能够证明案件真实情况的数据或信息，可以表现为各种电子文档、电子记录、电子音视频等。在电子招标投标中，招标公告、招标文件、澄清说明、电子投标文件、各种电子资质文件、各方之间的往来电子邮件、电子开标记录、评标记录、中标通知书等所有在电子招标投标过程中形成的、能够用以证明招标投标真实情况的数据与信息，都属于电子招标投标文件。电子招标投标文件等数据电文作为电子数据的一种，其作为证据的效力在《合同法》《民事诉讼法》等法律上已得到了确认。

然而，对于电子数据，并非天然就是证据，而必须在满足法定条件下才能作为民事证据。《电子签名法》第四条、第五条、第六条、

第八条对数据电文作为电子数据证据提出了基本要求：一是可以随时调取；二是与纸质证据功能等同；三是符合原始性要求；四是符合真实性要求。从证据的认定角度而言，电子招标投标文件、电子签名、电子报价等数据电文应符合《电子签名法》的以上要求，方可作为电子数据证据使用，在此基础上的电子招标投标才具有合法性、有效性，因此固定电子招标投标文件证据效力极其重要。但是电子数据文件的形式与内容往往相对独立，同样的内容可以不断地复制，不同形式的介质中所记载的内容也可以完全一致，导致电子数据证据存在较大风险，主要表现在：①电子数据文件的形成方式使得其表现形式难以固定，因此存在"原件"界定困难；②电子数据文件往往容易修改、删除，并且一般情况下对其修改与删除难以追踪；③电子数据文件的存储格式容易变化，在不同软硬件中可能还存在是否兼容的问题；④电子数据文件容易被窃取，且往往不留痕迹；⑤电子数据文件容易被毁灭，且恢复困难；⑥电子数据文件不具有现实中的"笔迹签字"的功能，在确认其归属方面具有难度。

可见，固定电子招投标文件的证据效力尤为重要，建议：一是充分利用第三方认证、权限控制、时间戳、安全规范等技术措施，确保招标投标主体身份和数据的真实性，实现电子签名、电子报价等数据电文满足《电子签名法》及 GB/T 25064—2010《信息安全技术 公钥基础设施 电子签名格式规范》要求，并注意参照 GB/T 18894—2016《电子文件归档与管理规范》对电子招标投标文件进行归档管理。二是可将电子招标投标中形成的电子数据证据予以公证。经公证的电子数据证据具有很高的法律效力，如无相反证据予以否定的情况下，在诉讼或仲裁中可直接采信。主要公证环节包括投标文件解密、检查投标人数、下载开标一览表、下载报价为空的统计报表以及开标结果等。

三、电子数据文件与纸质文件的效力优先认定

《电子招标投标办法》第二条规定："数据电文形式与纸质形式的招标投标活动具有同等法律效力。"一般招标文件都会要求规定纸质文件和电子文件应保持一致，但由于疏忽并未就电子招标文件与

纸质文件的效力优先问题作出规定，当二者不一致时就难以判定以何为准，存在操作风险。以往鉴于对电子文件安全性的顾虑，一般倾向于认可纸质文件或者以对招标人有利为标准采纳其中之一。对此，《电子招标投标办法》第六十二条规定："电子招标投标某些环节需要同时使用纸质文件的，应当在招标文件中明确约定；当纸质文件与数据电文不一致时，除招标文件特别约定外，以数据电文为准。"

实行电子招标投标，或者为评标方便，或者为归档要求，并不排除纸质文件的使用。在电子招标投标实施之初，同时要求提交纸质投标文件，以此作为辅助手段，有利于不熟悉电子投标业务的投标人进行投标，也有利于在招标投标交易平台出错时对照纸质文件进行纠错。因此，实行电子招标投标后，纸质形式的投标文件还有其存在的必要。

电子招标投标单轨制运行有个普遍接受和适应的过程，对于一些金额较小、供应商多为小微企业、对电子招标投标业务不熟悉的项目，建议采用电子文件与纸质文件双轨制运行，并可规定当二者不一致时以纸质文件为准；投标文件解密失败时可以以纸质投标文件进行补录作为补救方案，确保招标投标活动的顺利进行，减少招标投标总成本。待招标投标交易平台运行正常，电子招标投标方法为供应商所普遍熟悉和熟练掌握之后，建议实行电子招标单轨制运行，这样更符合国家推行电子招标投标的初衷。

电子招标投标同时要求提供纸质文件的，应当在招标文件中作出约定。同时采用电子文件和纸质文件招标投标的双轨制下，招标文件应明确二者不一致时以何为准，一般应确定以电子文件效力优先为宜。招标文件虽然约定投标人应同时提交纸质投标文件但并未载明未提交纸质投标文件将否决其投标的，投标人未提交纸质投标文件时应以电子文件为准进行评审，而不应否决该投标。建议时机成熟的项目实行电子招标单轨制运行，规定仅接受电子文件，拒绝接受纸质文件。

四、电子投标文件上传不成功的风险防范

《电子招标投标办法》第二十七条规定："投标人应当在投标截

止时间前完成投标文件的传输递交，并可以补充、修改或者撤回投标文件。投标截止时间前未完成投标文件传输的，视为撤回投标文件。投标截止时间后送达的投标文件，电子招标投标交易平台应当拒收。"这是执行《招标投标法》第二十九条及其实施条例第三十五条关于在电子招标投标环境下递交投标文件的具体规定。

依据合同法相关规定，投标文件是投标人提出的要约，投标人向招标投标交易平台传输投标文件相当于递交投标文件。《合同法》第十六条规定："要约到达受要约人时生效。采用数据电文形式订立合同，收件人指定特定系统接收数据电文的，该数据电文进入该特定系统的时间，视为到达时间；未指定特定系统的，该数据电文进入收件人的任何系统的首次时间，视为到达时间。"《电子签名法》第十一条与此规定基本一致。电子投标文件成功上传至招标人指定的招标投标交易平台时，视为递交了投标文件。在投标时间截止时，因投标人未传输、主动停止传输或因技术等原因传输未完成的，一概视为"撤回"，也就是"弃标"。投标截止时间后电子招标投标交易平台拒收投标文件，投标人就无法进行投标文件上传操作。对于电子投标文件传输是否成功的判定，应以加密的投标文件是否在投标截止时间前存在于招标人服务器为准。至于上传不成功的原因，可另行查究，但不影响招标投标程序的继续进行。

投标文件传输不成功可能因投标人自身原因、网络原因或者招标投标交易平台技术因素造成。招标人和电子招标投标交易平台的运营机构应加强事前培训，保障投标人能熟悉和掌握系统操作，开标前做好运维热线服务，随时解答投标人的技术问题，尤其对投标数量大的投标人、第一次参加投标的新投标人，应有针对性地做好培训和业务指导，减少上传不成功的技术风险。投标人应加强技术措施，防范电子投标信息被截获的风险。投标业务的执行过程必须在安全的环境中进行，敏感数据的传输必须经过加密。

五、投标文件解密失败的后续处理

《招标投标法实施条例》第三十五条指出"投标人撤回已提交的投标文件，应当在投标截止时间前书面通知招标人"，"投标截止后投标人撤销投标文件的，招标人可以不退还投标保证金"，即以投标截止时间作为分辨撤销、撤回的依据，而且撤回投标文件和撤销投标文件的法律后果是不同的。投标文件不允许撤销。投标人撤销投标文件的，将可能失去其投标保证金。

在电子招标投标过程中，投标文件虽然传输至招标投标交易平台，但因公网问题、平台问题、CA证书问题、操作人员技术问题等因素存在不能解密的风险，对此《电子招标投标办法》第三十一条规定了处理原则，即"因投标人原因造成投标文件未解密的，视为撤销其投标文件；因投标人之外的原因造成投标文件未解密的，视为撤回其投标文件，投标人有权要求责任方赔偿因此遭受的直接损失。部分投标文件未解密的，其他投标文件的开标可以继续进行。招标人可以在招标文件中明确投标文件解密失败的补救方案，投标文件应按照招标文件的要求作出响应。"因此，在电子招标投标过程中，因网络阻塞、断电或交易平台的技术障碍等非投标人原因导致投标文件不能解密的，视为投标人撤回投标文件，投标人有权索回其投标保证金，且有权要求责任方赔偿其直接损失，但现有规定对解密不成功责任主体、程序和认定标准等没有作出规定，需要在实践基础上完善立法解决。由于投标人自身的原因导致投标文件不能解密的，视为撤销其投标文件，投标人将承担撤销投标文件的责任，招标人有权不退还投标保证金。

为了防范电子投标文件解密不成功带来的效率损失和法律风险，从技术上而言，应选用合适的解密方法，全面应用杀毒和反间谍软件工具，加强物理隔离、技术防范等措施。建议招标人事前在招标文件中规定解密失败补救方案，如允许以用光盘输入或者调取公共服务平台备份的报价文件或纸质投标文件进行补录。还应简化解密判定规则，应仅从形式上进行判断和认定而不问原因，凡在当众公示的开标一览表中不显示、显示为空白或乱码的投标，一律判定为解密失败，为不影响招标投标程序的正常进行，事后再查明原因。电子招标投标交易平台的运营机构还应当通过电子招标投标交易平台即时告知投标人，并同时查明原因，收集证据，应对可能产生的纠纷。发现有数据被盗等网络犯罪行为的，立即向公安机关报案。对于解密不成功的，建议以退还投标保证金为宜，因为在电子招标投标情形下，投标文件解密不成功多为意外的技术因素引起，不是投标人有意为之。

六、投标不足三家的认定

《招标投标法实施条例》第四十四条规定："投标人少于3个的，不得开标；招标人应当重新招标。"《电子招标投标办法》第三十条规定："开标时，电子招标投标交易平台自动提取所有投标文件，提示招标人和投标人按招标文件规定方式按时在线解密。解密全部完成后，应当向所有投标人公布投标人名称、投标价格和招标文件规定的其他内容。"也就是说，只要在开标前，将投标文件上传至招标投标交易平台的投标人足够3家即可开标，少于3家的不得开标，招标失败。

在电子招标投标情形下，投标人的数量不能以解密成功的投标文件数量来判定，而应以投标截止时间前通过网络传输送达至招标投标交易平台所在的服务器是否达到三家为准。需要注意的是，因此时的投标文件处于未解密的状态，仅需查清该项目成功上传投标文件的家数即可，而无须关注该文件是否能够解密成功。与纸质形式的招标投标类似，在拆开密封信封前检查递交信封的投标人满足三家即可开标，而无须考虑信封里的具体内容，即便投标文件内容不全也在所不问，只要形式上满足三家及以上投标即可。

对于电子招标投标而言，在投标截止时，存在于招标人服务器的投标文件多于三家，即可开标，此时这些文件仍是未解密（等同于未拆封）的状态。由于解密失败，造成某标包内最终公开的投标人少于三家，但具有竞争性的，应继续开标、评标；如果该标包解密成功的投标人不足三家，评标委员会对其"竞争性"进行判定后，认为投标明显缺乏竞争的，应允许评标委员会根据《评标委员会和评标方法暂行规定》第二十七条规定否决全部投标，招标人在分析招标失败的原因并采取相应措施后，应当重新招标或者采用其他采购方式。

电子招标投标刚刚起步，必然还存在一些技术或法律上的未知问题需要继续探索和解决。我们在推行电子招标投标的同时，还要按照最新法律规定不断地完善招标投标交易平台的功能，向技术上更加安全可靠的方向发展优化，并实现与公共服务平台、监督平台的数据对接，同时做好电子招标投标法律制度细化完善，保障电子招标投标制度普遍应用推行。

（原文载于《招标采购管理》2014 年第 11 期）

当前工商登记制度改革对招标活动的影响与对策

◎**本文概要** 招标人应适应工商登记制度改革新政策，适时调整招投标规则，如不再设置投标人注册资本门槛、要求营业执照"经年检有效"，可网络查询投标人工商登记信息，可要求工商行政管理机关查处虚假投标行为。

办理工商登记，是各类企业法人取得法律人格，即成为享有民事权利、承担民事义务主体的前提。《民法总则》第五十九条规定："法人的民事权利能力和民事行为能力，从法人成立时产生，到法人终止时消灭。"《公司法》《全民所有制工业企业法》等法律也规定国内有限责任公司、股份有限公司、全民所有制企业、集体所有制企业、合伙企业、个人独资企业及其分支机构等市场主体必须办理工商登记，其成立以登记机关颁发的"营业执照"注明的日期为准。未登记注册的，即不具有参加有招标投标等民事活动法律资格。

2013 年 3 月，国务院机构改革和职能转变方案提出要改革工商登记制度。国务院 2013 年 10 月 25 日常务会议部署了注册资本登记制度改革工作，2014 年 2 月 7 日印发了《注册资本登记制度改革方案》（国发〔2014〕7 号），规定改注册资本实缴登记制为认缴登记制，改企业年度检验制度为企业年度报告公示制度，推行电子营业执照和全程电子化登记管理，构建市场主体信用信息公示体系，完善信用约束机制。与之同步，2013 年 12 月 28 日《公司法》再次修订，2014 年 2 月《公司登记管理条例》《企业法人登记管理条例》等 8 项与企业登记有关的行政法规和《企业法人登记管理条例施行细则》等配套部门规章也都修订出台。一系列工商登记制度改革政策的出台，对招标投标活动中投标资格条件设置、评标依据与方法及违法投标行为处理等方面也产生了深刻影响。

一、在投标人资格条件中不宜再设置注册资本门槛

工商登记制度改革前，实行注册资本实缴登记制。注册资本是在工商注册部门登记的企业出资人（公司股东）实际缴纳的出资或股本总额，是其从事经营活动、承担债务责任的物质基础。注册资本的多少，直接反映企业的经营规模和资产实力，反映企业的履约能力和债务承担能力，是交易对方衡量其实力大小的重要指标。在招标投标活动中，为了确保投标人能够具备承担一定规模的招标项目的能力，维护招标人利益及交易安全，招标人往往会在招标文件的"投标人资格条件"中规定"投标人的注册资金应当在××万元人民币及以上"，通过比较各投标人的注册资金多少可以相对客观地选择出企业实力和履约能力较强的中标候选人。

《注册资本登记制度改革方案》规定实行注册资本认缴登记制后，企业实收资本不再作为工商登记事项，申请登记时无需提交验资报告，且放宽注册资本登记条件，除法律、行政法规以及国务院决定对特定行业注册资本最低限额另有规定的外，取消原来的有限责任公司最低注册资本 3 万元、一人有限责任公司最低注册资本 10 万元、股份有限公司最低注册资本 500 万元的限制，对股东（发起人）的首次出资比例、货币出资金额比例、缴足出资的期限等也不再限制。也就是说，营业执照上载明的注册资金，仅仅是其出资人（股东）认缴的出资总额或者发起人认购的股本总额，而不是已经实际缴纳的出资或股本，并不代表企业实收资本，不能真实反映出企业实际的资金实力。以后若出现"一元公司"或实缴出资远低于"注册资本"的现象并不奇怪。

有鉴于此，今后在招标文件中通过设置注册资金"门槛"来限制一定规模以上的企业方能投标的意图，将较难实现。我们需要换一种思路，考察投标人的真正实力，可以要求投标人提供经过会计师事务所、审计师事务所等第三方中介机构审计出具的财务报表或证明，依据其载明的实收资本、所有者权益等指标来评估企业的经营实力更为稳妥。另外，现行法律、行政法规以及国务院决定还明

确规定了一些金融机构和企业继续实行注册资本实缴登记制，申请登记时仍然审查验资报告，其营业执照载明的注册资金就是其实缴金额。如《劳动合同法》第五十七条规定，劳务派遣单位必须依法办理公司登记，注册资本不得少于人民币200万元。对于这类企业，招标文件还可以对其注册资本提出具体金额的要求，以此判断投标企业的规模和实力。

二、在招标文件中不宜再要求提交的营业执照"经年检有效"

营业执照是工商行政管理机关签发的企业注册登记的法定证书，是企业合法存在的身份证明，其登记的内容也是评标的重要依据。工商登记制度改革前，实行营业执照年度检验制度，这是法律授予工商行政管理机关按年度根据企业提交的年检材料，对与企业登记事项有关的情况进行定期检查的一种监管手段，其目的是检查了解企业是否遵守法律、法规，有无违法经营行为，以期维护良好的市场经济秩序。年检审查通过的核准其营业执照；若发现企业有与法律规定的实体要件不相符合者，则要求其改正、进行处罚甚至注销其工商登记。因此，在招标投标活动中，审查投标人的法律主体资格是否延续有效，营业执照是否被吊销、注销，就有必要审查其营业执照是否经年检有效。

《注册资本登记制度改革方案》的颁布，废除营业执照年检制度，改为企业年度报告公示制度，要求企业应当按年度在规定的期限内，通过市场主体信用信息公示系统，向工商行政管理机关报送年度报告，并向社会公示，任何单位和个人均可查询；企业对年度报告的真实性、合法性负责；工商行政管理机关进行抽查，对未按规定期限公示年度报告的企业，在市场主体信用信息公示系统上将其载入经营异常名录，提醒其履行年度报告公示义务；超过三年未履行的，将其永久载入经营异常名录，不得恢复正常记载状态，并列入严重违法企业名单（"黑名单"）。也就是说，每年由企业自助填报其年度报告信息，工商行政管理机关不再按年度逐一进行审查，年度报告的真实性由企业负责。因此，今后在招标文件中，仅可以要求投标人提交营业执照，但不能再提出营业执照必须"经年检有效"的条件。

三、资格审查时可通过网上直接查询投标人的工商登记信息

以前，审查投标人的企业名称、住所、注册资本、出资人（股东）、营业范围等基本信息，只能通过审查投标人自己提供的营业执照和企业介绍等材料来判断。营业执照也有造假的可能。依据上述来源的信息，作出失真或不全面的判断难以避免。

《注册资本登记制度改革方案》规定建立适应互联网环境下的工商登记数字证书管理系统，推行电子营业执照和全程电子化登记管理；电子营业执照载有工商登记信息，与纸质营业执照具有同等法律效力。这一政策出台后，市场主体工商登记信息、年报信息都向社会公开，接受社会公众共同监督，必将提高市场主体工商登记信息的公开化程度。企业工商登记信息，如公司章程、出资人协议、资产评估报告、企业历年年度报告（如财务报表）等全部信息都在网上公开，供社会公众查询。改革后的新版营业执照左下角处，还增添了一处二维码，用手机扫描就可以方便地对企业的基本信息进行查询。不仅如此，将来还要构建统一的工商主体登记许可及信用信息公示平台，即将原来各行政部门零散、各自公示的信息，整合到统一的市场主体登记许可和信用信息公示平台上，这样提供给公众的信息量更为充分。

在今后的招标投标活动中，招标人或评标委员会完全可以自主通过网上方便快捷地查询到投标人的工商登记信息，而不用再要求投标人提供营业执照等证明材料，这样还可以有效防范虚假投标，杜绝虚假信息对于招标活动的误导。

四、发现虚假投标行为可向工商行政管理机关举报要求查处

工商行政管理机关负有查处不正当竞争行为，维护市场竞争秩序的职责。目前，招标投标活动中恶意欺诈行为时有发生，投标人

提供虚假信息（如使用伪造、变造的营业执照、许可证件，提供虚假的财务状况、信用状况、试验报告或者业绩等）进行投标或者串通投标、不正当竞争等行为屡禁不止，对此招标人可以向工商行政管理机关举报要求查处。

《注册资本登记制度改革方案》规定要完善市场主体信用信息公示制度，构建市场主体信用信息公示系统，工商行政管理机关公示市场主体登记、备案、监管等信息；企业年度报告和获得资质资格的许可信息等进行公示，还要完善信用约束机制，建立联动响应机制，对被载入经营异常名录或"黑名单"和有其他违法记录的市场主体及其相关责任人进行公示，各有关部门可采取有针对性的信用约束措施，形成"一处违法，处处受限"的局面。执行好这一政策，将有利于畅通举报、投诉渠道，降低投诉、举报的难度和成本，提高招标人投诉举报的积极性，推动举报案件查处效率进一步提高。

在这样的条件下，招标人在制作评标方法时，针对列入"经营异常名录""黑名单"的企业，可以规定限制其投标资格或者在评标标准中设置减分项进行评审；评标委员会在评标过程中，可以查询企业的工商登记、以往市场评价信息、处罚信息，全面地了解掌握投标人的工商登记和信用信息，以此作为评标依据，对投标人的资信情况、履约能力等能进行更为客观、准确地评判；发现企业披露的信息有虚假或者在投标中提供虚假的信息用以骗取中标的，可以向工商行政管理机关或其他部门投诉，要求其查处，提高违法企业的违法成本，净化招标投标竞争市场。

总体而言，此次工商登记制度改革为我们完善招标规则、拓宽评标手段创造了条件，有利于招标人更为全面地收集评标所需信息，了解真实的情况，更加客观、准确地进行评审，科学择优地选择出最符合招标文件要求的供应商。当前，作为招标人，应积极响应工商登记制度改革政策要求，对招标文件中载明的招标投标工作规则、评标办法进行适应性调整。

（原文载于《招标与投标》2014 年第 6 期）

《企业信息公示暂行条例》对招标工作的影响

◎**本文概要** 《条例》是规制市场主体规范运营的基础性法规。本文重点阐述了《条例》中企业年度报告、企业信息公示、"黑名单"等基本制度，分析"三项制度"对招标工作的影响，提出招标人加强招标管理的对策。

《注册资本登记制度改革方案》施行后，"宽进"新政大幅降低了企业设立门槛，企业数量不断扩容。同时，因设立企业时工商行政管理部门不再实质性审查也不要求验资，且取消企业年检，导致市场中的企业鱼龙混杂，市场信息不对称，判断交易对方法律资格、履约能力等真实信息难度加大，增加了交易风险。新形势下呼唤建立企业信息公示制度，强化信息披露，建立健全市场主体监管制度，促进社会诚信体系建设，以保障交易安全、维护市场秩序。由此，催生了《企业信息公示暂行条例》(本文简称"《条例》")。《条例》经2014年7月23日国务院第57次常务会议通过并于当年10月1日起正式施行，这是保障注册资本登记制度改革顺利实施，加强市场监管的重要支撑。企业是招标活动的重要参与主体，是《招标投标法》规定的主要"投标人"。《条例》的实施也深刻影响着招标采购活动。

一、《条例》的主要制度

《条例》建立了企业信息公示制度、年度报告公示制度、经营异常名录制度、严重违法企业名单制度、公示信息抽查制度、部门联动响应机制、信用修复机制等一系列制度，通过运用信息公示、社会监督等手段强化对企业的信用约束，以保障交易安全，营造透明诚信、公平竞争的市场环境。为保障企业信息公示制度"落地"，全国企业信用信息公示系统已开通启用，企业信息公示工作已普遍展开。

企业信息是指在工商行政管理部门、市场监督管理部门登记的企业从事生产经营活动过程中形成的信息，以及政府部门在履行职责过程中产生的能够反映企业状况的信息。

根据《条例》规定，在工商行政管理部门注册登记的各类企业应向社会公示的信息如下：①有限责任公司股东或者股份有限公司发起人认缴和实缴的出资额、出资时间、出资方式等信息；②有限责任公司股东股权转让等股权变更信息；③行政许可取得、变更、延续信息；④知识产权出质登记信息；⑤受到行政处罚的信息；⑥其他依法应当公示的信息。

工商行政管理部门等政府部门作为市场监管主体，在履行有关企业登记、备案、行政许可和行政处罚等职责过程中，产生了大量反映企业状况的信息，应当依法予以公示。《条例》规定工商行政管理部门应当公示其在履行职责过程中产生的以下企业信息：①注册登记、备案信息；②动产抵押登记信息；③股权出质登记信息；④行政处罚信息；⑤其他依法应当公示的信息。对这些企业信息，工商行政管理部门应当自产生之日起 20 个工作日内予以公示。工商行政管理部门以外的其他政府部门应当公示其在履行职责过程中产生的行政许可准予、变更、延续，行政处罚以及其他依法应当公示的信息。

二、《条例》主要制度对招标采购的影响

1. 企业年度报告制度对招标的影响

以前，实行企业年检审批制，企业须提交年检报告书报经工商行政管理部门审批，时间长、效率低。《条例》规定了企业年度报告制度，每年 6 月 30 日前通过企业信用信息公示系统报送上一年度企业报告并向社会公示即可，不再需要工商行政管理部门审批。年度报告内容限定为能够直接反映企业经营状况的基本信息，包括企业通信地址、邮政编码、联系电话、电子邮箱等信息，企业开业、歇业、清算等存续状态信息，企业投资设立企业、购买股权信息，企

业为有限责任公司或者股份有限公司的，其股东或者发起人认缴和实缴的出资额、出资时间、出资方式等信息，有限责任公司股东股权转让等股权变更信息，企业网站以及从事网络经营的网店的名称、网址等信息，而对于企业从业人数、资产总额、负债总额、对外提供保证担保、所有者权益合计、营业总收入、主营业务收入、利润总额、净利润、纳税总额信息，由企业自主选择是否公示。

目前，市场主体纷纷进行网上信息公示。任何人只要登录企业信用信息公示系统，就可以查询任意一家注册企业的信息。这样，以往招标时审查投标人的法律主体资格、企业承担招标项目的能力等，都需要凭借投标人提交的经年检的营业执照以及财务报表等资料评判，而且纸质证明材料难免有伪造、变造的可能，其客观真实性受到质疑，同时受手段所限，在有限的评标时限内对一些虚假信息也难以及时查出。实行企业年度报告制度后，可以不再要求投标人提交企业基础信息资料，资格预审或评标时可以通过登录企业信用信息公示系统，便捷、准确地获知这些信息和有关数据。

2. 企业信息公示制度对招标的影响

为便于社会公众及时了解企业情况，《条例》规定企业应当自信息形成之日起 20 个工作日内，通过企业信用信息公示系统向社会公示如股东出资、股权变更信息，行政许可取得、变更、延续信息，知识产权出质登记信息，受到行政处罚信息等依法应当公示的信息，接受社会监督。《条例》建立了政府部门的企业信息公示制度，要求工商行政管理部门和其他政府部门公示其在履行职责过程中产生的企业注册登记、备案、动产抵押登记、股权出质登记等信息。政府部门和企业分别对其公示信息的真实性、及时性负责。

企业信息是招投标活动中评判企业能否作为适格的投标人以及承担招标项目资格、能力的基本依据。招标人可以直接调用企业信用信息公示系统上公示的企业信息来进行评审，尤其是企业注册登记、备案信息、动产抵押登记信息、股权出质登记信息、行政处罚信息以及行政许可准予、变更、延续信息，行政处罚信息等由工商行政管理部门和其他政府部门依法应当公示的信息，具有较强的公信力和权威性。

### 3.	"黑名单"制度对招标的影响

《条例》设立了经营异常名录制度和严重违法企业名单制度，督促企业增强社会诚信意识。《条例》要求企业必须真实、及时地公示信息，保障社会公众特别是交易相对人准确了解企业经营状况。《条例》建立了对企业公示信息情况的抽查制度、对企业公示的虚假信息的举报制度。《条例》规定工商行政管理部门应当按照公平规范的要求，根据企业注册号等随机摇号，确定抽查的企业，组织对企业年度报告公示信息和企业即时公示信息进行检查。企业未按照《条例》规定的期限公示年度报告、未按照工商行政管理部门责令的期限公示有关企业信息，或者公示企业信息隐瞒真实情况、弄虚作假的，由工商行政管理部门列入经营异常名录并向社会公示；对被列入经营异常名录满3年仍未履行公示义务的企业，列入严重违法企业名单即"黑名单"。《条例》规定县级以上地方人民政府及其有关部门应当建立健全信用约束机制，在政府采购、工程招投标、国有土地出让、授予荣誉称号等工作中，将企业信息作为重要考量因素，对被列入经营异常名录或者严重违法企业名单的企业依法予以限制或者禁入。

上述规定，有利于督促企业提高自我约束力和诚信度，自觉向社会公示真实的信息，这关系到建立公平竞争的市场环境。对于列入经营异常名录或者严重违法企业名单的企业，招标人可以列为否决投标的条件，拒绝或限制其投标。招投标管理部门应当根据《条例》的规定，加强和完善投标人是否列入"黑名单"的形式审查工作，以防范法律风险。如果列入黑名单的企业5年后移出严重违法企业名单的，对其限制投标措施应当及时解除。在招标采购活动中，发现企业公示的信息有虚假成分的，可以依法举报，以促进建立"一处违法，处处受限"的企业信用约束机制。

三、招标人加强招标管理的对策

《条例》对企业的监管由事前监管变为事中、事后监管，企业年检制也改为报告制，有利于加大企业诚信约束力度，构建社会诚信体系。建立企业信用信息公示制度后，社会公众和政府管理部门、行业组织都能够方便、及时、全面地了解企业信息，也能低成本、及时高效地实施监督。工商行政管理部门发现企业申报虚假信息的，企业将被列入"黑名单"，丧失信用则会失去投标机会或增加违法违约成本，督促企业应合规经营、诚信自律，营造公平竞争的市场环境。

招标人在招标中应积极利用好企业信息公示制度，更为便捷、全面、准确地获知投标人相关信息，客观地评价投标人。在招标采购过程中，对投标中隐瞒真实情况、弄虚作假的企业要进行查处并公之于众，由社会公众来判断企业的信用状况，选择是否与之交易。通过建立经营异常名录制度和严重违法企业名单制度，一方面提醒企业履行公示义务，另一方面也对社会提示风险。招标人发现投标人提交的证明文件存在虚假情况的，应向政府部门举报要求整改。在政府采购、工程招投标等工作中，应将企业信息作为重要考量因素，并加大对失信企业的惩戒力度，对被列入经营异常名录或者严重违法企业名单的企业，应依法予以限制或者禁入，提高企业违法违规成本，推动建立健全信用约束机制。

《条例》规定的企业信息公示制度、信用约束机制，为营造诚信市场环境、维护市场竞争秩序提供了法律依据。招标人在招标采购活动中应当利用好这些制度，推进招标采购活动依法合规开展，维护良好的市场竞争秩序。

（原文载于《招标与投标》2015年第3期）

地方保护政策对招标活动的影响
及应对策略

◎**本文概要** 地方政府限制竞争的政策影响招标采购的公平公正性。本文对招标领域地方保护政策表现形式进行分析,并基于《招标投标法》《反垄断法》指出了适用地方保护政策的法律风险和招标人防范风险的对策。

为了规范招标投标活动,各省(自治区、直辖市)以及一些设区市都制定了大量的地方性法规、政府规章或者规范性文件。招标活动也应当执行当地的政策规定,并自觉接受当地政府部门活动实施的监管。但是出于发展地方经济,保护地方利益的考虑,一些地方政策与国家招标投标法律法规精神相悖,对招标活动带来一定影响,招标人要仔细甄别适用。

一、地方保护政策在招标活动领域的表现形式

地方政府作为一级行政代理人,拥有该地域内最集中的社会权力,其行为目标是使本地区可支配的财政收入最大化,保护并发展本地区微观主体的经济福利。为刺激地方经济发展,追求地方利益和政绩,其很可能冲破政府行为规范约束,扩张或滥用行政权力,对市场竞争过度干预,对本地企业和外地企业在经济上实行差别待遇,地方保护主义盛行,从而产生了一种机制极为奇特的行政性垄断行为,主要表现为限定相对人必须经营、购买、使用特定经济组织或个人的产品或服务;设置关卡,对外地产品实行歧视性的定价、收费,阻碍产品自由流通,禁止外地品牌的商品进入本地市场,或者阻止本地原材料销往外地;禁止外地供应商进入本地参与竞争,或通过歧视性的资质要求、评审标准或不依法发布信息等手段,排

斥外地经济组织参与本地招投标活动等，由此使全国本应统一的市场分割成一个个狭小的地方市场。

地方保护主义反映在招标采购领域的表现形式就是地方政府出台一些有利于"保护地方"和限制公平竞争的监管政策，其形式也多样、复杂。

一是保护方式已经由直接限制产品流通发展到更多地以"软"形式设障，强令或变相强令本地企业只能销售、购买、使用本地产品，只能接受本地企业提供的服务，或规定在"同等"条件下优先录用本地的供应商。如××省政府出台的《促进当前工业稳定增长六项措施的通知》规定省内可以生产的产品招标时必须选用。某市《关于对××建设工程招投标部分条款进行调整的通知》明确规定"××工程限定为××市内注册的企业入围参与投标"。

二是地方封锁日趋隐蔽，对进入本地的产品采取歧视性政策设关置卡，如外地产品进入本地时经常遇到多头检验、重复检验，工商、质监、食品卫生等执法部门对外地企业和产品超严执法，百般刁难，阻扰外地产品正常经营，而对本地企业和产品则偏袒护短。在工程、服务招标中设置所谓的备案登记手续，保护本地企业，排斥外地企业。如××自治区住房和城乡建设厅等5厅局印发《区外建筑施工企业管理办法》，要求区外建筑施工、工程监理企业应在本地设立分公司，到工商行政管理和税务部门办理注册、税务登记，且进行年度审核，方可在本地从事建筑活动。据一些投标人反映，区外建筑企业即使在当地设立分公司、办理税务登记也很难取得进入该地承揽工程的许可。

三是地方市场保护呈现"合法化"趋势，如采用制定地方性法规、规章或者出台政策文件的方式，制定有利于本地企业、妨碍外地企业和产品的技术标准、认证制度、卫生检验检疫制度或者投标资格，或只给本地企业某些优惠和补贴，使外地企业与本地企业的竞争不处于同一起跑线上。如××省建设厅印发的《××省工程建设招标评标定标实施细则》中规定给本省建设队伍加分，××省物价局文件规定对省内外企业收取交易服务费实行双重标准等，都严重违反了《招标投标法》的有关规定。

四是一些地方出台的政策本身并无优先采购本地产品的意思，但实际效果却和保护地方产品销售大同小异，如某省出台了一份名为《关于进一步加强全省工业经济运行工作的意见》，规定要大力提倡和推广干部包扶企业的办法，省、市、县（市、区）各级领导和机关干部必须走进企业，为企业解决销售和资金问题，执行该政策就隐含着借助行政权力优先采购本地产品之意，达到变相扶持本地产品参加市场竞争的目的。

上述地方政策文件明显超出了行政机关法定权限，违背招标采购的目标和宗旨，剥夺外地企业公平竞争的权利，妨碍招标人自主选择交易对象的权利的行使，损害其他投标人和招标人的合法权益；最终也会使地方企业最终丧失竞争能力，破坏本地市场发展环境和市场竞争格局，阻碍当地经济的良性发展。不当的地方保护政策，违反公平竞争原则，排斥、限制竞争，直接导致本地企业处于市场支配的垄断地位，违反了《反垄断法》的规定，对招标活动也带来不利和冲击。

二、在招标活动中适用地方保护政策的法律风险

我国实行社会主义市场经济，必须在全国范围内建立起统一、开放、竞争、有序的大市场。任何以地方保护、部门垄断等方式分割市场的行为，都会缩小市场规模，降低市场效率，阻碍经济的发展。在招标活动中实行地方保护的做法，破坏了市场的统一性，违反了公平竞争的原则，严重影响招标投标活动的正常开展，也给腐败行为留下可乘之机。因此，我国法律对于实行地方保护主义限制竞争的行为都予以严厉禁止。

《招标投标法》第六条规定："依法必须进行招标的项目，其招标投标活动不受地区或者部门的限制。任何单位和个人不得违法限制或者排斥本地区、本系统以外的法人或者其他组织参加投标，不得以任何方式非法干涉招标投标活动。"

《反垄断法》第五章专门就禁止行政机关和法律、法规授权的具有管理公共事务职能的组织滥用行政权力排除、限制竞争行为制定比较完善的规定，主要禁止如下行政垄断行为：①限定或者变相限

定单位或者个人经营、购买、使用其指定的经营者提供的商品；②对外地商品设定歧视性收费项目、实行歧视性收费标准，或者规定歧视性价格；③对外地商品规定与本地同类商品不同的技术要求、检验标准，或者对外地商品采取重复检验、重复认证等歧视性技术措施，限制外地商品进入本地市场；④采取专门针对外地商品的行政许可，限制外地商品进入本地市场；⑤设置关卡或者采取其他手段，阻碍外地商品进入或者本地商品运出；⑥以设定歧视性资质要求、评审标准或者不依法发布信息等方式，排斥或者限制外地经营者参加本地的招标投标活动；⑦采取与本地经营者不平等待遇等方式，排斥或者限制外地经营者在本地投资或者设立分支机构。

实施地方保护政策，封锁地方利益，既限制市场竞争，也侵犯了采购人的利益。如水泥产品本来属于比较有竞争性的产品，但在潜规则之下，某市只供应当地一种品牌的水泥，某工程建设项目两次公开招标，其投标人都仅此一家，外地品牌水泥生产企业无人参与投标，导致招标失败，此类现象应引起招标人重视。

三、招标人防范适用地方保护政策引发法律风险的对策

国务院发展研究中心研究员李善同建议："发展大型跨区域的公司可以成为一种有效地打击地方保护主义的做法。"当前，一些企业集团实施集中招标采购，一定程度上限制了地方保护政策的影响范围。

招标人在当地实施招标活动，在严格执行国家的有关法律法规和政策规定，依法规范实施招标活动的同时，也要积极采取措施努力减少地方保护政策的不利影响，依法合规开展招标投标活动，创造公开、公平、公正的招标投标环境，维持良好的市场竞争秩序，维护自身和投标人的合法权益。

一是对涉及招标采购方面的地方政策规定，认真审视其"设定"的依据、目的和要求等，充分考虑该政策的公平合理性和公开透明度，对各种未经公开发布的地方政策规定，坚持不得作为评标依据，杜绝盲目执行地方保护政策倾向保护地方供应商利益的不规范、不公平行为而侵犯招标人自身的正当权益，或被投标人质疑其公平、

公正性而引起侵权法律风险。

二是依法广泛对外公开发布招标采购信息，扩大发布媒体的受众范围，不得有意隐瞒或封锁招标采购信息，最大限度地广泛吸引各地供应商参加投标，防止当地供应商"围标"或排斥外地供应商投标的不当行为发生。

三是对于本地企业联手串通投标、保护和垄断当地市场的非法行为，要申请招标监管部门严厉打击，消除不利影响，净化招标投标竞争秩序，促进诚信机制建设，推进招标投标活动依法合规开展。

（原文载于《中国招标》2013年第11期）

对"投标保证金"的相关法律问题探析

◎**本文概要** 投标担保制度有利于制约投标人依法诚信投标，但常被"滥用"。本文厘清了投标保证金的功能、形式、金额、有效期、提交、接收与清退等法律规则，探讨了投标保证金的审核方法。

招标人在招标文件中明确规定了投标有效期，投标人在此期间不得撤销其投标。如投标人撤销投标或中标后拒绝签署合同，招标人将因此遭受损失。为规避这一风险，惩罚投标人的违规行为，维护招标人的利益，现行法律设置了投标担保制度。

但是，在招标投标实践中，一些招标人、投标人对投标保证金在认识上还存在一些误区，执行中也存在一些突出问题。一是投标保证金被误用或者滥用，如要求潜在投标人在购买招标文件时即递交投标保证金以制约其必须投标防范招标失败的风险，投标保证金收取标准过高，以此排斥、限制投标。二是投标人未按照招标文件要求提交投标保证金或有弄虚作假、串通投标行为而被否决投标。三是投标保证金管理不规范，如延期退还投标保证金、不退还投标保证金理由不适当，或挪用投标保证金。以这些问题为基础，本文试就投标保证金涉及的相关法律问题进行探析。

一、"投标保证金"的含义及作用

《招标投标法》没有规定投标担保，《招标投标法实施条例》借鉴世界银行《货物、工程和非咨询服务采购指南》《亚洲开发银行贷款采购指南》和联合国贸易法委员会《货物、工程和服务采购示范法》等国际采购规则，确立了投标担保制度。《招标投标法实施条例》及《工程建设项目施工招标投标办法》《工程建设项目货物招标投标办法》等配套的部门规章和招标文件规定了"投标保证金"

以取代"投标担保"，且实务中已约定俗成，故本文也采用"投标保证金"之说。

投标保证金是投标人按照招标文件规定的形式和金额向招标人递交的，约束投标人履行其投标义务的担保，所担保的主要是合同缔结过程中招标人的权利。设立投标保证金制度的目的，也可以从《招标投标法实施条例》第三十五条和第七十四条关于不退还投标保证金的条款中看出端倪，即保证在提交投标文件截止时间后投标人不修改、不撤销其投标文件，保证投标人被确定为中标人后按照招标文件和投标文件与招标人签订合同，也即招标人不得改变其投标文件的实质性内容或者放弃中标。投标人违反上述义务的，招标人可不予退还投标保证金，以此获得相应经济补偿。此外，投标保证金对约束投标人的违法投标行为，打击围标串标、挂靠、出借资质等违法行为也有一定的效果。

提交的投标保证金的形式不同，其担保方式也不同。《担保法》第七十五条规定："下列权利可以质押：（一）汇票、支票、本票、债权、存款单、仓单、提单……"。《最高人民法院关于适用<中华人民共和国担保法>若干问题的解释》第八十五条规定："债务人或者第三人将其金钱以特户、封金、保证金等形式特定化后，移交债权人占有作为债权的担保，债务人不履行债务时，债权人可以以该金钱优先受偿。"因此，以现金、支票等形式提交的投标保证金是一种特殊形式的质押；以专业担保公司出具的担保书作为投标保证金的，属于保证方式。根据《最高人民法院关于审理独立保函纠纷案件若干问题的规定》，以银行保函作为投标保证金的，属于开立人的承诺。

二、招标人有权要求投标人提交投标保证金

《招标投标法实施条例》第二十六条规定招标人可在招标文件中要求投标人提交投标保证金。也就是说，投标保证金并不是投标文件不可或缺的组成文件，投标人是否提交投标保证金以及投标保证金的形式、有效期等内容，由招标人根据实际情况自行决定，并在招标文件中规定。这也符合国际惯例，如联合国贸易法委员会《货物、工程和服务采购示范法》、世界银行《货物、工程和非咨询服务

采购指南》和《亚洲开发银行贷款采购指南》均规定了是否提交投标保证金由招标人自主选择。

招标人一般都要求投标人必须提交投标保证金,否则投标无效。对于投标人没有提交投标保证金,或者投标保证金的形式不符合要求,投标保函失效期限早于投标有效期、生效时间晚于投标截止时间或者附有其他限制性条件(如对兑现地域进行不合理限制)等情形,都可在招标文件中设定为否决投标条件。对于投标人开标后撤销投标、中标后不签订合同、签订合同时不能提交符合招标文件要求的履约保证金、串通投标或有其他违法行为等情形,招标人也可在招标文件中规定为不予退还其投标保证金的条款。

招标文件要求投标人提交投标保证金的,招标文件应当对投标保证金的提交时间、形式、金额和有效期等提出具体要求。如联合国贸易法委员会《货物、工程和服务采购示范法》第 32 条第(f)目规定:"采购实体应在招标文件中具体说明对出具投标担保者的要求以及所需投标担保的性质、形式、数额和其他主要条件",第(b)目规定:"招标文件中可规定投标担保的出具人"。实践中投标保证金以银行保函形式居多。

三、投标保证金金额受比例及具体数额双重限制

投标保证金数量要适当,既要起到担保作用,又不至于过多增加投标人负担。《招标投标法实施条例》第二十六条规定:"招标人在招标文件中要求投标人提交投标保证金的,投标保证金不得超过招标项目估算价的 2%"。在此基础上,《工程建设项目施工招标投标办法》《工程建设项目货物招标投标办法》《工程建设项目勘察设计招标投标办法》还规定了施工、货物招标项目投标保证金最高不得超过 80 万元人民币,勘察设计招标的投标保证金最高不得超过 10 万元人民币。也就是说,投标保证金金额受前述交纳比例及最高限额的双重限制。从实际操作看,招标人在招标文件中规定的投标保证金最好在上述范围内规定一个具体、固定的金额,而不是规定为一个基于投标报价的百分比,如规定"本项目投标保证金为××元人民币",以规避投标报价泄漏的风险,也可以防止调整投标报价导

致投标保证金不足给投标人带来的可能被否决投标的风险。还可以分档计算投标保证金，如规定：报价在某一范围以内者保证金多少，在此以上的一定范围内保证金多少。对投标人而言，其所提交的投标保证金应当高于或者等于招标文件规定的具体金额。

对于划分标包（标段，下同）的招标项目，如允许投标人投多个标包的，应要求投标人按照所投标包分别提交投标保证金，不能只提交其中若干标包或一个标包的投标保证金，也不能将所有标包不加区分混合在一起提交一份投标保证金，以便将各自标包对应的投标保证金数额划分开来。

在实践中，如投标人投多个标包，合计提交了一份金额投标保证金，但未列明各标包的投标保证金明细。当该投标保证金金额超过或等于这多个标包的投标保证金金额之和，可视为各标包的投标保证金均合格。如果提交的投标保证金金额不足，且未提交投标保证金明细，导致评标委员会无法判断各标包投标保证金的具体金额，难以区分各个标包投标保证金足够与否，只能否决其投标。为避免招标失败等风险，针对实践中出现的"投标人将所有标包、标段的保证金不加区分混合在一起提交一份投标保证金"的情况，招标人也可以在招标文件中预先规定解决规则：如果允许投标人可投多个标包，但投标人未按照所投标包分别提交投标保证金而是将所有标包不加区分混合在一起提交一份投标保证金，难以区分各自标包对应的投标保证金数额，且该投标保证金金额不足以覆盖其所有全部标包的，按照其所投标包对应的投标保证金金额由小到大（或由大到小）分摊至其所能涵盖的标包，不能覆盖的标包的投标视为未提交投标保证金。

四、投标人应当按照招标文件要求的形式提供投标保证金

投标保证金可以是现金、支票、银行汇票、银行保函等多种形式，也可以是招标人认可的其他合法担保形式。由于不同形式的投标保证金在接收、核对、退还等方面各有利弊，招标人可以在招标文件中限定投标保证金的形式。一般应选择风险小的方式，如现金、

银行汇票、现金支票和银行保函等。由于现金存在点钞误时、假钞风险、退还保证金过程烦琐、涉嫌违反国家现金支付规定等问题，一般不提倡以现金形式提交投标保证金，以使用银行保函为宜。需要注意的是，各个银行的保函格式不同，其内部对于不同层级的分支机构开具保函的权限也不同。因此，招标文件中可以规定投标保函的格式以及开具保函的银行级别，如限定为地市级以上分行。

理论上，应当允许由专门担保公司或者有担保能力的法人、其他组织或自然人提供的保证、抵押、质押等担保作为投标担保，既不违反法律规定也能达到投标担保的目的，但实践中，考虑到审核前述担保事项的真实性和担保人的资信状况以及评估资产价值程序繁杂，工作量和风险都很大，影响招标项目进度，招标人不宜同意此种方式。

《招标投标法实施条例》第二十六条规定："依法必须进行招标的项目的境内投标单位，以现金或者支票形式提交的投标保证金应当从其基本账户转出"。也就是说，支票出票人应与投标人为同一人，以遏制围标串标行为，《条例》第四十条进一步规定不同投标人的投标保证金来自同一单位或者个人账户的视为构成"串通投标"。

没有按照招标文件要求提供投标保证金或者所提供的投标保证金有瑕疵（如有限期短于投标有效期）的，将构成重大偏差，该投标文件将被否决。

五、投标保证金有效期应当与投标有效期一致

《FIDIC 招标程序》第 3.1.3 项建议："投标保证金的有效期应当等于投标有效期加上投标人按照合同条款的约定提交履约担保的时间。"投标保证金有效期应略长于投标有效期一段时间，以确保在投标有效期结束前中标人未与招标人签约或未按招标文件规定提供履约保证金时，招标人仍有机会扣留其投标保证金。但是《招标投标法实施条例》侧重防范投标保证金被误用或者滥用的现象，规定投标保证金有效期应当与投标有效期一致，从提交投标文件截止之日起算。投标人提交的投标保证金有效期长于投标有效期的，对招标

人的利益保护更为有利，该投标保证金有效。

当出现一些特殊情况，招标项目不能在原定投标有效期内完成的，招标人可以要求投标人延长投标有效期。如果投标人同意延长，则其投标保证金的有效期也相应延长。但投标人是否同意延长是自愿的而非强制性的，投标人同意延长的，可以书面形式向招标人作出回复。投标人也可以拒绝延长投标有效期，选择退出投标以规避风险，而不丧失其投标保证金。

六、评标时注意审核投标保证金的合法性

归纳现行招标投标法律法规，评标时因投标保证金不合格导致其投标可以被否决的法律情形主要有：①投标人未按时提交投标保证金，投标保证金金额不足，或投标保证金有效期短于投标有效期；②投标保证金形式不符合招标文件要求，如要求提交现金或者银行保函但投标人提交银行汇票；③出具投标保函的银行不符合招标文件要求（如招标文件要求地市级分行以上银行）；④投标保函含有对招标人的支付要求进行抗辩或不合理的限制性条件（如对兑现地域进行不合理限制）；⑤依法必须进行招标的项目的境内投标单位，以现金或者支票形式提交的投标保证金未从其基本账户转出。在评标过程中，要注意核对提交的投标保证金是否存在上述情形，必要时应联系相关银行协助核实。

七、依法提交、接收与清退投标保证金

（1）可向招标人或招标代理机构提交投标保证金。招标文件应明确投标保证金接收单位，投标人应当向招标文件指定的接收单位交纳投标保证金。如招标文件未指定投标保证金接收单位，则只要是交付至招标人或招标代理机构的账户中，确保被招标人"实际控制"，能达到投标担保的目的，该投标保证金即为有效。《工程建设项目施工招标投标办法》第三十七条规定："投标人应当按照招标文件要求的方式和金额，将投标保证金随投标文件提交给招标人或其委托的招标代理机构"，允许投标人将投标保证金提交给招标人或其委托的招标代理机构。根据《民法总则》的相关规定，招标代理机

构是以代理人身份收取、管理投标保证金，相应权利义务仍属招标人。

招标人、招标代理机构均不得挪用投标保证金，否则应承担相应的法律责任。如果挪用于投资等其他目的，所获得的收益应当归投标人所有。

（2）投标人应在投标截止时间之前足额提交投标保证金。在投标截止时间之后补交投标保证金的，不予受理。投标人不按招标文件要求提交投标保证金（如投标人递交的投标保证金比招标文件规定数额少或有效期不足、未在投标截止时间前提交投标保证金）的，根据《评标委员会和评标方法暂行规定》第二十五条、《工程建设项目货物招标投标办法》第二十七条、《工程建设项目施工招标投标办法》第三十七条等规定，应作否决投标处理。

（3）退还投标保证金时应计付利息。《招标投标法实施条例》第五十七条规定："招标人最迟应当在书面合同签订后5日内向中标人和未中标的投标人退还投标保证金及银行同期存款利息"，改变了以往无息退还投标保证金的通常做法。考虑到招标人不能挪用投标保证金投资经营受益，且投标保证金与投标有效期（一般为90天，国际招标长些）一致，投标保证金在招标人处时间较短等因素，投标保证金的利率以活期利率计算为宜。

招标文件可以规定，投标保证金的利息起算时间以投标截止时间为准，而不是以各个投标人提交投标保证金的实际时间（早于投标截止时间）为准，且对不同投标人的退还时间也相同。因为在投标人为数众多时，若按照各自不同时间分别计算投标保证金非常琐碎，尤其是一些企业集团集中招标如果分别计付利息更是非常复杂的事情，不符合效率与效益相匹配的原则。当然，投标保证金形式为银行保函的，不会产生银行利息，无需支付利息。

（4）不退还投标保证金应有适当理由。根据《招标投标法实施条例》第三十五条、第七十四条规定，投标保证金可以不退还的情形主要有：①投标截止后投标人撤销投标文件的；②中标人无正当理由不与招标人订立合同；③在签订合同时向招标人提出附加条件；④不按照招标文件要求提交履约保证金的。投标保证金是否退还取决于当事人意思自治,招标人对不退还投标保证金的情形另有要求的,应在招标文件中明确;未作规定的,招标人不得扣留其投标保证金。除前述 4 种情形外,还可在招标文件中规定以下情形不退还投标保证金:①在提交投标文件截止时间后主动对投标文件提出实质性修改;②投标人串通投标或有其他违法行为;③投标人未按照招标文件规定交纳招标代理服务费。

(原文载于《中国招标》2014 年第 29 期)

法律顾问参加招投标活动开展法律保障工作机制的探讨

◎**本文概要** 建立招标法律保障机制，法律顾问参加招投标活动，是规避法律风险的"防火墙"。本文从招标法律保障工作机制的内涵、作用，工作内容及基本要求等方面，提出了建立招标法律保障机制的框架方案。

聘请法律顾问参与招投标项目，是国际上通行的做法。在国内，越来越多的招投标活动中，也时常能见到社会律师或者单位内部法律顾问的身影。他们受招标人委托，参与招投标活动，利用其专业技能为招投标活动提供法律咨询意见、制定法律解决方案，在规范招投标程序、防范招投标法律风险方面，发挥着不可或缺的作用。当前，建立起招投标法律保障工作机制的招标人尤其是在国有企业日益增多，本文试对此机制的运作进行探讨。

一、法律顾问参与招投标活动提供法律保障的必要性

招投标活动本身就是一系列复杂、特殊的法律行为的组合，其牵涉的法律主体和法律关系众多。有行政监督部门与招标人、投标人之间的行政法律关系，有招标人与投标人之间的民事交易合同法律关系，有招标人与招标代理机构之间的委托代理关系，其法律责任相应也呈多样性。招投标程序比较烦琐，涉及要约邀请、要约、承诺、中标与签订合同等法律程序。无论是操作程序性问题，还是对招标文件内容、澄清、否决投标等实体问题的处理，都与法律密切相连。可以说，招投标每一个细节都关涉法律问题，每一个步骤都有法律风险相伴而生，稍有不慎，就可能会触及法律的"雷区"和纪律的"红线"。因此，招投标工作期盼有法律专业人员参与其中，

发挥其专业优势，保障招投标活动合法合规，规避法律风险。法律专业人员参与招投标法律服务的重要性和紧迫性日益突出。

在招标投标实践中，越来越多的招标人和招标代理机构，在实践中聘请法律顾问提供法律专业服务，逐步建立起了保障招投标活动合法合规的工作机制，本文姑且将之称为"招标法律保障工作机制"。提供法律服务的专业人士，无论是外聘律师，还是招标人和招标代理机构的内部企业法律顾问，因主要发挥法律顾问参谋作用，本文也一概统称为"法律顾问"。

二、招标法律保障工作机制的内涵和作用

（一）招标法律保障工作机制的内涵

招标法律保障工作机制，主要是指由法律顾问深度参与招投标各个环节，通过分析招投标活动中的各种法律关系，揭示其中法律风险点，预测各种行为引致的法律后果，为之提供专业、高效的法律咨询与法律论证，出具精准的法律意见，提出法律风险防范措施，并督促落实到位，保障招投标程序合规、过程公开公平、结果公正合理，全面防范招投标法律风险，顺利实现招标采购目的，维护招标人的合法权益。这项工作属于律师非诉讼业务范畴，也是企业法律顾问的本职工作之一。

（二）招标法律保障工作机制的职能及作用

建立招标法律保障机制，是规避招投标法律风险的"防火墙"。法律顾问应全面介入招投标活动，法律保障服务应贯穿于招标管理及招投标活动的全过程，法律服务内容应广泛而深入，为招投标活动全方位保驾护航。法律顾问为招标人提供法律服务，并开展法律监督，有助于全面落实"三公"原则，推动招投标工作依法合规开展。

1. 法律顾问在招投标法律保障工作中的角色与职能

法律顾问是受招标人聘请和委托，以招标领导小组或评标委员会的法律专业顾问的角色，参与招投标活动，专职提供法律保障、法律咨询服务，独立发表法律意见，为招投标相关事项决策提供法律依据，以其法律专业素养在招投标活动中发挥决策参谋、服务保

障和风险防范等职能。

在招投标活动中，法律专业人员不同于监督人员。法律顾问与监督人员在整个招投标过程中各有分工，负责不同的领域。监督人员主要受理招投标过程中的投诉举报，监督整个招投标过程是否合规合法，对招投标违纪违规问题提出处理意见，侧重于防范与查处违法违纪行为。法律顾问重在为招投标工作提供专业的法律服务，针对实际情况提出法律意见建议，保证招投标活动程序和实体处理方面都符合法律规定，侧重于保障招投标程序合法合规，防范法律风险。法律顾问也可协同监督人员做好法律监督，协助认定违法违纪行为，共同确保招投标活动的公正性。

法律顾问也不同于评标委员会成员。法律顾问是独立于评标委员会，为评标委员会提供法律意见及建议的顾问人员，主要负责解答评标专家提出的法律问题，协助其做出正确的评判结果。评标委员会成员专司评价投标文件响应程度和投标人承担招标项目能力之职。评标工作中有涉及法律的疑难杂症，可要求法律顾问答疑解惑，为其提供专业服务，保障其正确处理评标工作中遇到的问题。

2. 法律顾问在招标法律保障工作中的作用

（1）保证招投标行为的规范性及合法性。法律顾问作为专业的法律工作者，在招投标活动中其工作具有相对独立性。他主要基于法律职业判断和专业素养，考虑问题的出发点就是怎样操作符合法律规定，主要职责就是发现和解决招投标活动程序和实体上存在的法律问题，并研究提出符合法律原则和要求的解决方案和意见，保证招投标业务的规范性、合法性，推动招投标活动在法律框架的规范引导下顺畅进行，最大限度地规避法律风险，预防、减少争议和投诉，确保整个招投标活动程序合法合规、规范开展。

（2）推动实现招投标公开、公平、公正。招投标的主要特点是公开性，公开是公平、公正的基础和前提。招投标法律法规从制度上和程序上都突出强调了招投标活动的公开性、公平性和公正性。法律顾问作为谙熟法律知识的专家，介入到招投标活动中，参与招标文件的制作、招标规则程序的核定，参与审核澄清、否决投标事项，参与合同谈判与签署，在每个环节，都紧紧依据诚实信用原则和精神，处置每一项业务，有助于提高招投标活动的透明度和公正性。同时，法律顾问一定程度上也发挥着内部法律监督的作用，对于未依法或不规范操作的，有权独立提出法律意见，遏制违法违规行为，维持正常的招投标秩序，有助于使招投标制度的"三公"原则落到实处。

（3）维护招投标各方的合法权益及国家利益。招标项目大多数都是国家财政投资、国有企业资本投资的大型基本建设项目或者涉及公共服务的项目。法律顾问参与其中，为招标人提供法律服务，通过充分发挥其职能，保障招投标的公开性、公平性、公正性，减少法律风险，就能保证招标项目减少违法违规成本和降低交易成本，控制交易风险，实质就是对招标人、投标人利益以及国家利益的维护。

三、招标法律保障工作内容及基本要求

（一）法律顾问应具备的资格条件

结合有关大型企业对招标法律保障的要求和司法部、原国家计委《关于律师从事基本建设大中型项目招标投标法律业务的通知》（司办通字〔1998〕6号）文件精神，从事招投标业务的法律顾问一般应具备如下条件：①具有良好的政治素质和职业道德，能够独立、认真、客观、公正、诚实、廉洁地履行职责，自觉维护国家利益和招标投标双方当事人的合法权益；②具有法律职业资格（或律师执业资格）；③从事法律专业工作满一定年限，具备依法对招评标活动进行服务与保障，独立提出法律意见、处理法律问题的专业素质和能力水平；④熟悉招标投标法律、法规、部门规章和招标人相关制度。

（二）法律顾问开展招标法律保障工作的主要内容

在招标业务管理方面，参与制定、审查招投标管理制度，确保制度合法合规，为招标活动提供行动指南和行为规范。

在招标阶段，一是参与讨论、审查招标方案，重点审查招标人的主体资格、招标项目的合法性，招标范围、标段划分、招标方式的确定是否合乎法定条件等事项，确保招标活动在合法有效的前提

下进行。二是协助编制、审查招标公告、招标文件，重点审核投标人的资格条件、合同条件，开标、评标、定标各阶段程序及时间安排，评标标准及方法等主要内容是否合法合理，协助修改招标文件中表述不准确、不合规的内容，就招投标规则以及合同文本出具法律审查意见，确保内容合法、完备。三是协助澄清或修改完善招标文件，参与解答投标人提出的关于招标文件和踏勘现场后提出的法律问题，防范可能发生的争议。四是协助编制、发布资格预审文件，审查投标人主体资格，着重协助审查投标人提交的证明其具有履行合同能力的证明文件，筛选合格的潜在投标人，缩小投标人范围，提高招标效率。

在投标、开标阶段，一是协助审查投标文件密封是否合格，处理相关质疑。二是协助组织开标，重点参与处理开标中出现的意外情况及投标人在开标现场提出的异议并研究答复意见。

在评标阶段，担任评标委员会的法律顾问，一是参与审核澄清、否决投标事宜，提示评标专家应当严格遵循事先已公布的评标办法和评标标准评标，以避免因变更评标办法而引发的纠纷隐患；二是就评标专家提出的法律问题提供法律咨询意见，协助审查认定投标文件中相关法律问题。

在定标阶段，一是研究解答定标会议上提出的法律问题，出具法律意见；二是协助招标人从评标委员会推荐的候选人中确定中标人，协助办理中标候选人公示事宜、处理投标人的质疑、投诉；三是督促及时发出《中标通知书》，退还投标保证金。

在商签合同阶段，重点协助招标人进行合同谈判，审核正式合同文本，落实招标确定的合同条件及承诺订入合同条款，协助招标人和中标人按《中标通知书》要求和招标结果签订合同，办理合同签订阶段产生的法律纠纷。

（三）法律顾问提供招标法律保障服务的主要工作形式

一是参与招标方案审定、招标公告和招标文件审查，参加开标、评标、定标工作等环节的会议，当场提出法律意见，解答法律难题，提出法律解决方案。

二是出具法律意见：主要在审查招标公告、招标文件基础上，就存在的问题出具法律意见；认真审核招标过程中对外出具的法律文件（招标文件补遗、澄清），并提出意见；对评标过程中的澄清、否决投标事项进行法律审核。对于重点法律问题的把关，应在合理的期限内提出合法、准确的法律意见，供招标人决策参考。

（四）法律顾问在招标法律保障工作中应坚持的职业道德和原则

（1）依法合规。法律人员应凭借良好的专业素养，依据《招标投标法》等有关法律规定，本着对招标人和投标人负责、对社会负责的态度，坚持全过程参与招投标活动，依法履行职责，提供法律专业服务，协同实施法律监督，防范法律风险，保障招投标工作依法规范开展，切实维护招标人利益。

（2）独立公正。招标法律保障是一项专业性要求高、独立性强、责任重大的专项法律服务。法律顾问在招投标活动中应保持相对的独立性，依法客观、公正地提供法律保障，应敢于坚持法治原则，不屈从于招标人个别业务部门或个人的意志。出具的法律意见要合法合理、客观公正，明确表明其所依据的事实和法律依据，不得出具有虚假、严重误导性或者有重大遗漏的法律意见。对于不依法或未规范操作的，坚持独立提出法律意见，最大限度地保障招投标各环节合法合规。

（3）遵章守纪。法律人员应遵奉良好的职业道德和自律原则，恪守法律工作者职业操守。严格遵守法律法规和执业纪律，自觉保护招投标活动中涉及的商业秘密，不得从事违反职业道德、执业纪律，损害招投标当事人合法权益的行为。

四、招标人建立招标法律保障工作机制的有关要求

（1）招标人应建立健全招投标法律保障机制，最大限度地保障法律顾问的介入范围，各相关业务部门和人员应给予充分理解与配合。法律顾问自身也要严格遵守职业道德和执业纪律，全过程参与招投标活动，依据法律规定并结合招标人实际做好法律保障和专业服务工作，对招投标活动的合法合规性进行监督把关，对招投标法律问题进行分析论证并发表法律意见，确保招投标活动依法规范

开展。

（2）招标人应保障法律顾问配置。在参与招标的法律顾问安排上，可采用内部法律顾问与外聘律师相结合的模式，既解决了内部法律顾问人手不足、专业受限或素质能力欠缺，以及由于与招标人自身存在利害关系，在出具法律意见时可能会过分偏重考虑本单位利益而不能全面、客观公正地发表法律意见的弊端，也有利于二者在能力上相互弥补，推动招标活动更加公平、公正地开展。

五、结束语

招投标工作面临着多层法律风险。法律顾问参与招投标工作，是规范招标行为、防范经营风险的迫切要求。期盼更多的招标人和招标项目建立起法律保障机制，聘请专业法律顾问提供必要的法律支持和法律保障，净化招标采购市场，培育市场环境，维持竞争秩序，这有利于规避不必要的法律风险，实现招标交易行为的公开、公平、公正，保障国家利益、社会公共利益和招投标当事人的合法权益。也期待有更多的律师或企业法律顾问参与到招投标活动中，推动招投标制度不断完善、发展。

（原文载于《中国招标》2012 年第 14 期）

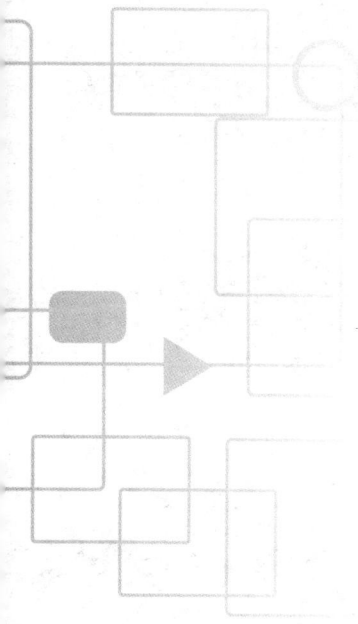

二

招 标 篇

招标项目先决条件的相关法律问题及对策

◎**本文概要** 落实法定的招标项目先决条件，是合法规范开展招投标活动的基础。本文从招标项目的批准、核准，招标方案的核准以及落实项目资金三方面列出法律问题清单并有针对性提出解决措施。

《招标投标法》第九条规定："招标项目按照国家有关规定需要履行项目审批手续的，应当先履行审批手续，取得批准。招标人应当有进行招标项目的相应资金或者资金来源已经落实，并应当在招标文件中如实载明。"《招标投标法实施条例》第七条规定："按照国家有关规定需要履行项目审批、核准手续的依法必须进行招标的项目，其招标范围、招标方式、招标组织形式应当报项目审批、核准部门审批、核准。项目审批、核准部门应当及时将审批、核准确定的招标范围、招标方式、招标组织形式通报有关行政监督部门。"据此可知，招标项目依法应具备的先决条件为：一是履行项目审批、核准手续，二是落实项目资金，三是报请核准招标方案。

一、项目批准、核准相关法律问题及对策

（一）存在的法律问题

一些工程建设项目未经批准或核准即开始办理招标或者开工建设。招标人应当自行承担因项目未经审批、核准带来的法律责任，如因项目停建要求设备生产商退货或与施工、监理方终止合同，招标人应赔偿中标人的损失，还可能承担其他法律责任。

（二）防范对策

招标项目需要事先报经审批、核准的，必须在项目主管部门审批、核准之后方可实施招标。我国对投资项目实行审批、核准或备

案制度，这是一种行政许可，目的是确保投资项目符合国家法律法规、政策以及国家、行业发展规划。根据《国务院关于投资体制改革的决定》（国发〔2004〕20 号）规定，使用政府性资金投资建设的项目适用审批方式；对于企业不使用政府投资建设的项目，区别不同情况实行核准制和备案制，其中《政府核准的投资项目目录》以内的项目适用核准方式，由政府主管部门核准项目申请报告。对于《目录》以外的企业投资项目，实行备案制。外商投资项目实行核准制。《国务院关于投资体制改革的决定》以及《企业投资项目核准和备案管理条例》、《企业投资项目核准暂行办法》等规定了项目的审批、核准权限和基本程序规定。

对于应当事先办理审批、核准手续的投资项目，招标人必须坚持先审批、核准后招标，对于依据国家有关规定应审批、核准而未经审批、核准的项目，或违反审批、核准权限审批、核准的项目均不得进行招标。投标人也应事先了解招标项目背景及相关法律法规，重点审查招标项目是否需要办理审批、核准手续以及是否已经审批、核准，以此决定是否投标并采取相应的投标策略。

二、核准招标方案的相关法律问题及对策

（一）存在的法律问题

1. 缩小招标范围规避招标

一是应当招标但不进行招标，直接指定项目承包单位，或以自建自用、影响功能配套性等为由规避招标；二是肢解项目，将依法必须招标的项目化整为零、不合理细分标段或分段实施，使其达不到招标规模标准。根据《招标投标法》第四十九条规定，必须进行招标的项目而不招标的，将必须进行招标的项目化整为零，或者以其他任何方式规避招标的，责令限期改正，可以处项目合同金额千分之五以上千分之十以下的罚款；对全部或者部分使用国有资金的项目，可以暂停项目执行或者暂停资金拨付；对单位直接负责的主管人员和其他直接责任人员依法给予处分。

2. 招标组织形式选择不当

不具备自行招标条件仍选择自行招标而未委托招标，影响到招

标质量和项目的顺利实施。

3. 招标方式选择不当，应当公开招标的项目未经审批即采用邀请招标

根据《招标投标法实施条例》第六十四条规定，招标人依法应当公开招标而采用邀请招标的，由有关行政监督部门责令改正，可以处 10 万元以下的罚款。

（二）防范对策

1. 依法办理招标方案核准手续

核准招标方案，是国家对招标活动实施监管的一种主要途径。《工程建设项目申报材料增加招标内容和核准招标事项暂行规定》就招标方案核准有具体规定，即依法必须招标项目中凡应报送项目审批、核准部门审批或核准的，应把招标方案作为附件与可行性研究报告或者资金申请报告、项目申请报告一同报送，项目审批、核准部门对招标范围、招标组织形式、招标方式等内容提出是否予以审批、核准的意见。项目建设单位在招标活动中对审批、核准的招标范围、招标组织形式、招标方式等做出改变的，应向原审批、核准部门重新办理有关核准手续。如发现有漏项，可以立即补报。招标方案经核准后，才能进行招标。

招标方案内容相对比较简单，主要包括：建设项目的勘察、设计、施工、监理以及重要设备、材料等采购活动的具体招标范围（全部或者部分招标）、拟采用的招标组织形式（委托招标或者自行招标）和拟采用的招标方式（公开招标或者邀请招标），其中拟自行招标的，还应按照《工程建设项目自行招标试行办法》规定报送书面材料；国家发展改革委确定的国家重点项目和省、自治区、直辖市人民政府确定的地方重点项目，拟采用邀请招标的，应对采用邀请招标的理由作出说明。

2. 依法确定招标范围

我国对特定项目实行强制招标制度。《招标投标法》第三条规定在中华人民共和国境内进行下列工程建设项目包括项目的勘察、设计、施工、监理以及与工程建设有关的重要设备、材料等的采购，必须进行招标：（一）大型基础设施、公用事业等关系社会公共利益、

公众安全的项目;（二）全部或者部分使用国有资金投资或者国家融资的项目;（三）使用国际组织或者外国政府贷款、援助资金的项目。依法必须进行招标的工程建设项目的具体范围和规模标准，按照国家发展改革委发布的《工程建设项目招标范围和规模标准规定》（此规定已废止，2018 年 6 月 1 日起执行国家发展改革委令第 16 号《必须招标的工程项目规定》）执行。根据《招标投标法》《招标投标法实施条例》规定，下列项目可以不招标:（一）涉及国家安全、国家秘密不适宜招标;（二）抢险救灾不适宜招标;（三）利用扶贫资金实行以工代赈、需要使用农民工不适宜招标;（四）需要采用不可替代的专利或者专有技术;（五）采购人依法能够自行建设、生产或者提供;（六）已通过招标方式选定的特许经营项目投资人依法能够自行建设、生产或者提供;（七）需要向原中标人采购工程、货物或者服务，否则将影响施工或者功能配套要求。除上述项目之外，招标人必须严格实施招标，防范规避招标行为。

任何单位和个人不得将依法必须进行招标的项目化整为零或者以其他任何方式规避招标，否则根据《招标投标法》第四十九条规定将依法追究其法律责任。因此，对于招标投标法律规定的应当招标的项目必须要纳入招标范围，不能游离于法律强制性规定的规范与监督范围之外。对于依法必须招标项目以外的工程及相关设备、材料的采购，可以根据采购项目的实际，采用竞争性谈判、竞争性磋商、询价、单一来源采购等方式。

3. 依法确定招标组织形式。

招标组织形式分为自行招标和委托招标。根据《招标投标法》第十二条规定，招标人如自行办理招标必须具备两个条件:一是有编制招标文件的能力，二是有组织评标的能力。二者缺一不可，否则必须委托招标代理机构办理招标事宜。对于"编制招标文件和组织评标"能力的认定标准，《工程建设项目自行招标试行办法》规定了五项:（一）具有项目法人资格（或者法人资格）;（二）具有与招标项目规模和复杂程度相适应的工程技术、概预算、财务和工程管理等方面专业技术力量;（三）有从事同类工程建设项目招标的经验;（四）拥有 3 名以上专职招标业务人员;（五）熟悉和掌握招标投标法及有关法规规章。而且，对于依法必须招标的项目，只有经项目审批、核准部门核准招标人符合法律规定的自行招标条件的，招标人才可以自行办理招标事宜。

4. 依法正确选择招标方式

招标方式有公开招标和邀请招标。《招标投标法》第十一条规定国家重点项目和省、自治区、直辖市人民政府确定的地方重点项目原则上应当公开招标；《招标投标法实施条例》第八条补充规定，国有资金占控股或者主导地位的依法必须进行招标的项目，应当公开招标；但有下列情形之一的，可以邀请招标：（一）技术复杂、有特殊要求或者受自然环境限制，只有少量潜在投标人可供选择；（二）采用公开招标方式的费用占项目合同金额的比例过大。因此，必须要对邀请招标方式的适用范围严格把关，防范各种规避公开招标行为的发生。工程项目工期紧迫不能成为邀请招标的理由。"议标"、"沿用招标成果"（或称"续标"）不是法定招标方式，必须招标的项目也不能以议标、续标方式规避。

三、落实项目资金的相关法律问题及对策

（一）存在的法律问题

招标项目资金未落实，如项目建设过程中资金中断，会造成相关利益方的利益受损。投标人为获得招标项目，通常进行了大量的准备工作，在资金上也有较多投入，如招标项目资金不到位而先行招标，中标后没有资金保障，势必造成不能开工或者工程开工后因资金短缺致使工程长期搁置，或者竣工后不能支付工程款而引发纠纷，都将损害投标人的利益。如果是大型基础设施、公用事业等工程，还会给公共利益造成损害，造成社会资源极大的浪费。

（二）防范对策

招标人在招标时必须有与项目相适应的资金保障。招标项目资金来源主要有：国家和地方政府的财政拨款、企业的自有资金及包括银行贷款、发行债券、股票在内的各种方式的融资以及外国政府和有关国际组织的贷款、援助资金等。招标人不得就项目资金来源提供虚假说明，这是招标人进行招标并最终完成招标项目的物质保

证。投标人在投标时应注意审查招标项目的资金来源情况，以便决定是否投标或者采取相应的报价策略（比如存在风险时可以提高报价，风险太大时可以决定放弃投标）。

需要注意的是，国务院《关于固定资产投资项目试行资本金制度的通知》（国发〔1996〕35号）规定对于一些固定资产投资项目，国家试行资本金制度。投资项目资本金指在投资项目总投资中，由投资者认缴的出资额，可以用货币出资，也可以用实物、工业产权、非专利技术、土地使用权等出资。对纳入资本金制度的投资建设项目，必须首先落实资本金才能进行招标、建设。资本金占总投资的比例，根据不同行业和项目的经济效益等因素规定，按照《国务院关于调整和完善固定资产投资项目资本金制度的通知》（国发〔2015〕51号）执行，如钢铁、电解铝项目资本金占总投资比例为40%及以上，铁路、公路项目占20%及以上，保障性住房和普通商品住房项目占20%及以上。资本金以外的项目资金，可通过银行贷款、发行企业债券等其他方式融资解决。只有招标项目的项目资金或资金来源都已落实，方可申请项目核准、办理招标。

当然，并非每一个招标项目都需要满足招标项目三项先决条件方可组织招标。我国招标投标法律规定重点是规范和约束依法必须招标项目，对其进行严格的法律规制，包括对实施招标前期应当履行相关批准、核准手续等提出了明确的要求，是为了推动招标项目顺利实施，保障社会公共利益。

（原文载于《中国招标》2013年第51期）

招标文件常见法律问题及风险防范策略

◎**本文概要**　招标文件设定"游戏规则",是招投标活动的"指挥棒"。本文针对招标文件内容合法性、规范性、确定性方面常见的法律问题,从六个方面提出规范招标文件编制、防范法律风险的管理对策。

招标文件是招标人提出采购要求和招标投标程序规则,指导投标人编制投标文件的法律文件,是招标、评标、定标的依据,也是投标人编制投标文件和参加投标的依据,还是招标人和中标人签订合同的基础,对招标投标双方都具有法律约束力。招标文件合法、规范与否,直接影响着招标投标活动成败和合同履行效果。因此把好招标文件质量关,防范招标文件违规、错漏引发的法律风险,是保障项目顺利实施的关键。本文基于有关法律法规的规定,从六个方面提出规范招标文件编制、防范法律风险的对策。

一、关于招标文件的基本法律要求

对于招标文件的法律要求,《招标投标法》和《招标投标法实施条例》等有关法律法规皆有详细规定。《招标投标法》第十九条规定:"招标人应当根据招标项目的特点和需要编制招标文件。招标文件应当包括招标项目的技术要求、对投标人资格审查的标准、投标报价要求和评标标准等所有实质性要求和条件以及拟签订合同的主要条款。国家对招标项目的技术、标准有规定的,招标人应当按照其规定在招标文件中提出相应要求。招标项目需要划分标段、确定工期的,招标人应当合理划分标段、确定工期,并在招标文件中载明"。《招标投标法》第二十条规定:"招标文件不得要求或者标明特定的生产供应者以及含有倾向或者排斥潜在投标人的其他内容"。《招标投标法实施条例》第十五条规定："编制依法必须进行招标项目的资格预审文件和招标文件，应当使用国务院发展改革部门会同有关行政监督部门制定的标准文本"。目前，《标准施工招标文件》《标准施工招标资格预审文件》《标准设计施工总承包招标文件》《简明标准施工招标文件》《标准设备采购招标文件》《标准材料采购招标文件》《标准勘察招标文件》《标准设计招标文件》《标准监理招标文件》等标准文本也相继颁布实施。另外，机电产品国际招标文件应采用商务部颁布的《机电产品采购国际竞争性招标文件》范本编制，在实践中也已得到广泛应用。从长期来看，应用标准文本编制资格预审文件和招标文件是发展趋势。

实践中，有的招标文件内容脱离项目特点和需要，故意抬高项目的技术标准，或提出与项目实际不符的资格条件，如 6 层以下建筑工程，需要房屋建筑工程施工总承包企业资质三级即可，但有些项目提出需要二级甚至一级资质，这些做法涉嫌排挤有资格承接项目的投标人。对此，《招标投标法实施条例》第三十二条第一款强调："招标人不得以不合理的条件限制、排斥潜在投标人或者投标人"，紧接着又在第二款明确规定："设定的资格、技术、商务条件与招标项目的具体特点和实际需要不相适应或者与合同履行无关"或"依法必须进行招标的项目以特定行政区域或者特定行业的业绩、奖项作为加分条件或者中标条件"，属于以不合理条件限制、排斥潜在投标人或者投标人，可根据《招标投标法》第五十一条处罚。

二、关于招标文件的常见法律问题

1. 招标文件内容不合法、不合理

（1）限制、排斥外地企业投标。明确要求外地企业必须具有高于本地企业的资格条件或具有在当地的经历和业绩，或根据地方限制竞争的政策文件限制外地企业的进入和竞争等。

（2）量身定做资格条件和技术要求。在招标文件中对投标人资格设置不合理条件或量身定做招标规则，如指定产品、设备的品牌、型号、原产地、供应商，为投标人指定设备型号、分包队伍，要求投标人必须具备较高的资质等级，增加不必要的资格准入条件，提出过高的业绩要求，拔高市场准入门槛，或与投标人串通提出某些特殊要求，阻碍市场有序平等竞争。

（3）设置不合理的技术条款。如将某投标人独有的或者比较有优势的技术因素确定为招标文件的重要技术参数或者将其所占技术条款的权重提高，使该投标人在竞争中获得较大优势。

2. 招标文件内容不规范、不明确

（1）招标条件脱离招标项目实际。如不考虑正常的生产、建设周期而提出不合理的工期（供货期）要求，缩短法律限定的投标文件编制时间，设置苛刻的付款方式，提出根本难以满足的特殊服务要求和技术参数，规定"一边倒"的违约责任等，易引发争议，也为履行合同留下隐患。

（2）评标办法和评标标准不公开。招标文件没有明确规定评标标准和评标办法，而是事后制定或者规定的内容不合理，或者只规定采用经评审的最低投标价法或采用综合评标法但不具体列明评标标准，为暗箱操作留下余地，如重技术评标标准轻商务评标标准甚至取消商务评标标准，评标标准和方法含有倾向性内容，妨碍公平竞争。

（3）招标文件忽视对合同条件的规定。只是原则性地列出主要条款或者合同内容不符合项目需要，导致在后续与中标人签约时增加谈判难度或者无法通过谈判更改既定合同条款内容，引发合同法律风险。

（4）招标文件功能描述不明确，技术指标、质量要求、验收标准不明确，将影响投标人的正常报价和投标策略，最终影响招标项目顺利实施。

三、招标文件防范法律风险六项对策

1. 推进招标文件规范化、标准化建设

招标人应按照管理精益化要求，加强招标投标基础工作，制定、推行各类招标项目的招标文件范本。招标文件范本应根据不同采购项目的特点分别设定投标人资格条件和合同文本，分类别、分专业制定相对固定、科学的评标办法和评标标准，力求条款完善、内容合法、格式规范、切合实际。编制具体项目招标文件时不能简单套用范本，而是要充分结合招标项目实际和特点，对专业性强的采购项目可邀请专家咨询论证，确保招标文件既能通过使用范本实现规范化，也要有针对性地适应招标项目的个体需求。

2. 坚持公平公正、无倾向性和歧视性的原则编制招标文件

招标文件应注意按最基本的技术能力和业绩要求对投标人资格作出规定。不得设置不合理的"技术壁垒"，不得以不合理的条件限制或排斥潜在投标人，制订商务条件、技术规格和合同条款时不得对任何潜在投标人实行歧视待遇，妨碍或者限制公平竞争。

第一，招标文件设置的投标人资格条件应当具有必要性。针对招标项目的实际需求制定招标文件，投标人资格条件应当是实施招标项目必须具备的条件，尽量减少特殊条件要求，不得有针对某一潜在的投标人或排斥某一潜在投标人的规定，不得量身定制投标人资格条件（如必须在本地或本行业、本单位有业绩）。

第二，招标文件不得指明特定的厂家或产品。招标项目的技术规格除有国家强制性标准外，一般应当采用国际或国内公认的标准，不得要求或标明某一特定的生产厂家、承包商或注明某一特定的商标、名称、专利及原产地等。技术规格或其他内容如确实无法准确描述的，可以注明"相当于或优于"或"或同等品"等字样，禁止提及特定专利、商标、型号、原产地或生产厂家，或者虽然没有指明特定的厂家或产品，但暗含排斥潜在投标人的内容。

第三，为了规避招标文件的倾向性问题，招标人应掌握相关产品的技术参数构成和主要指标，必要时开展市场调研，针对档次相当的同类工程、货物或服务，制定基本相同且必须满足的主要技术指标。在招标文件中，当关键性指标确定以后，非关键性指标不宜过细，以免产生技术倾向（即倾向于某制造商的技术标准）。对主流产品的市场情况要跟踪了解，及时掌握最新动态。对某些专业性强、金额大、技术或管理复杂的项目，在发出招标文件前，邀请应用性和理论性兼具的该领域专家审核把关，排除倾向性指标。

第四，对于招标文件中的歧视性条款，投标人可提出异议和投

诉。实践中，招标人通过在招标文件中设置歧视性条款（主要是投标资格条件），排斥潜在投标人，这些规定违反法律规定，自始无效。投标人的投标不因达不到歧视性条款的要求而无效，评标委员会在评标时也不应当将这样的条款作为评判的依据和标准。投标人一旦发现歧视性条款，有权直接向招标人提出异议，要求招标人澄清和修改。若招标人拒绝修改或拒不采纳投标人的意见，投标人有权向有关行政监督部门投诉要求处理。

3. 切合项目实际需求，有针对性地编制招标文件

第一，招标文件的编制必须以项目特点为依托，符合招标项目的特点和需要，全面反映项目实际需求，不符合项目特点和需要的内容不应纳入招标文件。

第二，确保招标文件内容完整规范，可操作性强。招标文件的内容大致可分为四类：一是编写和提交投标文件的规定。载入这些内容的目的是尽量减少投标人由于不清楚如何编写投标文件而处于不利地位或其投标遭到拒绝的可能性。二是投标文件的评审标准和方法。这是为了提高招标过程的透明度和公平性。三是合同条件。主要是商务性条款，有利于投标人了解中标后签订的合同的主要内容，明确双方各自的权利和义务。四是技术要求。招标文件应写明招标人对投标人的所有实质性条件和要求，包括招标项目的内容和技术要求，对投标人的资格条件要求、资格审查标准和投标报价格式，招标文件和投标文件的澄清程序，对投标文件的内容和格式要求，投标保证金，投标的程序、投标截止日期、投标有效期，开标时间、地点，投标文件的修改与撤销的规定，评标标准、方法以及合同条款等，必须一一详细说明，以构成竞争性招标的基础。

第三，招标文件商务部分应公布评标办法、评标标准以及否决投标认定标准和方法。实践中，评标方法大多采用综合评标法，需要事先至少确定综合评分的主要评价因素及其比重或权值。评标标准是专家评审的主要依据，也是确定中标人的重要标准，因此评标标准必须公开、科学、合理。

首先，制定评分标准时，应通过市场调研、专家论证，一般能反映招标项目实际需求，体现投标人优势和特点的都应确定为评分

因素。采用综合评标法时，主要因素包括价格、技术、财务状况、信誉、业绩、服务以及对招标文件的响应程度等。根据招标项目类型不同而各有侧重，如服务类项目就将企业的物质装备、人员状况、业绩作为重要评分因素。尽可能细化评分因素，便于专家评审，也可以将评标专家的自由裁量权限定在合理范围内。

其次，将评标总权重分配到各个评分因素上。权重分配最能反映出招标人的采购意向和偏好，将所有评分因素按重要性进行排序，一般将主要技术性能、质量、安全措施等对招标项目有重大影响的因素作为主要评分因素，其权重应该高些，反之作为非重要评分因素，减少得分权重。

再次，制定评分细则，明确规定各评标因素的得分值。如业绩因素应以一定期间内的实际销售额或合同件数的多少规定相应的得分，而不宜采用"好、一般、较差"等难以客观衡量的主观概念。对技术方案、现场答辩等无法描述或不易客观量化、细化的评分因素，应设定其最低得分值或评分区间，不宜采用"酌情评分"等含糊概念，将评委的自由裁量权控制在最小范围内。对不同评分因素的得分值应进行横向比较，对不合理的进行适当调整或者对评分因素的权重进行重新分配，保证各评分因素的分值相对合理。

第四，招标文件中必须具备详尽的合同条件。一旦招标人对投标人的投标作出承诺，招标人和中标人就应当按照招标文件和投标文件承诺订立书面合同，不允许招标人再与投标人进行实质性谈判。合同文本内容要详尽，实质性内容必须达到一旦定标无需再谈判就可立即依据此合同条件签订合同的标准（当然允许双方就个别细小的操作性条款进行补充，如合同联系人、账号等），以防范合同条件不完备，定标以后在签约阶段再进行谈判甚至不得不改变实质性内容重新商谈、起草合同或者谈判失败、签约不能的风险。

4. 依法设置否决投标条款，内容公开透明

否决投标条件和标准，应在招标文件中详细列明，作为招标文件必备内容，便于投标人对照参考，也作为评标委员会评审的依据。招标投标法律法规规定的关于否决投标的法定情形条款，招标人和投标人都应遵守，一般应载入招标文件，可以起到提醒投标人的作

用。法律也允许在不违反法律法规强制性规定的前提下，在招标文件中自行规定可以否决投标的约定情形（称"约定否决投标条款"），弥补法律空白。但由于约定否决投标条款是招标人制订的，并不一定都合理。因此，招标人在设定投标人资格条件时应注意与招标项目相匹配，不能随意拔高资格条件，不能搞差别待遇和地域、行业歧视。除《招标投标法实施条例》《评标委员会和评标方法暂行规定》和其他部门规章规定的重大偏差外，应慎重增加约定否决投标条款，在兼顾法律效力的基础上尽量降低投标难度，避免与一些真正有竞争力的投标人失之交臂，再者对投标文件过于苛求，也有排斥和歧视潜在投标人的嫌疑，是与《招标投标法》立法目的相悖的。招标文件中可以规定的约定否决投标条款常见情形包括：①投标报价高于最高投标限价的；②曾有过行贿、串标等不良行为记录的；③主要技术参数不符合招标文件要求的，等等。如果设置约定否决投标条款的，必须在招标文件中明确规定，没有规定的不得作为评标依据。

《招标投标法实施条例》第五十一条规定了否决投标的主要情形，即："（一）投标文件未经投标单位盖章和单位负责人签字；（二）投标联合体没有提交共同投标协议；（三）投标人不符合国家或者招标文件规定的资格条件；（四）同一投标人提交两个以上不同的投标文件或者投标报价，但招标文件要求提交备选投标的除外；（五）投标报价低于成本或者高于招标文件设定的最高投标限价；（六）投标文件没有对招标文件的实质性要求和条件作出响应；（七）投标人有串通投标、弄虚作假、行贿等违法行为"。其中上述（五）、（六）情形均需要在招标文件中具体约定，并明确标注，以免任意扩大或发生争议。部门规章对否决投标的情形另有具体规定。在招标文件中应明确标明什么是"实质性要求"、什么是"重大偏差"，以警示投标人提高投标文件质量，也可以为评标委员会认定投标有效与否提供依据。

此外，招标文件应对否决投标条款集中列出。建议对未集中列明的否决投标条款，不作为否决投标的评判依据，以避免招标人在招标文件的不显眼处故意"设雷"以达到某种目的。

5. 按照完整、规范、严谨、准确的要求编制招标文件

第一，确保招标文件的语言表述准确、用词精确，使用的术语要有明确的解释，条款理解不应该有弹性、不得有歧义，这样有利于投标人正确理解并做出更符合招标人要求的响应，同时也可有效防范投标人利用招标文件的错漏采取有针对性的策略给招标人带来的风险，避免因对招标文件理解不一致而发生争议和纠纷。

第二，确保招标文件既要条款完备，也要整体结构完整、内容协调一致。招标文件所包括的投标须知、合同条件、技术条款、投标文件格式等部分内容虽相对独立、各有侧重，但相互之间又存在着必然联系，必须保持在整个招标文件中对同一对象的称谓、同一问题的描述说法一致，才能保证招标文件形成一个协调一致的有机整体。一些项目技术部分委托设计单位分专业编制，商务部分由招标人或招标代理机构编制，文字表述难免出现差异，必须做好统稿工作，防止出现矛盾或遗漏。

第三，确保招标文件内容与招标公告的一致性。招标文件是对招标公告内容的细化和延伸，二者内容应当前后一致，招标人不得在招标文件中随意更改招标公告中已有明确规定的内容。实践中，由于修改或笔误等原因导致了招标公告和招标文件的规定不一致。可考虑在招标文件的投标人资格条件表述中，以"详见招标公告"等方式，指引至招标公告中，以确保一致性。

6. 建立招标文件专家审查制度

招标文件起草完成后应邀请技术、商务、法律等方面专家审查、论证，提高招标文件质量。论证的重点主要有以下三方面：

一是合法性论证，主要论证招标文件是否与相关法律法规相抵触，设定的投标人资格条件是否合适妥当、是否存在歧视性或差别待遇条款，是否存在指定厂家或品牌问题，投标、开标、评标和定标办法是否合法。

二是合规性论证，主要论证招标文件的内容和格式是否符合规范性的要求，招标文件是否标明实质性要求和条件，招标文件规定的各项技术标准是否符合国家强制性标准，招标文件是否规定了澄清或修改的截止时间，招标程序安排是否符合规定等。

三是合理性论证，主要论证招标文件的具体条款是否合理，评标方法和标准是否恰当，投标保证金是否合适，售后服务、合同条款是否合理，招标人和中标人之间的权利义务是否对等。

　　招标文件是决定招标成败的关键文件。《招标投标法实施条例》第八十二条规定，如果依法必须招标项目的招标文件违反法律规定，对中标结果造成实质性影响，且不能采取补救措施予以纠正的，招标、投标、中标无效，应当依法重新招标或者评标。也就是说，招标文件如果存在错漏之处，将直接影响招标活动的顺利进行，甚至导致招标失败。因此，为防范不必要的招标投标法律风险，减少人力与物力成本损失，招标人应严格依据法律法规和招标项目实际编制招标文件，确保内容合法合理，公平公正。

　　（原文载于《招标采购管理》2013 年第 7 期）

招标文件"倾向性"的认定与防范

◎**本文概要** 招标文件中不当的倾向性条件限制、排斥公平竞争。对此，本文分析了招标文件中具有"倾向性"的投标资格条件、技术要求及评标标准等内容及法律规制规则，提出防范招标文件"倾向性"的具体措施。

《经济参考报》曾刊文《××省卫生厅采购招标文件四易其稿仍指定品牌》，被诸多网站转载，引起业界对招标文件"倾向性"的热议。

据该文报道，××省卫生厅计算机、路由器等通用设备政府采购项目的招标文件因遭到近 30 家供应商的质疑而四易其稿，最终的招标文件还是有明显的"指定品牌"倾向性，供应商质疑声不绝。一位参与投标的供应商表示："技术参数中有明显的倾向性。我们业内人一看这个文件，就知道最后谁会中标"。供应商主要质疑三点：

一是台式机采购项目中评分标准规定"分体式计算机的得 2 分，一体机式计算机的得 5 分"；显示器要求 "≥19 寸宽屏液晶显示器，分辨率不低于 1440×900"。但当前主流商用计算机厂商中，唯有一家公司仍然在销售 19 寸小屏幕液晶宽屏显示器，也只有这一家公司在销售这类一体商用机。且，该批次 PC 应用于各乡镇卫生院，使用环境复杂，维护力量弱，从技术上而言更应该使用方便维修的分体式而不是一体式计算机，但招标文件倾向于一体式计算机，令人费解。

二是招标文件规定所投"商用计算机 MTBF（无故障运行时间）<30 万小时的得 2 分，MTBF≥30 万小时的得 5 分"。但只有前述那家唯一厂家的产品标称有 30 万小时的 MTBF，其余主流厂家的标称值均为 10 万小时，明显属于排他性指标。

三是本项目在台式机、打印机、存储、UPS 等多项产品的评分中以 IDC 的销售量排名作为评分依据，比如台式机生产厂商按照 2012 年全年商用计算机市场 IDC 销量排名，第 1 名得 30 分，第 2 名得 20 分，第 3 名得 15 分，其他排名得 5 分，激光打印机按照 2012 年全年激光打印机市场 IDC 销量排名，第 1 名得 25 分，第 2 名得 15 分，第 3 名得 10 分，其他排名得 5 分。这两项评分标准中 IDC 排名得分值的差距太大，这意味着厂商 IDC 销量第一名的价格比第二名、第三名即便高 77%至 100%都可能中标，对销售排名第一名厂商具有极强的倾向性。3 月 17 日发布的招标结果预公告也似乎印证了上述说法，如第六包网络、安全及集成项目中，第一名中选供应商的投标报价为 5798.667 万元，而第三中标候选供应商的投标报价为 3698.57 万元，价格低了整整 2100 万元。

对于该文内容及观点，笔者不予置评，仅对其提出的招标文件（本文中未特指时也包括资格预审文件）的"倾向性"问题进行探讨。

一、招标文件存在"倾向性"的表现形式

招标文件中的投标资格条件、技术要求及评标标准等内容违反法律和行政法规的强制性规定，违反公开、公平、公正和诚实信用原则，限制或排斥市场竞争，是招投标活动中存在的突出问题之一。招标文件常见的"倾向性"条款主要表现为：

（1）在招标文件中明确限定或指定特定的专利、商标、品牌、型号、原产地或者供应商，导致只有唯一的供应商符合要求。如某灯具采购项目规定"采用××品牌电器及光源"，明显歧视其他品牌供应商。

（2）在招标文件中设定的资格业绩、技术参数等条件根据某些供应商的实际情况"量身定做"。主要是将一些与招标项目的具体特点和实际需要不相适应或者与合同履行无关，对招标项目无关紧要的资质、业绩或技术参数设定为必须响应的实质性指标，以区分特定供应商与其他供应商，导致其他供应商不具备这些条件或者为了满足这些条件将要付出更大的成本或放弃投标。如某投影机采购项目，其中一关键参数是要求该投影机含 DVI 高清数字接口，该接口

与笔记本电脑等相连接，并有一定距离限制，但该项目投影机需固定在教室屋顶，距离较长，其接口在实际教学中也用不上，这就以不合理条件排斥了其他品牌产品进入招标范围。

（3）招标文件要求供应商或其产品须符合本行业或同类产品中并非通行的或必须具备的某项认证或标准，从而排斥不具备该认证或标准的投标人参与竞争。

（4）评标因素权重不合理，暗含倾向性。主要是对于各供应商区别不大的评分因素权重设的较小，但对于明显区别的评分因素设置的权重偏大，或者以特定行政区域或者特定行业的业绩、奖项作为评标加分条件或者中标条件，导致其中一两项评分就可以决定某些供应商能否中标。如前文所提的台式机采购项目将 IDC 数据作为销售业绩证明且其评分差距较大，销售第一名可以比第二名即便高大约 77% 至 100% 的价格都有可能中标，这样的评分标准设置"倾向性"十分明显。

上述"倾向性"条款，有可能是招标人有意为之，内定目标供应商或目标产品，并按照其条件"有针对性"地制作招标文件，也可能是招标人对采购项目不熟悉，随意设置采购要求或者走捷径参考、照抄某供应商的条件编制招标文件。但无论什么原因，都会形成"倾向性"，歧视一些投标人，限制、排斥投标或"未招先定"。

二、对招标文件"倾向性"的法律规制

（1）现行法律规定禁止招标文件有"倾向性"。《招标投标法》第二十条规定："招标文件不得要求或者标明特定的生产供应者以及含有倾向或者排斥潜在投标人的其他内容。"《政府采购法》第二十二条规定："采购人可以根据采购项目的特殊要求，规定供应商的特定条件，但不得以不合理的条件对供应商实行差别待遇或者歧视待遇。"《工程建设项目勘察设计招标投标办法》第二十三条规定："投标人在投标文件有关技术方案和要求中不得指定与工程建设项目有关的重要设备、材料的生产供应者，或者含有倾向或者排斥特定生产供应者的内容。"《工程建设项目施工招标投标办法》第二十六条规定："招标文件规定的各项技术标准应符合国家强制性标准。招标

文件中规定的各项技术标准均不得要求或标明某一特定的专利、商标、名称、设计、原产地或生产供应者，不得含有倾向或者排斥潜在投标人的其他内容。如果必须引用某一生产供应者的技术标准才能准确或清楚地说明拟招标项目的技术标准时，则应当在参照后面加上'或相当于'的字样。"《工程建设项目货物招标投标办法》第二十五条规定："招标文件规定的各项技术规格应当符合国家技术法规的规定。招标文件中规定的各项技术规格均不得要求或标明某一特定的专利技术、商标、名称、设计、原产地或供应者等，不得含有倾向或者排斥潜在投标人的其他内容。如果必须引用某一供应者的技术规格才能准确或清楚地说明拟招标货物的技术规格时，则应当在参照后面加上'或相当于'的字样。"《评标委员会和评标方法暂行规定》第十七条规定："招标文件中规定的评标标准和评标方法应当合理，不得含有倾向或者排斥潜在投标人的内容，不得妨碍或者限制投标人之间的竞争。"这些规定都属于法律上的禁止性规定。

（2）在投标之前，招标文件有"倾向性"的，招标人可以修改纠错，投标人可以提出异议或投诉。招标人可以修改招标文件消除"倾向性"条款。《招标投标法实施条例》第二十一条规定："招标人可以对已发出的资格预审文件或者招标文件进行必要的澄清或者修改。澄清或者修改的内容可能影响资格预审申请文件或者投标文件编制的，招标人应当在提交资格预审申请文件截止时间至少3日前或者投标截止时间至少15日前，以书面形式通知所有获取资格预审文件或者招标文件的潜在投标人；不足3日或者15日的，招标人应当顺延提交资格预审申请文件或者投标文件的截止时间。"

投标人认为招标文件存在倾向性的，可以提出异议要求纠正。《招标投标法实施条例》第二十二条规定："潜在投标人或者其他利害关系人对资格预审文件有异议的，应当在提交资格预审申请文件截止时间2日前提出；对招标文件有异议的，应当在投标截止时间10日前提出。招标人应当自收到异议之日起3日内作出答复；作出答复前，应当暂停招标投标活动。"也就是说，潜在投标人或投标人认为招标文件中可能存在"倾向性"，限制、排斥潜在投标人或实行歧视待遇，均可以提出异议。招标人应予以核实并及时答复。招标人未予答复或异议人对答复意见不满意，还可以根据《招标投标法实施条例》第六十条规定向招标投标行政监督部门投诉，请求查处。

对于政府采购项目，按照《政府采购法》第五十二条—第五十八条规定，供应商认为采购文件有倾向性使自己的权益受到损害的，可以向采购人或采购代理机构提出质疑，采购人应当核实答复。质疑供应商对答复不满意或者采购人、采购代理机构未在规定的时间内作出答复的，可以向同级政府采购监督管理部门投诉。投诉人对投诉处理决定不服或者政府采购监督管理部门逾期未作处理的，还可以申请行政复议或者向人民法院提起行政诉讼。

（3）提交资格预审申请文件或投标文件截止时间之后发现有"倾向性"的，应当重新招标。《招标投标法实施条例》第二十三条规定："招标人编制的资格预审文件、招标文件的内容违反法律、行政法规的强制性规定，违反公开、公平、公正和诚实信用原则，影响资格预审结果或者潜在投标人投标的，依法必须进行招标的项目的招标人应当在修改资格预审文件或者招标文件后重新招标。"该条适用条件包括资格预审文件和招标文件违反了法律法规中使用了"应当""不得""必须"等字样的强制性规定，如《招标投标法》第二十条即是。违反强制性规定的，招标人应当修改资格预审文件、招标文件后重新招标。如果在评标阶段甚至定标或中标通知书发出之后发现的，根据《招标投标法实施条例》第八十二条规定办理，即"依法必须进行招标的项目的招标投标活动违反招标投标法和本条例的规定，对中标结果造成实质性影响，且不能采取补救措施予以纠正的，招标、投标、中标无效，应当依法重新招标或者评标。"

对于政府采购项目，《政府采购供应商投诉处理办法》第十八条规定："财政部门经审查，认定采购文件具有明显倾向性或者歧视性等问题，给投诉人或者其他供应商合法权益造成或者可能造成损害的，按下列情况分别处理：（一）采购活动尚未完成的，责令修改采购文件，并按修改后的采购文件开展采购活动；（二）采购活动已经完成，但尚未签订政府采购合同的，决定采购活动违法，责令重新开展采购活动；（三）采购活动已经完成，并且已经签订政府采购合同的，决定采购活动违法，由被投诉人按照有关法律规定承担相应的赔偿责任。"

（4）招标人故意设置倾向性条款，"未招先定"，限制或者排斥投标的，应承担相应法律责任。《招标投标法》第五十一条规定："招标人以不合理的条件限制或者排斥潜在投标人的，对潜在投标人实行歧视待遇的，强制要求投标人组成联合体共同投标的，或者限制投标人之间竞争的，责令改正，可以处一万元以上五万元以下的罚款。"《政府采购法》第七十一条规定："采购人、采购代理机构有下列情形之一的，责令限期改正，给予警告，可以并处罚款，对直接负责的主管人员和其他直接责任人员，由其行政主管部门或者有关机关给予处分，并予通报：……（四）以不合理的条件对供应商实行差别待遇或者歧视待遇的"。

三、防范招标文件"倾向性"的措施

招标人一定要遵照"三公"和诚实信用原则，遵守法律强制性规定，依法编写招标文件，严格防范带有"倾向性"的资格条件、技术参数要求或评标标准。

一是要加强市场调研。组织专人开展市场调查，了解采购项目的基本资质、业绩要求、技术参数构成和关键技术指标，了解现行法律法规和技术标准对供应商或产品的基本要求（如建筑企业资质条件、产品认证规定），掌握能够完成采购项目的同类供应商所具有的通行、必备的关键技术指标和资格条件。在确定了这些基本要求的前提下再编写招标文件，有利于剔除歧视性条款。

二是在编制技术参数要求时，应采纳同档次产品的主要性能指标、各供应商都能满足的必备技术条件以及同行业通行的技术标准等。重点规定决定招标项目的关键性指标，非关键性指标不宜过细。技术参数可以是一个数值范围，可采用"大于等于"或"在某某幅度内"一类的措辞，最好不指定某一具体数据。设定的技术参数保证至少有三家以上潜在的供应商能满足。

三是设定的供应商资格条件要符合招标项目实际。投标资格条件"门槛"要与采购项目性质、规模、市场竞争态势及技术复杂程度相匹配，不得提出不符合项目实际要求的资格条件，需要设置特殊条件的，理由要适当充分，有其合理性。如某信息系统开发项目，要求供应商必须在本地设立分支机构，就失去合理性。还要注意不得指明具体的厂商或者品牌，如果必须引用某一品牌或供应商才能准确或清楚地说明招标项目的技术标准和要求时，则应当在引用的参照品牌或供应商名称后面加上"或相当于（或优于）"的字样，确保市场上有足够数量可供选择的同类产品或供应商参与竞争。

四是合理设定评标方法和评标标准。根据不同的项目性质，选择合适的评标方法。评标因素应能反映出采购项目的关键技术指标和必备资质、业绩等商务条件，应根据其对招标项目的影响主次程度合理设定各项评标因素的得分权重及区间，防止极少数或不重要的评分因素就能决定谁中标，确保评标结果的公正性。

五是邀请专家评审。招标文件拟定后，请有关行业内的专家论证审查，重点审查采购项目技术参数是否存在倾向性，资质、业绩等商务条件是否符合采购项目实际，评标标准设置是否合理，是否存在技术陷阱，排除倾向性指标。

（原文载于《中国招标》2014 年第 15 期）

浅议招标文件中否决投标情形的设计与法律效力
——兼论合格投标人资格条件的合理约定

◎**本文概要**　招标文件设定的否决投标情形对招标结果有实质性影响。本文分别对法定否决投标情形和约定否决投标情形进行梳理，重点从投标人资格条件设定和其他重大偏差设定两方面分析了约定否决投标情形的设定规则。

根据招标投标法律规定，如投标文件未能对招标文件进行实质性响应，将构成重大偏差，评标委员会应当否决该投标。《评标委员会和评标办法暂行规定》中规定了属于重大偏差的几种具体情况，明确了"不符合招标文件中规定的其他实质性要求"的也可以构成重大偏差。前述规定从法律层面赋予了招标人有权事先在招标文件中设置法定重大偏差以外的其他实质性要求的权利。实践中，我们通常将招标过程中的否决投标情形划分为"法定否决投标情形"和"约定否决投标情形"。

一、法定否决投标情形

目前，我国招标投标法及其配套法规对于法定的否决投标情形有比较明确的规定，如《招标投标法实施条例》（本文简称《条例》）第五十一条规定："有下列情形之一的，评标委员会应当否决其投标：（一）投标文件未经投标单位盖章和单位负责人签字；（二）投标联合体没有提交共同投标协议；（三）投标人不符合国家或者招标文件规定的资格条件；（四）同一投标人提交两个以上不同的投标文件或者投标报价，但招标文件要求提交备选投标的除外；

（五）投标报价低于成本或者高于招标文件设定的最高投标限价；

（六）投标文件没有对招标文件的实质性要求和条件做出响应；

（七）投标人有串通投标、弄虚作假、行贿等违法行为。"《条例》属于行政法规，具有较高的法律效力层级，即使招标文件未就法定否决情形进行规定，评标委员会仍有权对投标人的法定重大偏差情况做出判断，并做出否决投标的评价。但是，为防止投标人因缺乏投标经验影响投标响应质量，笔者建议招标人在编制招标文件时仍应将法定否决投标情形在招标文件中予以明确，并进行重点提示，以促使投标人更好地对招标文件进行充分响应，降低招标失败的风险。

此外，其他一些部门规章如《评标委员会和评标方法暂行规定》第二十五条、《工程建设项目施工招标投标办法》第五十条、《工程建设项目货物招标投标办法》第四十一条、《工程建设项目勘察设计招标投标办法》第三十六条、第三十七条等都对应予否决的情形进行了明确的规定。

但是，鉴于前述规定均为部门规章，在我国的司法实践中并不能被直接适用，只有根据审理案件的需要，经人民法院审查认定为合法有效的，才能作为裁判说理的依据。笔者建议，为避免发生争议，招标人应在招标文件中就前述部门规章的否决投标情形进行约定，或至少明确招标文件适用的部门规章名称。

二、约定否决投标情形

实践中，招标人无论是从较高的管理要求出发还是从招标项目本身的工期、技术以及较高的安全性能要求考虑，都需要对具体招标项目提出针对性的特殊要求。而这些要求中最重要、最核心，对招标结果影响最大的莫过于是对否决投标情形的设定。因此，招标人应首先知晓自己在哪些方面，就哪些内容得以行使"意思自治"，并通过设置合适的条件、要求来选出最符合招标人期望的、质高价优的产品或服务。

为实现前述目标，经笔者梳理，招标人"有权"在以下两个方面对招标的实质性条件进行充分设定，一是对于合格投标人资格条件的设定；二是对其他"重大偏差"进行特殊性规定。当然，招标人对二者进行设定时不得违反公平、公正、公开和诚实信用等基本原则以及《招标投标法》第十八条的规定，既不得以不合理的条件限制或者排斥潜在投标人，也不得对潜在投标人实行歧视性待遇。下文分别对资格条件的设定和其他重大偏差的设定这两个方面展开具体的分析。

（一）资格条件的设定

招标投标法律规定，投标人不符合国家或者招标文件规定的资格条件的，其投标将被否决。资格条件作为对投标人的门槛要求，是对投标人的基础性要求。招标人可根据招标项目特点自行设置资格条件的具体内容。在实践中，招标人在设置资格条件时通常在以下几个方面进行考虑：对投标人主体身份的要求、资质等级要求、同类型业绩要求以及其他特殊要求（如型式试验报告的要求、ISO 9001质量体系认证的要求等）。我们将在本节对前述资格条件要求的合法性以及合理设置进行逐一分析。

1. 对投标人组织形式的要求

根据《条例》规定，依法必须进行招标的项目非法限定潜在投标人或者投标人的所有制形式或者组织形式的，属于以不合理条件限制、排斥潜在投标人或者投标人。因此，除非招标项目本身对于投标人的资质有法定要求（比如施工资质、设计资质等），招标人在设定资格条件时不应再限定投标人的所有制形式或其组织形式，否则招标人可能会受到相应的行政处罚。对此，建议招标人可就投标人的主体资格进行兜底性的描述方式，可参考"投标人须具备法定的主体资格条件"的描述方式。

2. 更高的资质要求

在实务工作中，一些大型的集团企业，它们对于类似的服务、设备、材料通常采用集中"打捆"的方式进行集中招标，规模化的招标采购不仅有利于降低采购成本，还有利用招标人通过规模优势取得更优惠的价格。目前，该种模式的开展已十分广泛。在集中招标采购模式下，标包的金额增大，投标人的来源更广泛，招标产品或服务的适用范围和影响也更深入。对此，招标人往往会提出更高的技术标准、同类型业绩等资格条件。

对投标产品的销售业绩要求属于实践中最为常见的一种制度设计。招标人通过考察投标人以往的业绩情况，以期能综合了解到投标人的生产能力、销售能力、市场占用情况、市场分布格局、履约情况等一系列的潜在信息。在此，如能进一步要求投标人提供与招标项目同类型的业绩则更具有针对性和合理性。但是，对于依法必须进行招标的项目以特定行政区域或者特定行业的业绩、奖项作为加分条件或者中标条件的做法已被《条例》所明确禁止。因此，招标人如不分情况一律采用"同类型业绩"的资格要求可能会在实质上构成对投标人"特定行业"的限定，从而面临一定的法律风险。具体分析如下：①对于设备、材料等物资的招标采购，招标人设定同类产品业绩的资格要求并无法律障碍，因为在此针对的是具体的招标产品，并不直接涉及相关的行业；②对于施工、勘察、设计、监理等非物资的招标采购，则需要区分项目是一般性工程还是专业性工程，以及该工程是否需要特殊的准入资质要求。具体而言，如果招标项目仅为一般的工程，其实施并不需要特殊专业资质，则招标人提出"同类型业绩"的要求很可能被认定为变相的限定特定行业业绩，可能因此受到行政监管部门的行政处罚。如果招标项目为专业工程，依法必须由专业资质企业方可实施，则招标人要求投标人提供专业资质范围内相应的业绩应被允许。

笔者认为，招标人在设定同类型业绩的资格条件时，应格外关注是否可能在实质上属于对特定行业的限定，并谨慎适用。

3. 其他资格条件

招标人还可以设定其他一些资格要求，例如，ISO 9001质量体系认证的要求、型式试验报告的要求等内容，在此，笔者认为招标人在设置类似要求时应着重关注以下几点：①不应限定质量体系认证或者检验报告的出具机构；②不应以特定行政区域或者特定行业的业绩、奖项作为加分条件或者中标条件；③不应限定或者指定特定的专利、商标、品牌、原产地或者供应商；④应注意设定的资格条件与招标项目的具体特点和实际需要基本相适应。

（二）其他"重大偏差"的设定

1. 报价偏差

投标人的报价应具有唯一性，如此方能实现投标人间的价格比较。《条例》规定，同一投标人提交两个以上不同的投标文件或者投标报价的（但招标文件要求提交备选投标的除外），评标委员会应否决其投标。此外，如投标人的投标报价超出最高投标限价或者低于成本价的，也应被否决。除了以上法定否决事项，招标人还可以将以下情形列为重大偏差：

（1）对于综合单价承包的招标项目，若投标人投标报价中未按照招标工程量给出项目和工程量进行报价，擅自改变项目或工程量（包括漏项、增项）的。

（2）未按招标人提供的项目及金额（未按暂列金额、暂估价、准备金、备用金等要求进行填写）进行报价的。

（3）报价文件未按国家法律法规规定填报增值税税率的。

（4）投标人的投标价格出现数值与货币单位不对应，如把招标文件中报价单位的"万元"当成"元"进行报价。

（5）经过招标文件规定的价格公式计算后，因投标报价过于偏离平均基准报价，导致该投标人的价格分为0（甚至是负数），招标文件规定该种情形为无效报价应予否决的（或其他无效报价情形）。

2. 工期/交货期偏差

工期问题是工程建设项目的核心问题，也是招标人非常关注的问题。尤其是对于一些关乎公共安全和利益（如供水、供电、供气等）的项目，即使存在一天的工期延误都可能对招标人和社会公共利益产生巨大的影响。因此，笔者认为，招标人有权不接受投标人就工期提出的任何偏差。换言之，招标人可将投标人就工期提出的任何偏差均视为重大偏差并作否决投标处理。当然，招标人也可以从招标项目的具体特点和实际需要出发，科学地判断并设定工期/交货期偏差的合理范围，以降低招标失败的风险。

3. 服务/供货范围偏差

实践中，对于投标人对服务/供货范围的响应偏差不外乎以下三种情况：一是漏报，二是多报，三是错报。曾有这样的案例，某投标人投标时多报了一台设备，因招标文件并未将投标人对供货范围的偏差作为否决因素，因此该投标人经综合评审得分最高并幸运地成为中标人。根据招标投标法律规定，招标人与投标人之间不得再就合同内容进行实质性的修改或调整，招标人最终只能多采购一台设备。通过前述案例，我们可以得知，投标人对服务/供货范围的偏差响应，将对最终的招标结果造成非常大的影响，如果约定不清也很容易在履约阶段产生争议。对此，笔者建议，对于投标人的错报情形，招标人应将其列为重大偏差予以否决。但是，对于是否将投标人的漏报、多报的情况作为重大偏差予以否决投标，则需要由招标人根据项目具体情况自行权衡决定。如允许漏报、多报的偏差，招标人应注意将漏报部分的价格是否已包含在总报价中以及如何计算漏报投标人的价格得分在招标文件中进行明确。对此，招标人可参考以下描述："对于投标范围内的缺漏项，将按本批招标其他投标人响应项目的最高报价计算评标价得分"以及"对于投标范围内的缺漏项以及相应的价格，已包含在投标人的其他报价项目中，招标人对此不再另行支付。"

4. 合同内容偏差

在投标响应时，投标人可能会对招标文件合同条款提出一定的商务差异，比如，对于合同的支付方式差异、合同验收标准和要求的差异、合同违约责任的差异等。因此，招标人应首先分析，对于合同条款可让步的余地有多少，能够接受投标人提出的哪些合同偏差。如不能接受，则应在招标文件中予以事先明确。

5. 重要技术参数、规格、型式等要求偏差

招标文件的技术要求通常在技术文件部分进行规定，招标人可以在该部分进行比较充分地发挥，例如，招标人既可以提出一些特殊的技术参数要求，甚至可以提出高于国标的技术标准。在此，笔者将实务中技术规范部分经常出现的问题总结如下，希望引起招标人的关注：

（1）技术规范部分常出现对招标产品的核心元器件或其他配件甚至招标产品本身指定特定的专利、商标、品牌、原产地或者供应商。

（2）技术规范部分并未明确哪些技术参数和要求为重要技术要求，由此可能导致在评标阶段，评标委员会专家无法统一评标标准，并进而对评标质量造成影响。

（3）技术规范引用的某些制度、规则通过公开渠道投标人无法获取。

（4）技术规范中规定投标人应遵守某些特殊的技术要求或需要进行特殊的技术响应，并且规定如未响应则属于重大偏差将被否决投标。

（5）技术规范本身的规定前后存在不一致，亦未声明以哪项规定为准。

（6）技术规范中规定了低于国家标准的技术要求。

对于前述情况，应引起招标人的重点关注，建议招标人在编制技术规范时加强对技术规范的合法性审核，同时招标人也应善于利用通过"技术手段"实现最期望的招标目标。

三、总结与建议

目前，我国招投标活动已日趋普及，招投标领域不断地扩大，并成为经济生活的重要内容。同时，我国招标投标法律体系也在不断地健全完善，2012年2月1日《条例》开始实施。2013年5月1日，国家发展改革委、工信部、财政部、住房城乡建设部等九部门联合发布23号令对《招标投标法》实施以来的规章与规范性文件做了全面清理。前述法规规章的密集出台对规范招投标活动、有效约束招投标当事人的行为起到了重要作用。

笔者始终认为，招标投标法律并非为了限制招标人作为市场主体的活力，其立法目的恰恰是为了促进市场的公平竞争与活力。因此，招标人在采用招标方式采购时，可以从招标项目的具体特点和实际需要出发，通过设定一定的资格条件、商务以及技术条件实现性价比最高的采购目标。

（原文载于《招标采购管理》2016年第9期）

结合最新司法解释谈国内招投标中
独立保函条款的编制

◎**本文概要**　最高人民法院关于独立保函的司法解释明确了独立保函的性质、范围和交易规则，建议招标人以此为据完善适用于国内招投标的独立保函条款，并提出了招标文件中独立保函条款的编制建议。

在招投标过程中，为了维护自身权益，招标人往往会要求投标人提交投标保证金，要求中标人提交履约保证金或质量保证金。保函引入了金融机构的信用可以减少投标人、中标人的资金占用，因此受到招投标各方当事人的欢迎，成为提交保证金的重要方式。《国务院办公厅关于清理规范工程建设领域保证金的通知》也明确要求，对保留的投标保证金、履约保证金、工程质量保证金、农民工工资保证金，推行银行保函制度。

源自国际工程的独立保函，由于具备见索即付、独立于基础关系等特征，对于维护招标人等受益人的利益十分有利。近日，最高人民法院发布了《关于审理独立保函纠纷案件若干问题的规定》（本文简称"独立保函司法解释"），厘清了关于独立保函的一些长期存在争议的问题，明确了独立保函相关纠纷的处理规则，有必要认真加以研究并以此为依据编制适用于国内招投标的独立保函条款，以便在国内招投标中进一步推广使用独立保函，维护招标人的合法权益。

一、独立保函司法解释的三个"明确"

一是明确了独立保函的性质是承诺而不是保证。对于保函，有观点认为其性质是由银行等金融机构作为保证人提供的保证担保，应适用《担保法》规定。但是，如果依据《担保法》规定的保证的从属性，保证人可以行使基于基础交易的抗辩权，独立保函的"独立"将名存实亡。独立保函司法解释第一条第一款规定，"独立保函，是指银行或非银行金融机构作为开立人，以书面形式向受益人出具的，同意在受益人请求付款并提交符合保函要求的单据时，向其支付特定款项或在保函最高金额内付款的承诺"；第三条第三款规定，"当事人主张独立保函适用担保法关于一般保证或连带保证规定的，人民法院不予支持"。这两条规定明确了独立保函是开立人的承诺而非保证，不属于《担保法》规定的法定担保方式，为其使用排除了法律障碍。

二是明确了独立保函适用于国内交易活动。由于独立保函的付款责任严厉，加之存在认为国内保函属于《担保法》规定的担保方式并具有从属性的观点，因此对于独立保函在国内交易中是否适用也有争议。独立保函司法解释第二十三条规定，"当事人约定在国内交易中适用独立保函，一方当事人以独立保函不具有涉外因素为由，主张保函独立性的约定无效的，人民法院不予支持"。该条款解决了这一争议，为在国内招投标中使用独立保函创造了良好的司法环境。

三是明确了独立保函的独立性和单据性交易规则。由于独立保函是独立于基础交易的开立人的承诺，因此其交易规则不同于保证人承担保证责任，而是与商业跟单信用证基本相同。独立保函司法解释第六条规定，"受益人提交的单据与独立保函条款之间、单据与单据之间表面相符，受益人请求开立人依据独立保函承担付款责任的，人民法院应予支持。开立人以基础交易关系或独立保函申请关系对付款义务提出抗辩的，人民法院不予支持"。该条款为受益人获得快捷、确定的付款提供了法律保障。

以上三个"明确"，对于招标人利用独立保函这一工具更好地维护自身合法权益是重大"利好"。需要注意的是，目前实践中使用的招标文件中所附的投标保函、履约保函格式虽然有开立人在规定情形下无条件支付的条款表述，但并未明确是独立保函，可能仍被认为是保证担保，无法享受上述"利好"。因此，笔者建议增加独立保函格式供招标人选用，以利于独立保函在国内招投标中的使用。

二、招投标相关独立保函的条款编制建议

根据独立保函司法解释第三条第一款规定，保函只要载明据以付款的单据和最高金额，且具备以下情形之一，即可认定其性质为独立保函：①保函载明见索即付；②保函载明适用国际商会《见索即付保函统一规则》等独立保函交易示范规则；③根据保函文本内容，开立人的付款义务独立于基础交易关系及保函申请法律关系，其仅承担相符交单的付款责任。

在国家发展改革委制定发布的《标准施工招标文件》（简称"标准文件"）提供的投标保函和履约保函两类保函格式中，分别有"收到你方书面通知后，在 7 日内无条件向你方支付人民币（大写）＿元"、"在本担保有效期内，因承包人违反合同约定的义务给你方造成经济损失时，我方在收到你方以书面形式提出的在担保金额内的赔偿要求后，在 7 天内无条件支付"等体现见索即付、独立于基础交易关系及保函申请法律关系等特征的条款，在此基础上，笔者建议从以下几个方面进行完善，以形成条款完备的独立保函格式。

一是修改含有"担保"、"保证"字样的表述。标准文件中的保函格式将出具保函的金融机构称为"担保人"，将其在保函项下的义务表述为"保证"、"承担保证责任"或"提供担保"。由于独立保函司法解释已明确了独立保函不是保证，不属于《担保法》规定的法定担保方式，因此在独立保函中使用上述表述不够准确，笔者建议按照独立保函司法解释的表述，将出具保函的金融机构称为"开立人"，将其在保函项下的义务表述为"承诺"、"承担付款责任"，这样既能保证表述规范，又可防止开立人以表述为由主张保函属于保证担保及相关抗辩权，导致招标人行使权利受阻。

二是根据实际增加受益人可提交的单据种类。标准文件中的保函格式仅将"书面通知"或"以书面形式提出的在担保金额内的赔偿要求"规定为受益人要求开立人承担责任时提交的材料。可参考独立保函司法解释第二条"单据，是指独立保函载明的受益人应提交的付款请求书、违约声明、第三方签发的文件、法院判决、仲裁裁决、汇票、发票等表明发生付款到期事件的书面文件"的规定，

结合独立保函规定的开立人承担付款责任的各种情形，适当增加可作为受益人行使权利依据的单据种类，便利受益人更加主动地实现独立保函项下权利。

三是明确相符交单的审核标准。单据性是独立保函的重要特征，即以受益人提交的单据与独立保函条款、单据与单据之间在表面上相符作为开立人承担付款责任的唯一条件。因此，如果开立人与受益人对是否构成相符交单的认定不一致，开立人认为交单不符，受益人权利将无法实现。且根据独立保函司法解释第七条规定，如独立保函未载明审单标准，可以参照适用国际商会确定的相关审单标准，而该标准主要针对国际工程或贸易，可能与国内招投标的实际并不相符。因此，有必要在独立保函条款中明确审单标准，避免产生争议或其他妨碍受益人权利实现的情况发生，使独立保函的快捷性优势能够得到切实发挥。

（原文载于《招标采购管理》2017年第2期）

招标文件发售费用 ≠ 招标文件编制费用

◎**本文概要**　本文提出招标文件发售费用和编制费用在针对对象、确定原则、支付主体等方面存在区别，招标代理机构应按照成本确定发售费用，遵循价格法收取编制费用，保证收费行为合法合规。

在实践中，投标人向招标代理机构获取招标文件时，一般需要缴纳一定费用，即招标文件发售费用，也俗称"标书款"、"标书费"。同时，《招标代理服务费收费管理暂行办法》（计价格〔2002〕1980号，已废止）和《国家发展改革委关于进一步放开建设项目专业服务价格的通知》（发改价格〔2015〕299号）都明确招标代理服务收费包括招标文件编制费用（含编制资格预审文件和标底的费用）。招标文件发售费用和编制费用都是招标代理机构收取的与招标文件相关的费用，但二者存在区别，不能混为一谈。

一、招标文件发售费用和编制费用的区别

（一）针对对象不同

《招标投标法实施条例》第十六条规定，招标文件发售费用"应当限于补偿印刷、邮寄的成本支出，不得以营利为目的"，国家发展改革委编写的《招标投标法实施条例释义》针对此条规定还明确说明发售费用不包括编制成本、评审费用，由此可见，招标文件发售费用纯粹是对招标文件发售行为本身支出成本的补偿。

招标文件编制费用是指招标代理机构针对其提供的组织招标文件编制评审会议、支付招标文件编制专家劳务费、招标文件统稿等与招标文件编制活动相关的服务所收取的费用，是招标代理机构提供的与招标文件编制相关的招标代理服务在其营业收入上的体现。

（二）确定原则不同

招标文件发售费用是对招标文件印刷、邮寄成本的补偿，不是营利性收入，因此其确定应以保本为原则，招标代理机构不能通过发售招标文件谋取利润。

招标文件编制费用属于招标代理服务费范畴，属于服务价格，在国家发展改革委放开招标代理服务收费并实行市场调节价后，应由招标代理机构根据《价格法》及其他价格相关法律法规中关于中介机构提供有偿服务收取费用的定价原则和依据自主确定，其本身也是招标代理机构作为企业通过经营活动所获得的营利性收入的组成部分。

（三）支付主体不同

招标文件发售费用由任何要求购买招标文件的潜在投标人支付，而不论该投标人是否实际投标或最终中标。

招标文件编制费用作为招标代理服务费的组成部分，可以由招标人支付，也可以参照《国家发展改革委办公厅关于招标代理服务收费有关问题的通知》中"招标代理服务费用应由招标人支付，招标人、招标代理机构与投标人另有约定的，从其约定"的规定，通过招标文件的明确规定，由中标人支付。

二、区分招标文件发售费用和编制费用的意义

区别招标文件发售费用和编制费用的意义，主要在于在实践工作中要根据上文分析的三点不同，相应采取不同的方式确定、收取这两类费用，保证招标代理机构业务开展和收费行为的合法合规。

（一）严格按照成本确定招标文件发售费用

招标文件发售费用不得以营利为目的，这就要求招标代理机构必须以印刷、邮寄成本的一部分为限确定招标文件发售费用，而不是按照经营性价格"成本加合理利润"的定价原则来确定，也不能以招标项目规模大小、重要程度、竞争情况等其他因素作为确定依据，更不能将招标文件编制的成本转嫁到发售费用中。此外，一些地方政府或相关部门制定颁布过对招标文件发售费用进行限制的规范性文件，如北京市发展改革委《关于进一步明确招标代理服务收

费标准的通知》规定：出售招标文件，单项合同估算价 1000 万元以下（含 1000 万元），200 元/份；1000 万元至 5000 万元（含 5000 万元），300 元/份；5000 万元至 1 亿元（含 1 亿元），350 元/份；1 亿元以上，400 元/份。根据上文分析，招标文件发售费用不属于招标代理服务费，因此上述规定不属于"与《国家发展改革委关于进一步放开建设项目专业服务价格的通知》相抵触的规定"，仍然有效，但招标代理机构仍应注意遵守，不得超过上述标准和仅允许收取印刷、邮寄费的规定收取招标文件发售费用。

（二）遵循价格法律法规收取招标文件编制费用

《价格法》第二条规定："服务价格是指各类有偿服务的收费"，第十五条规定："各类中介机构提供有偿服务收取费用，应当遵守本法的规定"。招标文件编制费用作为招标代理服务费的一部分，本质上是招标代理机构作为中介机构所提供的招标文件编制服务的价格，其收取应遵循有关价格的法律法规。《价格法》第七条、第八条、第九条规定，经营者定价，应当遵循公平、合法和诚实信用的原则，定价的基本依据是生产经营成本和市场供求状况，应当根据其经营条件建立、健全内部价格管理制度，准确记录与核定商品和服务的生产经营成本，不得弄虚作假。全国人大法工委编写的《价格法释义》针对中介机构的收费行为，提出"中介机构应建立健全其内部制度，提供与服务和收费相关的全面信息，做好记录，按政府价格主管部门的规定明码标价，注明服务的项目、收费标准等有关情况。不得在标价之外收取任何未予标明的费用"。招标代理机构应按照上述规定要求，加强精益管理，细化招标文件编制的各个工作环节，实现招标文件编制成本的准确核算，为编制费用的确定提供充分依据。

招标代理机构还需要注意提升招标文件编制服务的技术含量和内在价值，在组织文件编制会议等程序性工作之外，提供其他增值服务，如提出资格业绩条件、评审办法、技术规范等方面的建议，提供市场格局和潜在投标人分析等文件编制背景材料，争取通过优质的服务收取较高的文件编制费用，避免恶性低价竞争，提高自身经营效益。

（原文载于《招标采购管理》2016 年第 3 期）

招投标资格预审阶段的法律性质探究

◎**本文概要** 本文对当前资格预审阶段法律性质的几种观点与瑕疵进行辨析，基于资格预审阶段是一个特殊性质的订约过程认识，界定了资格预审阶段三种文书的法律属性。

实行资格预审的招标项目，在招标人发出要约邀请（即招标文件）之前，还存在着一系列的过程和环节，当事人会收到或发出各种相应文书，并由此产生一定后果。如何认识资格预审阶段一些重要环节的法律属性，进而判断这些文书的法律效力，并对违规行为作出定性和归责，是招投标活动当中一个十分现实的问题。笔者不避浅薄，斗胆就此问题作一粗浅探讨，以期带来更多的关注和思考。

一、关于资格预审阶段法律性质的几种观点与瑕疵

与一般招标项目不同，实行资格预审的招标项目，在招标人向投标人发出投标邀请书和招标文件之前，还有一个资格预审阶段。资格预审阶段一般包含以下过程：招标人发布资格预审公告和资格预审文件—潜在投标人编写资格预审申请文件—潜在投标人递交资格预审申请文件—招标人或评审小组评审资格预审申请文件—招标人向经评审合格的潜在投标人发出资格预审合格通知书，并告知获取招标文件的时间、地点和方法。

这个过程实际上是一个对潜在投标人的遴选过程，先后产生了三种相应文书：资格预审公告及文件、资格预审申请文件、资格预审合格通知书（投标邀请书）。

关于资格预审阶段的法律属性，业内人士大致有以下三种观点，其中不乏可取之处，但也或多或少都还存在一些瑕疵。

第一种观点认为整个资格预审阶段都属于要约邀请阶段。持这

种观点的理由是：只有递交了投标文件才进入要约阶段，而在这之前的阶段都属于要约邀请阶段。

据此理解，资格预审阶段的所有文书也都应当定性为要约邀请。而我们知道，在资格预审阶段，资格预审公告及文件、资格预审申请文件、资格预审合格通知书三种文书发出时间不同、发出和接收的对象不同、性质也不尽相同，把三种文书都定性为要约邀请，显然不太合理。

第二种观点认为资格预审阶段不属于要约邀请阶段。其理由是资格预审是招标人为了排除不合格的投标人、提高招标工作效率而采取的一种措施，只是要约邀请之前的"前奏"。在招标投标活动中，只有发出了投标邀请书及招标文件才进入要约邀请阶段，因而在这之前的资格预审阶段不属于要约邀请阶段。

这种理解，等于把招标人在资格预审阶段发出的资格预审合格通知书也定性为非要约邀请了。而在招投标实践中，资格预审合格通知书和投标邀请书是同一份文书，由此就产生了一个自相矛盾的结论：投标邀请书（即资格预审合格通知书）既是要约邀请，又不是要约邀请。

第三种观点认为对资格预审阶段的定性属于"法律盲区"。其理由是在《合同法》等相关法律上，找不到与其相对应的程序及属性特征，是一个"法律盲区"。

在资格预审阶段的整个流程中，招标人发出资格预审公告及文件、潜在投标人递交资格预审申请文件、招标人向潜在投标人发出投标邀请书，都将产生一定的法律后果。假设这一阶段属于"法律盲区"，由于无法对其行为和结果定性，那么招标人和潜在投标人在这一阶段的违规行为、不诚信行为将很难得到追究，也有悖常理。

二、资格预审阶段可以看成是一个特殊性质的合同的订立过程

招标投标和拍卖一样，都是通过竞争活动来订立合同的一种方式。这种方式虽然在程序和形式上表现出一定的特殊性，但其步骤大体上与《合同法》中合同订立的步骤存在着相互对应关系。

一般招标项目的操作流程与合同订立步骤之间的相互对应关系十分明显：招标公告及文件属于要约邀请，投标文件属于要约，而中标通知书则属于承诺。

那么，是否也能以合同的订立步骤的思路来对照研究资格预审阶段的各个环节，进而对各种相应文书进行法律定性与归责呢？笔者认为：采用资格预审方式的招标项目，可以按照招投标的过程划分为两个阶段。在这两个阶段中，分别实现了不同性质和内容的合同的订立过程：

第一个阶段是资格审查阶段。实现的是投标邀请书发放对象的竞争性选择和确定的过程，招标人通过竞争方式选择出了合适的潜在投标人，并向其发出资格预审合格通知书（投标邀请书）。

第二个阶段是招投标阶段。实现的是中标人的确定和中标合约的订立过程。

笔者研究发现：在资格预审阶段，实际上也经历了要约邀请—要约—承诺这个完整的合同订立过程。资格预审公告和文件对应要约邀请；资格预审申请文件对应要约；评审通过后发出的投标邀请书对应的是这一阶段的承诺。而这个承诺，又构成了第二阶段—招投标阶段的要约邀请。也就是说，资格审查阶段实现的是一个性质十分特殊的合同，合同的内容就是"向合适的对象发放投标邀请书"。

通俗地理解：作为招标人，在资格预审阶段向不特定的对象发出一个要约引诱（要约邀请），期待有兴趣的潜在投标人向招标人发出要约，要约的内容是期望参与下一阶段的投标，要约文件中须证明自己具有参加投标的相应资格条件和能力；作为潜在投标人，响应了这个要约邀请，向招标人递交了资格申请文件；招标人审查后，向符合条件的对象发出承诺，邀请其参加第二阶段招标投标活动。

我们是不是还可以这么看：资格预审阶段和招投标阶段是个环环相扣的连续过程。第一阶段最后环节发出的投标邀请书，既是招标人对递交资格预审申请文件的潜在投标人的一种承诺，又构成了第二阶段的新的要约邀请。打个不太恰当的比方，是不是可以这么表述：采用资格预审方式的招标过程有点类似于打桥牌，每个阶段类似于每次叫牌，流程结束才最后定约。

三、资格预审阶段三种文书的法律属性分析

把资格预审阶段理解为一个特殊合同的订立过程，很多业内人士总觉得心里不太踏实。实际上，如果我们把这个阶段产生的三种相应文书的法律属性进行逐一分析，从中也可以得到佐证。

资格预审公告及文件。《合同法》第十五条规定："要约邀请是希望他人向自己发出要约的意思表示"。从这点判断，资格预审公告及文件符合这一特征。《工程建设项目施工招标投标办法》（本文简称七部委 30 号令）第十八条规定"……资格预审公告适用……有关招标公告的规定"，也在一定程度上表明：资格预审公告的性质和招标公告的性质是类似的。

资格预审申请文件。《合同法》第十四条规定："要约是希望和他人订立合同的意思表示"。资格预审申请文件是潜在投标人递交的、希望招标人向自己发放投标邀请的明确意思表示，因此符合要约的法律属性特征。《招标投标法实施条例》分别在其第十八条、第二十一条、第二十二条等条文中，把资格预审申请文件与投标文件一并列入规制和管辖，也可以管窥出立法者对资格预审申请文件的定性倾向。

此外，七部委 30 号令第十八条第三款规定"招标人不得改变载明的资格条件或者以没有载明的资格条件对潜在投标人……进行资格审查"，这一规定和法律法规当中对评标委员会评审投标文件时的相关规定如出一辙，表明资格预审申请文件和投标文件的性质也是类似的。

资格预审合格通知书及投标邀请书。《合同法》第二十一条规定："承诺是受要约人同意要约的意思表示。"资格预审合格通知书一旦发出，即表明招标人同意了潜在投标人的投标申请，其特点也符合《合同法》中的关于承诺的表述规定。

资格审查后，招标人如果不向合格的潜在投标人发出投标邀请，或者向资格预审不合格的潜在投标人发出投标邀请，都应当承担相应的法律责任：一是如果招标人不向通过资格审查合格的潜在投标人发出投标邀请，则其违背了《合同法》中的诚实信用原则。根据

七部委 30 号令中售出"资格预审文件以后不得擅自终止招标"的相关规定，招标人应当承担相应的法律责任。二是如果招标人只向部分通过资格审查合格的潜在投标人发出投标邀请，或者向资格预审不合格的潜在投标人发出投标邀请，则其不但违背了《合同法》和《招标投标法》中的诚实信用原则，也违背了《招标投标法》中的公平原则。三是如果招标人向没有参加资格预审的潜在投标人发出投标邀请，则该投标邀请无效，这里适用《合同法》中关于"承诺应当向特定对象发出"的相关规定。

此外，七部委 30 号令第十九条规定"经资格预审后，招标人应当向资格预审合格的潜在投标人发出资格预审合格通知书，资格预审不合格的潜在投标人不得参加投标"，这一规定也和法律关于中标通知书的相关规定十分类似。《招标投标法实施条例》第三十六条规定"未通过资格预审的申请人提交的投标文件，……招标人应当拒收"，则进一步确立了资格预审阶段的法律性质。

由上分析我们可以看出，资格预审公告及文件、资格预审申请文件、资格审查合格通知书及投标邀请书具备合同订立过程中要约邀请文书、要约文书和承诺文书的法律特征，资格预审阶段可以被理解为一种特殊性质的合同的订立过程。

四、结语

笔者认为，可以把资格预审阶段看成是招投标活动当中一个比较特殊的阶段。这个阶段完成的是一种特殊性质、特殊内容的合同的订立过程。在资格预审阶段，双方当事人的行为受到《合同法》等相关法律的制约，违背《合同法》《招标投标法》的原则规定和《招标投标法》配套法律规范的行为及程序，应当承担相应的法律责任。

（原文载于《中国招标》2011 年第 33 期）

三

投 标 篇

投标决策的相关法律问题与对策

◎**本文概要** 投标决策关系能否中标及中标后的利益。本文针对投标决策常见法律风险点，从组建投标团队、市场调研、选择投标项目和标段、研究招标文件、现场踏勘、获取投标授权、适时提出异议等方面提出决策建议。

投标人在招标投标活动前期的主要任务是收集招标项目信息，获取资格预审文件和招标文件，通过现场踏勘、搜集项目资料和技术情报，了解招标项目的背景和招标人的实际需求，研究招标项目的经济性、可行性并做出是否投标的决策。投标决策的正确与否，关系到能否中标和中标后的经济效益，关系到投标人的发展前景。受各种因素影响，投标决策面临着对招标项目了解不深、对招标文件研究不透、对自身竞争实力把握不客观而导致投标竞争不利，产生机会成本，增加额外负担等风险，投标人应当遵从《招标投标法》的规定，行使法律赋予的权利，纠正、防范各类风险，做出正确的投标决策。

一、投标决策的常见法律风险

（1）投标人由于自身过错失去投标机会，如投标人超过发售时间未能获取资格预审文件、招标文件而失去投标资格。

（2）投标人因工作疏忽未按照要求在指定时间参加现场踏勘或对资格预审文件、招标文件内容提出异议，导致对招标文件理解有偏差。

（3）投标人未认真研究资格预审文件、招标文件，未能准确把握其实质性要求，导致编制的资格预审申请文件或投标文件存在偏差，未能通过资格审查或者投标文件因存在重大偏差被否决投标。

（4）投标人投标决策中判断投标与否或选择投标项目、标段错误，参加不具备优势的项目的投标，致使其在投标中处于竞争劣势，无缘中标。

二、防范对策

1. 组建投标团队，开展市场调研

投标人应成立经验丰富的投标团队，大力开展市场调研，决定是否投标。投标人应根据招标项目特点，抽调市场营销、技术、财务、合同管理等方面专业人员组成强有力的投标团队，全面收集与招标项目相关的技术、经济情报资料，深入研究招标项目背景、自身实力和市场竞争情况等影响投标决策的各种因素和风险，准确把握招标采购实际需求和招标人的重点关注点，客观衡量自己的优劣势、机会、收益与成本，再决定是否参与投标。实践中，为了帮助别人"陪标"、遇到项目就想试一试撞大运的盲目投标以及"重在参与"式的投标都是不可取的。是否投标，必须在经过深入的市场调研、自身实力评估等基础上慎重决策。

2. 选择合适的投标项目

作为投标人来说，并不是每标必投，需要研究抉择投不投标和如何才能中标。影响投标决策的因素很多，需要投标人广泛、深入调查研究，认真做好市场预测和市场定位，分析招标项目的成本、利润，才能做出正确决策。

投标与否，首先取决于主观因素，即投标人的实力，主要表现在技术、经济、管理和信誉四个方面。其次，影响投标决策的主要是客观因素，包括项目、业主、对手以及合同风险等情况。通常情况下，对下列招标项目应放弃投标：①本单位营业范围之外的项目；②合同条件要求苛刻（如付款进度滞后，需要前期垫付大量资金），自身无力承受的；③项目规模、技术要求超过本单位技术等级的项目；④本单位生产任务饱满，招标项目的盈利水平较低或风险较大的项目；⑤本单位技术水平、业绩、信誉，明显不如竞争对手的项目。最后，不宜以低于成本价竞标。

3. 科学选择标段

对于同一项目，允许投多个标段时，投标人要科学选择所投标段数量以及投哪些标段。有实力的投标人可多选，投标覆盖面大，操作灵活性强，也能提高中标率，但也不宜太多，应考虑自身实力和优势，有所侧重、择优选择，否则在限定时间内投标文件编制任务重，影响投标文件质量，提高管理成本，反而降低中标率，一般以 3～5 个标段为宜。有些招标项目，招标人如果考虑项目进度、履约能力和维持竞争等因素考虑，在招标文件中限定了投标人可中标段数量的，投标人在决策时必须要考虑这个因素，优选所投标段。

4. 检查招标文件的完备性

实践中，有时发现投标人的投标文件缺少内容或者对招标文件的实质性要求响应不全面，存在缺漏项或者重大偏差，究其原因，其中一些就是因为没有吃透招标文件的内容，对其中重点条款疏忽或理解有误，未能正确、全面理解掌握导致的。因此，建议投标人获取招标文件后，首先应认真检查招标文件的完备性，全面分析、掌握招标文件内容。

（1）检查招标文件的组成是否完备。一般招标文件由招标公告（投标邀请函）、投标人须知、技术条件、投标报价要求、合同文本、评标标准和方法、投标文件格式及招标投标活动相关程序和规则等内容组成。投标人如发现招标文件缺页或附件不全，应及时要求招标人补正，以免据此编制出内容不健全的投标文件，而在投标竞争中"出局"。

（2）掌握招标文件对投标文件的要求。

一要掌握投标文件的构成。一般招标文件要求投标人投标必须提交投标函、法定代表人授权委托书、投标报价表、技术协议、服务承诺、技术和商务响应偏差表及其他说明和资料等内容。

二要掌握对投标文件的编制要求。主要包括投标文件应按照招标文件中规定的统一格式编制，投标文件应包括正本、副本并注明"正本"或"副本"字样，投标文件必须由法定代表人或其授权委托人签署，投标文件包装封口处应有投标人授权代表的签字及投标人单位公章，开标一览表（或投标函、投标报价表）应单独密封等。

这些看似"小节"，实际影响投标文件的效力问题。因为根据《招标投标法实施条例》第三十六条、第五十一条规定，不按照招标文件要求密封的投标文件，招标人应当拒收；投标文件未经投标单位盖章和单位负责人签字，未按照规定的格式、内容和要求编制的，评标委员会应当否决其投标。

三要掌握应当提交的资格证明文件名录。资格证明文件是投标人提交的证明其有资格参加投标和中标后有能力履行合同的文件，一般包括营业执照、行政许可证件、实验报告、业绩合同证明材料、资信证明文件、资质证书等。

四要掌握投标文件递交方式（直接送达、邮寄送达或其他招标人允许的方式）以及递交投标文件的截止时间和详细地点要求。

五要掌握对投标文件修改、补充和撤回的要求。招标文件一般规定修改、补充和撤回投标文件，应当在提交投标文件截止时间之前完成。

六要掌握招标文件对投标文件相关内容格式的要求，比如招标文件规定的的投标函、分项报价表、授权委托书、银行保函、商务和技术偏差表等格式，一般不允许投标人在编写投标文件时作出修改。

（3）详细研究招标文件中的关键词和实质性内容。

一要准确了解投标报名时间及地点、投标时间及地点、开标时间及地点等，防范疏忽大意失标。

二要对招标文件中的"供应商资格条件"条款逐条认真阅读，防止忽视主要内容或者理解错误。

三要对招标文件中的商务条件和技术指标逐项研究领会，综合分析企业目标、企业自身的经营状况、技术条件、市场优势等多方面因素，客观衡量自己是否符合投标资格条件，是否具备承接招标项目或提供符合招标文件要求的产品或服务的能力。

四要明确投标保证金的形式、金额、交纳时间与地点等。

五要明确招标文件澄清和修改的时间、方法等事项。

六要在分析自身资质资格、技术条件、财务能力等各方面因素后选择合适的投标方案，如对于大型、复杂工程，若单独完成有困难或者不具有竞争力的，可以选择合适的分包商或者以联合体方式参加投标。

5. 认真参加现场踏勘

《招标投标法》第二十一条规定，招标人根据招标项目的具体情况，可以组织潜在投标人踏勘项目现场。现场踏勘是指招标人组织投标人对项目实施现场的经济、地理、地质、气候等客观条件和环境进行的现场调查。工程建设项目投标人的报价一般是在现场踏勘的基础上编制的，因此投标人应实地踏勘，全面调查了解工程现场及其周围的政治、经济、地理等情况，获取有用信息并据此做出投标策略。尤其是对于地质条件较复杂的工程，这样做出的投标决策才更符合项目实际情况，可以有效降低投标、履约风险。投标人在现场踏勘中有疑问的，应当以书面形式或在招标人安排的投标预备会上提出澄清要求。

6. 代理投标时事先取得原厂商的投标授权文件

如果投标时采购其他厂商的设备或者采用其他厂商技术，还需要事先取得原厂商投标授权文件。在决定是否投标前，投标人应着手与原厂商沟通，力争取得其授权，商定可能给予的价格及重要商务条件，获取技术支持。招标文件规定"如果是代理商投标，应提供原厂商的代理证书或投标授权书"的，投标人须满足这一要求，否则其投标将可能被拒绝。

7. 投标人应适时提出异议

通过研究资格预审文件、招标文件和现场踏勘，投标人对于招标文件中含糊不清、自相矛盾或遗漏的问题，或对招标文件内容有不同意见或者异议的，可以根据《招标投标法实施条例》第二十五条、第二十八条规定，在资格预审文件规定的提交资格预审申请文件截止时间2日前或招标文件规定的提交投标文件截止时间3日前，以书面方式向招标人提出，请求澄清或修改资格预审文件、招标文件。这有利于双方加强沟通，对于招标人也是有利的，可以尽早发现错误予以更正，确保招标活动顺利进行。招标人安排标前会议的，投标人应积极参加此会议，获取相关信息、提出澄清要求，防止因对招标文件理解有误出现重大偏差而其投标被否决。投标人在标前会议或以书面形式提出异议时，应直截了当提出问题，言简意赅，不要论述或表达出本单位的实际想法和投标意向、方案等，防止其他投标人从中窥探出本单位的意图和商业秘密。

决策就会有风险。面对投标竞争的机会，投标人应当开展实地调查、市场调研和项目经济性研究，全面了解招标项目，仔细研究招标采购条件，客观评价自身优势，准确评估项目经济效益，审慎做出投标决策，精心制订投标方案，有充分的准备，方可能防范法律风险，减少决策失误，增加中标的概率。

（原文载于《中国招标》2014 年第 1 期）

联合体投标的相关法律问题及对策

◎**本文概要** 联合体为合同型合伙，联合体成员共同行动、共担责任。本文专题分析了投标联合体的法律性质、组成及成员间法律关系，梳理了联合体投标的常见法律问题，并提出法律风险防范对策。

联合体投标，是指两个以上法人或者其他组织组成一个联合体，以一个投标人的身份共同投标的行为，是一种能充分体现市场竞争者之间取长补短、优势互补，资源合理优化配置，体现市场经济既有竞争又有合作的运行机制的投标组织形式。组成联合体投标的目的是强强联合，取长补短，优势互补，增强投标竞争实力，减少联合体各方资金负担，分散投标风险，保证项目进度和质量。但是招标投标实践中联合体投标也存在一些法律问题需要改进和防范。

一、对联合体投标的法律分析

1. 联合体为合同型合伙

《招标投标法》规定投标人可以是法人、其他组织或者自然人（《民法总则》将民事主体分为法人、非法人组织和自然人）。此外规定两个以上的法人或者其他组织可以组成一个联合体，以一个投标人的身份共同投标。这里的"联合体"的法律性质为何，现行法律没有明确规定。分析联合体的基本特点是，由多个法人或其他组织组成、内部按照联合体协议约定履行职责、对外承担连带责任。因此，从本质上来讲，联合体符合"合伙"的法律特征，为法人合伙。

合伙也可以分为组织型合伙和合同型合伙。组织型合伙是需要办理工商登记注册手续，并形成一个组织体的合伙，为持续型合伙，具有一定的稳定性、独立性、团体性和组织性，为独立的民事主体，如合伙企业（《民法总则》规定的非法人组织类型之一）。合同型合伙是根据合伙合同创立，并不进行工商登记注册，没有形成一个组织体的合伙，大多是偶然性、临时性的合伙，不能成为独立的民事主体，在性质上是一种合同关系。因此，联合体应为合同型合伙，因为相关法人或其他组织临时组成联合体，在发出中标通知书或者完成中标项目后该联合体即解散，不办理工商注册手续，相互之间的权利义务依据共同投标协议（即合伙合同）确定，该合伙的运转依靠共同投标协议维系。

2. 联合体的组成形式

在组成联合体的形式上，可以是两个以上法人组成的联合体、两个以上非法人组织组成的联合体，或者是两个以上法人与其他组织组成的联合体，但没有明确自然人之间或者自然人与法人或其他组织能否组成联合体。从合伙的角度来考量，既然合伙有自然人合伙，自然人组成联合体或者与法人、其他组织组成联合体也应当是允许的。《招标投标法》主要限定依法必须招标项目的投标人只能是法人或其他组织（依法招标的科技项目可以是自然人），那么联合体组成成员也只能是法人或其他组织，但对非依法必须进行招标的项目以及个人开展招标的项目，《招标投标法》并没有明确地禁止。在这些项目中，自然人与他人组成联合体投标，既不违反法律禁止性规范，也不违反社会公共利益，在招标文件允许的情况下，自然人合伙组成联合体投标也是有效的。《政府采购法》第二十四条允许政府采购项目组成联合体的成员可以是自然人、法人或者其他单位。

3. 联合体成员之间的法律关系

合伙合同是调整合伙关系、规范合伙人相互间的权利义务、处理合伙纠纷的基本法律依据，也是合伙得以成立的法律基础，此即合伙的契约性特性。联合体共同投标协议就是合伙合同，仅具有对内的效力，即只约束联合体组成成员，对内按照共同投标协议确定各成员之间的权利义务关系以及责任分担。联合体对外（如对招标人），属于无限连带责任关系。联合体行为的法律后果，由联合体全体成员共同承担，权利人可以要求联合体成员中的一人、多人或全部共同承担法律责任，其中一人或多人承担责任的，可以向其他成员追偿。

4. 牵头人的责任

根据合伙的法律规定，合伙事务可以由合伙人全体成员共同执行，也可以委托其中一人或数人执行，其执行合伙事务的行为，对合伙全体成员具有约束力。从这一点来看，联合体投标时可以全体成员共同执行全部招标投标事务，也可以指定其中一人或数人代表联合体处理招标投标事务，如参加资格预审、踏勘现场、提交投标文件、交纳投标保证金、参加开标、提出异议、签署合同等。招标人为了减少联络、协调等程序上的烦琐手续，提高效率，一般要求联合体指定牵头人代表所有成员办理投标事宜。牵头人必须持有联合体成员各方签署的授权委托书，这属于民事代理行为。牵头人在授权委托权限内处理招标投标事宜，其法律后果为联合体成员共同承担。

二、联合体投标的常见法律问题

（1）投标人选择合作伙伴不当，影响联合体整体竞争实力，或者联合体资格条件不符合《招标投标法》和招标文件要求，失去投标资格或者在投标中削弱竞争优势。

（2）个别投标人组成联合体的目的不是增强竞争实力，而是资质低的企业挂靠、"借用"高资质企业联合投标，以解决投标资格不合格的问题。

（3）招标人强制投标人组成联合体投标。根据《招标投标法》第三十一条、第五十一条规定，招标人不得强制投标人组成联合体共同投标，不得限制投标人之间的竞争。招标人强制要求投标人组成联合体共同投标的，责令改正，还可以处以罚款。

（4）招标文件规定不接受联合体投标，但投标人自行组成联合体投标。

（5）投标文件中没有共同投标协议，或者共同投标协议内容有瑕疵，如协议中没有明确各成员的职责分工，在评审中共同投标协议因不符合招标文件要求导致其投标被否决。

（6）联合体中标后，签订合同主体不规范，部分联合体成员未参加签约，导致合同不具有约束力。

（7）投标人加入某一联合体投标后又单独或者与其他投标人组成联合体参与同一项目的投标，为法律所禁止，如有此情形，应作否决投标处理。

三、联合体投标法律风险防范对策

1. 选择合适的合作伙伴组成联合体

对于潜在投标人而言，衡量自身条件、实力等因素确实不具有竞争优势时，可以考虑邀请他人组成联合体投标，弥补自身的"短板"，增强竞争实力。组成联合体投标选择投标伙伴时，应考虑合作伙伴的资质等级、经营范围、行业优势、技术和经济实力、财务状况等因素，如果能够增强投标竞争实力的，则可以邀请他人在招标文件没有拒绝联合体投标的前提下组成联合体投标。

2. 联合体应具备招标文件要求的资格条件

根据《招标投标法》第三十一条规定，联合体各方均应具备承担招标项目的相应能力；国家有关规定或者招标文件对投标人资格条件有规定的，联合体各方均应当具备规定的相应资格条件。由同一专业的单位组成的联合体，按照资质等级较低的单位确定资质等级，其目的是防止资质较低的一方借用资质等级较高的一方的名义参加投标取得中标资格后自行实施中标项目的违规行为。两个以上专业资质类别不同的单位组成的联合体，应当按照联合体的内部分工，各自按其资质类别及等级的许可范围承担工作。联合体通过资格预审，但是在招标投标过程中其组成成员的资格因某种原因不满足法律法规、招标文件要求的，其投标资格无效。

3. 招标人有权拒绝联合体投标

现行法律并无禁止联合体投标的规定。因此，招标人有权决定是否接受联合体投标，实践中会在资格预审公告、招标公告或者投标邀请书中明确规定"本次招标接受（或不接受）联合体投标"，《招标投标法实施条例》第三十七条对此也有明确要求。招标人应根据招标项目实际情况决策是否允许联合体投标。一般情况下，联合体投标会提高中标人的履约能力，降低风险，有利于保障招标人利益，因此应当允许联合体投标，比如生产上、下游产品或提供上、下游服务的企业宜组成联合体投标，可以满足产品的配套性或服务的连贯性、协调性要求。对于对技术特别复杂的大型项目，允许联合体投标利大于弊。但联合体中标后，也会带来不符合资质或者资质较低的企业与其他企业联合中标后承揽全部或部分项目影响项目质量和进度、联合体内部发生矛盾直接影响项目顺利实施以及协调管理难度加大等问题。因此，联合体投标一般适用于大型建设项目和结构复杂的建设项目，《建筑法》第二十七条即有类似规定。如果招标公告中明确规定"本次招标不接受联合体投标"的，投标人就不应组成联合体投标，否则因投标人资格条件不符合要求而导致投标无效，应予否决。

另外，联合体投标属于投标人自愿、共同的法律行为，有兴趣的法人或其他组织根据自身具备的资格、实力、专长，依据优势互补的原则，有权决定是否成立投标联合体，他人不得干涉。《招标投标法》第三十一条明确规定"招标人不得强制投标人组成联合体共同投标，不得限制投标人之间的竞争"，因此，是否组成联合体以及如何组成完全由投标人自己决定，招标人不得强迫和干涉。招标文件并未明确是否接受联合体投标，但投标人组成联合体投标的，因现行法律规定并没有将其作为否决投标的条件，则评标委员会因缺少否决投标的依据而不得拒绝联合体投标；除非招标文件中规定联合体投标无效的，方可否决该联合体的投标。

4. 联合体投标应提交合法有效的共同投标协议

合伙合同是合伙得以成立的法律基础，其订立方式既可以是书面协议，也可以是口头协议。联合体各方是由共同投标协议联结在一起的合同型合伙关系，根据《招标投标法》的要求，联合体投标的，联合体各方为共同投标需要签订共同投标协议，明确联合体内部分工以及权利义务关系、责任的承担，该协议作为投标文件附件一并提交给招标人。按照《招标投标法实施条例》第十九条、第三十七条规定，招标人接受联合体投标并进行资格预审的，联合体应当在提交资格预审申请文件前组成。通过资格预审的联合体才有资格投标，联合体未参加资格预审或者资格预审未通过的，均不具有投标资格，而且在通过资格预审后联合体增减、更换成员的，其投标也无效。因此，联合体应在参加资格预审前签署共同投标协议随同资格预审申请文件提交招标人审查。实行资格后审的项目，将共同投标协议附在投标文件中一并投标即可。

共同投标协议的内容，一是约定各方承担与其资质范围对应的工作和责任，注意不得超出资质范围承担工作；二是明确联合体一方为牵头人，接受联合体所有成员的授权，负责投标和合同的履行、项目的组织和协调等工作，向招标人提交由联合体所有成员法定代表人签署的授权书，负责以联合体各方或者联合体中牵头人的名义提交投标保证金，以联合体中牵头人名义提交的投标保证金，对联合体各成员具有约束力；三是约定联合体各方都应当按期完成所承担的项目任务，及时向牵头人及其他各方通报所承担项目的进展和实施情况，支持和配合联合体他方完成所承担的项目任务，服从牵头人统一协调以及保密等义务。共同投标协议有利于督促联合体各方增强责任感，既要依据联合体内部协议完成自己的工作职责，又要互相监督协调，保证整体工程项目保质保量完成。

共同投标协议也有助于处理联合体内部法律关系，解决相关纠纷。共同投标协议应对将来可能出现的问题及处理原则一并写明，联合体内部事务均依据共同投标协议加以解决。如果联合体一方对从招标人处取得的利益超过共同投标协议约定的他方应得的利益，则该方有义务向联合体他方返还。如果联合体一方对招标人履行的义务超过共同投标协议约定的他方应负的义务，则该方有权向联合体他方追偿。而且，联合体中标后，为完成中标项目，各方将按照约定共同出资、共同履约、共享利益、共担风险，同时就中标项目向招标人承担连带责任，招标人有权选择联合体中的任何一方或多方要求其承担部分或全部责任，联合体的任何一方均不得以共同投标协议的约定来对抗招标人。

5. 联合体成员不得单独或另外组成联合体投标

联合体对外须以一个投标人的身份共同投标，不能以其中一个主体或者两个以上主体的名义进行。联合体中标的，在中标后签署合同时，联合体各方均应参加合同的订立，共同与招标人签订合同，即联合体各成员都在同一中标项目合同中签字盖章，就中标项目向招标人承担连带责任。如果联合体各成员书面授权牵头人有权代表其他成员与招标人签订合同的，中标项目合同也可以仅由牵头人签字盖章即为有效，这也符合民事代理的法律规定。

联合体投标后，禁止以自己的名义单独投标或者参加其他联合体参与同一项目的投标，这是为了防止投标人在同一项目中利用不同组合实际上同时提交多份投标文件或者投标报价为手段，实现多次投标、"围标"的不公平竞争行为。根据《招标投标法实施条例》第三十七条规定，联合体各方在同一招标项目中以自己名义单独投标或者参加其他联合体投标的，相关投标均无效。当然，在不同项目、不同标段中，投标人可以分别组成不同的联合体投标或单独投标。

联合体投标有利有弊。对于大型复杂的项目，仅靠自身能力完成的投标人数量有限，如果交由多个潜在投标人组成联合体共同投标，有利于增强投标竞争能力，分散风险，增强项目完成的可靠性，但是联合体投标也有一些缺陷。对此，招标人要在《招标投标法》的框架下设计好相关规则，运用好联合体投标制度，充分发挥联合体的综合实力，保障招标项目的顺利实施。

（原文载于《招标与投标》2014年第3期）

投标人不足三个致招标失败风险防范对策

◎**本文概要** 本文分析了投标人不足三个致招标失败的成因及法律后果，从正确选定采购策略、合理设置投标人资格和采购条件、完善招标公告内容并扩大公告范围、加强供应商沟通等方面提出防范招标失败风险的对策。

实践中，因投标人不足三个达不到开标条件而导致招标失败（俗称"流标"）的项目为数不少。招标失败，延长了采购周期，延误了项目实施周期，也无形中增加了采购成本和投标竞争成本，总体造成社会资源的浪费。招标人应深入分析投标人不足三个导致流标的成因，采取有效对策，降低招标失败率，提高招标采购的效率效益。

一、投标人不足三个致招标失败的成因分析

1. 采购方式选择不当

招标仅仅是采购方式之一，除此之外还有竞争性谈判、竞争性磋商、询价采购、单一来源采购、逆向竞拍等方式。招标方式适用于采购要求确定、市场供应充足、市场竞争充分、供应商为数众多的项目，《招标投标法》规定强制适用于工程建设项目勘察、设计、施工、监理以及与工程建设有关的重要设备、材料的采购项目。一些采购项目如果不考虑招标的可行性，一概选用招标方式，必然会提高招标失败的概率。尤其是采购数量少、金额小，无法形成规模优势或市场竞争度不高的项目，难以广泛地吸引供应商兴趣，往往注定会招标失败（陪标串标则另当别论）。

2. 资格条件设置不合理

一是对投标人应当具备的资格条件要求过高，使供应商望而却步。尤其是对标的额不大、技术要求简单的采购项目，过度拔高资

格条件，如具有建筑施工企业三级资质即可承接的房屋建筑项目却要求一级资质企业投标，往往造成资质高的企业因项目规模小不予投标，资质低的企业却没有投标资格或挂靠高资质企业投标。

二是对采购项目专业规定不熟悉，提出不切合实际的投标资格条件。如《安全生产许可证条例》规定国家仅对矿山企业、建筑施工企业和危险化学品、烟花爆竹、民用爆破器材生产企业实行安全生产许可制度，有些招标文件却要求上述范围外的设备也必须提供生产许可证。还有的资格条件与采购项目无关，如采购印刷服务要求必须具有某行业的印刷经验，限制了供应商范围。

3. 采购条件要求不合理

一是投标资格条件或技术参数要求有明显的倾向性或排他性。一些招标文件提出的资格条件或技术参数"对号入座"，针对性较强，如明示或者暗示指定品牌或限定品牌范围，限定特殊技术规格参数，排斥了部分供应商的投标。

二是不合理的商务条件增加了投标人额外的负担或成本，使其失去投标意愿。如不合理的供货期、服务期，过于苛刻的付款方式，过于严谨烦琐的索赔程序，"一边倒"的违约责任条款，都会挫伤供应商的投标积极性。对于前期原材料资金投入较大的采购项目，招标文件规定招标人不支付或仅支付非常少的预付款，或者规定了比较滞后的付款日期，需要投标人前期自筹大量资金，一些投标人经权衡利弊就会放弃投标。

三是设定的最高投标限价不合理，低于正常的市场价格，可能突破供应商的承受能力，导致其不予投标。

4. 招标信息不对称

招标公告媒体受众范围小、招标公告内容不规范、招标公告时间过短，都难以引起充分的市场响应。目前，招标公告发布平台主要为国家发展改革委、省发展改革委指定的招标采购服务网站以及地方的小众媒体或者招标人自己的网站。根据《招标公告和公示信息发布管理办法》（国家发展改革委第10号）第八条规定，依法必须招标项目的招标公告和公示信息应当在"中国招标投标公共服务平台"或者项目所在地省级电子招标投标公共服务平台发布。非依法必须招标项目的招标公告可在其他媒体发布。有的招标公告对采购项目的描述过于简单或者云里雾里,潜在投标人不能相对准确地衡量招标项目的规模、内容及具体采购条件,对招标项目没有完整的认知,就容易做出放弃投标的错误判断。

5. 电子技术壁垒影响

招标人和投标人必须在电子招标投标交易系统上完成从供应商注册到投标、开标、评标、定标以致签约的全过程,每一步操作都通过信息系统在线操作。与纸质投标相比手续烦琐,有一定技术难度,对于采购频次低、采购量小的项目,供应商不愿为了低概率中标项目而增加投入(如技术人员培训等)去参与投标。而且,因网络不通畅、操作不熟练还可能出现投标文件上传失败等风险。

二、投标人不足三个的法律后果

1. 投标人不足三个的,招标失败,应当重新招标或变更采购方式

招标方式以竞争充分为其显著特点。一般来讲,至少有三个以上供应商投标竞争方认为是有效的竞争,投标人过少发挥不了招标投标的应有优势。投标人少于三个的,《招标投标法》第二十八条第二款规定:"招标人应当依照本法重新招标",《招标投标法实施条例》第四十四条第二款也规定:"不得开标;招标人应当重新招标",《评标委员会和评标方法暂行规定》第二十七条补充规定:"招标人在分析招标失败的原因并采取相应措施后,应当依法重新招标"。

依据上述规定,投标人少于三个的,招标活动失败,招标人应分析招标失败的原因并采取相应措施后依法重新进行招标,但招标项目实际情况各有不同,如坚持不论招标失败原因一再重新招标,将增加采购成本,延误采购时间,而且可能造成一些本不适合招标的项目陷入一再招标失败的"死循环"。为了破解"死循环"难题,一些规章提出了解决对策,即依法必须招标的项目重新招标后投标人仍少于三个的,报经批准后可以不再进行招标;非依法必须招标

项目本来就可以不招标，在招标失败后招标人可以自主选择其他采购方式。如《工程建设项目施工招标投标办法》第三十八条第三款规定："依法必须进行施工招标的项目提交投标文件的投标人少于三个的，招标人在分析招标失败的原因并采取相应措施后，应当依法重新招标。重新招标后投标人仍少于三个的，属于必须审批、核准的工程建设项目，报经原审批、核准部门审批、核准后可以不再进行招标；其他工程建设项目，招标人可自行决定不再进行招标。"《工程建设项目货物招标投标办法》第三十四条第三款规定："依法必须进行招标的项目，提交投标文件的投标人少于三个的，招标人在分析招标失败的原因并采取相应措施后，应当重新招标。重新招标后投标人仍少于三个，按国家有关规定需要履行审批、核准手续的依法必须进行招标的项目，报项目审批、核准部门审批、核准后可以不再进行招标。"其中邀请招标项目由于投标人数量受到限制，也会发生招标失败的情形，重新招标时可以重新选择被邀请的投标人，也可以改为公开招标。

2. 招标人与投标人的成本、损失自行承担

根据《招标投标法》规定，购买招标文件的潜在投标人有权参与投标，也有权在投标截止时间前撤回其投标文件不再投标，或修改后再重新投标，并不强制其必须投标，这是投标人的自主权利，对招标人的开标成功与否并不承担责任和义务。因此，有些招标文件关于"投标人弃标导致提交投标文件的投标人少于三个不能开标，应承担由此给招标人带来的损失"的规定，于法不符。

招标人、投标人已发生的招标、投标成本以及因招标失败带来的损失由招标人、投标人自行承担，无论是招标人还是投标人都应考虑到这样的风险。再者，招标失败时，招标人应立即退还投标保证金，因招标失败退还投标保证金的时间没有现成规定，但参照《招标投标法实施条例》第五十七条中招标成功的项目最迟在书面合同签订后 5 日内退还投标保证金的规定，以在投标截止时间之后 5 日内退还投标保证金为宜，且因投标保证金一般在投标截止时间之前才提交，投标截止时间之后很短的时间内予以退还，间隔时间过短，可不支付银行同期存款利息。

三、防范招标失败风险的对策建议

1. 针对不同项目的特性采取适当的采购策略

招标并非在任何情形下都是最佳的采购方式。是否采用招标方式，取决于以下因素：

（1）国家政策法规的管制约束。《招标投标法》第三条规定了必须招标项目的范围，对纳入依法必须招标范围和规模标准内的项目，必须招标，确保其合法性，但对于符合《招标投标法》第六十六条、《招标投标法实施条例》第九条规定可以不招标的项目，可在履行不招标审批、核准手续后选用其他采购方式。对于非依法必须招标项目，可根据采购项目的市场竞争态势自主选择招标或其他采购方式。而且，符合《招标投标法》第十一条和《招标投标法实施条例》第八条规定的依法必须招标的项目，也可按规定邀请招标，投标人范围确定，针对性强，其参与投标的积极性也较高。

（2）采购项目的特性。采购数量确定、技术规格明确是实施招标的前提条件。一般而言，对于技术规格可以客观比较、市场供应充分、具有一定采购规模的产品或者服务，适宜采用招标方式。如果不分析采购项目的特性，仅根据采购金额决定招标，则有可能市场竞争不充分而招标失败。因此，必须分析不同项目的特性，在不违反国家法律规定的情况下选用合适的采购方式。比如科技、信息化或管理咨询项目，往往项目技术路线、项目成果不确定，技术要求也难以准确描述，如果招标，其失败率高或者招标结果与实际要求将会相差甚远，所以更适合竞争性谈判或竞争性磋商等采购方式。

（3）市场竞争态势。市场竞争充分是招标的必要条件。招标人分析潜在投标人所处行业的市场供应与竞争态势，方能选取正确的采购策略。如果市场供应能力不足，竞争不充分，供应商本来就少，可行的办法就是改变采购方式。

另外，对于适合于招标的项目，如果是因为投标文件迟延送达、未按规定标记密封等原因而被拒收导致投标人不足三个的，重新招标即可解决。

2. 合理确定投标人资格条件和采购要求

（1）投标人资格条件要适当。设定投标人资格条件时，需要分析其是否合理，重点考虑资质要求是否适当、业绩要求是否过高、是否需要进行试验报告、是否实行生产许可证制度等，每一项要求要做到与法律规定相符，与招标项目实际需求相适应。必要时可加强市场调研，通过咨询供应商、政府主管部门、专业机构或者网络查询来确定投标人资格条件。

（2）关键技术参数要科学。要在完全满足项目实施、使用要求的情况下，对关键技术参数提出准确、合理的要求，避免技术门槛设置要求过高或存在歧视性。必要时可以进行技术考察，有利于制定出符合项目实际需求的技术文件。

（3）商务条款要合理。招标文件商务条款要符合市场规则，如付款条件应符合本行业交易惯例；项目实施期限应考虑实施项目的合理工期（服务期、制造周期、运输周期等）；合同条款应基本公平可行；制定的最高投标限价应科学合理。

要依靠专家把关评审招标文件，对投标人资格条件、技术参数要求及招标文件商务条款的科学性、合理性提出有价值的意见，有助于制定出采购要求合理、没有歧视性条款的招标文件，从而可吸引更多供应商参与投标。

3. 完善资格预审公告或者招标公告内容并扩大公告范围

（1）资格预审公告或招标公告内容一定要完整、透明，以便潜在投标人较为全面地掌握招标项目信息，准确做出是否参加投标的决定。如《招标公告和公示信息发布管理办法》（国家发展改革委令第 10 号）第五条规定了依法必须招标项目的资格预审公告和招标公告应当载明以下内容：（一）招标项目名称、内容、范围、规模、资金来源；（二）投标资格能力要求，以及是否接受联合体投标；（三）获取资格预审文件或招标文件的时间、方式；（四）递交资格预审文件或投标文件的截止时间、方式；（五）招标人及其招标代理机构的名称、地址、联系人及联系方式；（六）采用电子招标投标方式的，潜在投标人访问电子招标投标交易平台的网址和方法；（七）其他依法应当载明的内容。《工程建设项目施工招标投标办法》

第十四条规定了施工项目招标公告内容，其中对"招标项目的内容、规模、资金来源"、"投标人的资质等级"等应全面、准确描述清楚，有利于投标人准确判断项目规模、资格要求等因素积极参与投标。

（2）扩大招标公告范围，吸引更多潜在投标人参与竞争。增加招标公告发布的媒体范围和发布频次，延长招标公告发布时间，必要时也可有重点地联系竞争力强的供应商，尽可能广泛地发布招标信息，还可组织前期技术交流，让潜在供应商更多地了解项目的相关情况以及招标人的采购意图，争取更多潜在投标人参与投标。

4. 加强对供应商的技术支持与信息沟通

（1）强化电子招标投标交易系统技术支持。招标人要为投标人提供技术支持，协助其尽快熟悉电子招标投标交易系统功能及招标文件在线购买与下载、投标文件上传与解密等相关技术要求，提醒其加密、上传、解密投标文件。投标人要熟练掌握电子投标文件的加密、上传、解密等具体操作程序，避免投标文件上传、解密不成功给自己带来的投标失败风险。

（2）加强沟通交流。潜在投标人对招标文件提出的澄清要求，招标人应及时答疑解惑、纠正错误，完善招标采购要求，支持潜在投标人参与竞争。定标后，招标结果除按规定程序进行公示外，招标人也需要与未中标的投标人进行交流，友情提示其失误与不足，让投标人明白其竞争劣势所在，有机会改进完善，增强下次继续参与投标的积极性。

综上，招标人必须客观分析采购项目的实际需求，采取适当的采购策略，设定科学合理的采购条件，做好与供应商关系维护，培育公开、公平的竞争环境，这有助于增强采购项目的竞争性，有效地降低投标人不足三个而导致招标失败的发生，使招标项目得以顺利实施，切实提高招标采购的效率与效益。

（原文载于《中国招标》2015年第8期）

论工程招投标串标围标现象及防范

◎**本文概要** 如何防范工程招投标活动中的串标围标现象，一直是业界思考的一个重大课题。何为串标围标，其方式和表现形式有哪些，其因何产生，又该如何防范呢?本文对此进行了详细论述并给出了初步答案。

20 世纪 80 年代，我国在工程领域引进了招投标制度。该制度的实施，在降低工程造价，提高经济效益，维护国家、社会利益，维护招投标活动当事人的合法权益方面，起到了积极作用。随着市场经济制度的不断完善，建筑企业市场竞争日趋残酷，各种问题和矛盾也伴随而生。串标围标现象作为与招投标制度相伴而生的产物，其表现形式日趋复杂，造成的危害也日趋明显，致使大量国家、集体和公共利益受损。因此，如何防范工程招投标活动中的串标围标现象，是工程建设领域亟须解决的一个重大问题。

一、串标围标的方式及表现形式

1. 串标围标的定义

（1）何为"串标"，《刑法》第二百二十三条第一款规定："投标人相互串通投标报价，损害招标人或者其他投标人利益，情节严重的，处三年以下有期徒刑或者拘役，并处或者单处罚金。"《招标投标法》第五十三条规定："投标人相互串通投标或者与招标人串通投标的，投标人以向招标人或者评标委员会成员行贿的手段谋取中标的，中标无效"。依据《刑法》和《招标投标法》的相关规定，我们可以对"串标"做出如下定义：所谓串标，是指通过"相互串通投标"，以达到规避合法竞争，共同损害国家利益、社会公共利益或其他招投标活动当事人利益的行为。

（2）何为"围标"，关于"围标"，在法律层面似乎没有找到确切的表述。但是在工程招投标实践中，"围标"现象时有发生，在一些地区还表现得十分猖獗。

在实践中，所谓围标，是指在招投标过程中，多家投标人事先约定，针对招标文件做出多份不同或雷同的投标文件，并在报价、技术标书等方面做足文章，以最终实现让其中的某一投标人中标的行为。根据围标的表现特征，我们发现：所谓的"围标"，一般都要进行事先串通，然后相互约定以某种方式实现其非法目的。因此，"围标"是串标的一种特殊形式。

2. 串标围标的方式

围标串标的方式表现为以下三类：一是投标人之间相互串通；二是投标人和招标人之间串通；三是投标人和其他相关人员之间串通。

（1）投标人之间相互串通投标，投标人之间相互串通的方式主要有以下几种：投标人之间相互约定抬高或压低投标报价；投标人之间相互约定，在招标项目中分别以高、中、低价位报价；投标人之间先进行内部"竞价"，内定中标人，然后再参加投标；某一投标人给予其他投标人以适当的经济补偿后，这些投标人的投标均由其组织，不论谁中标，均由其实施中标项目。

（2）投标人与招标人之间串通投标，投标人与招标人相互串通的方式主要有以下几种：招标人在开标前开启投标文件，并将投标情况告知其他投标人，或者协助投标人撤换投标文件，更改报价；招标人向投标人泄露标底；投标人与招标人事先商定，投标时压低或抬高标价，中标后再给其他投标人或招标人额外补偿；招标人预先内定中标人；招标人为某一特定的投标人量身定做招标文件，排斥其他投标人。

（3）投标人和其他相关人员之间串通投标，投标人和其他相关工作人员串通的方式主要有以下几种：投标人和评标委员会成员串通，对某份标书在评审时给予"倾斜政策"；工作人员协助投标人撤换投标文件，更改报价；工作人员协助投标人对某份标书暗中做上标记，以便让"心有灵犀"的评委，对某份标书进行不客观、不公正的评判。

3. 串标围标的表现形式

由于"围标"是串标的一种特殊表现形式，因此，我们可以把"围标"纳入"串标"的范畴当中一起研究。在实践中，串标围标活动具有隐蔽性强、欺骗性大、危害严重、调查取证困难等特点。串标的表现形式有：围标、抬标、陪标、标书雷同、故意废标等多种形式，方法也是五花八门。

串标的具体表现为：①同一个标段或同一个招标项目，几个投标人互相串通一起；②同一个标段或同一个招标项目，所有投标人串通在一起，订立攻守联盟，相互得利；③招标人和投标人串通在一起，为自己中意的投标人设定特定条件，泄漏标底或泄漏其他投标人的信息；④投标人和评标委员会成员或其他工作人员串通在一起，调换标书或对某份标书在评审时给予"倾斜政策"；⑤一个或几个包工头挂靠多家投标单位，整个项目或整个标段的投标单位都被这些包工头所控制，招标变成了包工头之间的"竞争"。

二、串标围标现象的产生原因

在工程招投标实践中，串标围标行为表现各异，串标围标的方式和途径也不尽相同，但其产生原因却有一定共性。笔者认为，在我国工程招投标实践中，串标围标现象产生的原因，主要有以下几个方面：

1. 特定的历史原因

串标围标是招投标制度的伴生物。从我国引进工程项目招投标制度的那一天起，串标围标现象几乎就相伴而生。特别是在我国法律制度还不十分完善时，一些新办建筑企业为了和老企业竞争，实现企业自身生存、发展和壮大的目标，极易采取一些非正常手段以达到目的。

2. 招标投标法律体系不健全

《招标投标法》自 2000 年正式实施以来，国家发展改革委、原建设部、交通部等有关部门陆续颁布了一系列规章和标准，法律体系日益完善。但是，由于我国法律把对招投标的监管职责分散在各行业主管部门中，各行业主管部门出台的执法规范不配套、不完整和不严谨，给一些不法分子提供了可乘之机。此外，由于《招标投标法》中对串通投标的规定过于原则，在实践中缺乏可操作性，也给监管部门规范招投标行为带来一定的难度。

3. 监管模式存在先天缺陷

在现行法律体系中，对于招投标活动的监管，依然带有强烈的计划经济体制的痕迹，把一个原本统一的招投标及其监管活动，分散到各个行业主管部门，不但在监管体制的设置上陷入了"条块分割、各自为政、同体监督、体内循环"的怪圈，而且行业管理规范政出多门，执法尺度不一、执法的水平和力度也各有差异，缺乏协调统一，难免会给串标围标者留下空子。

4. 市场监督手段相对落后

近年来，各地相继建成了招投标交易中心或公共资源交易中心，一些重大交易项目都纳入到有形建筑市场集中统一交易，强化了交易监管。但是相对于我国招投标活动的实际，市场监管手段仍显得比较落后。譬如各地基本都没有建立专门的监督执法队伍，人员编制、行政经费缺乏应有的保障，监管力量不足，监管人员不专业。加上对标前、标中、标后的监管尚未形成一套完整的体系，监管体系漏洞明显。

5. 市场信用体制不健全

目前我国还没有形成全国统一的招投标运作机制和市场信用体制，全国没有建立统一的招投标信息平台和查询体系，以致一些投机者在某地违法后，转换阵地再次违法，很难形成"一地违法，全国（全省）受限"的局面，投标人的违法成本很低。

6. 串标围标违法成本过低

《招标投标法》第五十三条规定："投标人相互串通投标或者与招标人串通投标的，处中标项目金额千分之五以上千分之十以下的罚款。对单位直接负责的主管人员和其他责任人员处单位罚款数额百分之五以上百分之十以下的罚款；……"照此推算：以1000万元中标额为例，对违法单位只须罚款五万元至十万元，对个人只须罚款五千至一万元。其违规违法的成本远小于其违法所得。"成功一次，享用一生"，在巨大的利益诱惑面前，使得不少投机分子前仆后继、乐此不疲。

7. 领导干部直接插手招投标活动

少数领导干部法治观念淡薄，直接或间接插手招投标事务，通过指定入围单位、为某人定制评标办法、项目管理部门参与评标、随意变更招标方式等违法违规手段，影响招投标结果。这也是串标围标活动屡禁不止的重要原因之一。

8. 招投标活动当事人行为不规范

建筑市场供大于求的现状形成了买方市场，一方面招标人在招投标过程中，拥有很大的支配权；另一方面投标人面对激烈的市场竞争，千方百计采用各种手段甚至违规行为谋取中标。如和招标人（或代理机构）串通，为自己量身定做招标文件；和其他投标人成立联盟，约定"轮流坐庄"等等，严重搅乱了正常的市场交易秩序。此外，招标代理机构之间为争夺招标代理权，采用乱杀价、零代理等行为扰乱市场价格后，又与其他招标人、投标人串通谋取中标，以获取非法的利益补偿。

9. 招投标活动其他参与人行为失常

在招投标实践中，由于各方面的原因，一些监督人员、评标委员会成员和其他工作人员的行为，有时也不符合法律规定，有意无意之间，助长了串标围标现象。因此，规范招标活动其他参与人的行为，也是一个亟待解决的问题。

三、串标围标现象的防范

针对我国现阶段工程招投标活动的实际，笔者研究了诸多招标实例和国内外相应制度，提出如下对策：

1. 健全我国招标投标法律制度

近年来，我国市场经济建设不断推进，经济活动越发呈现出许多新形式、新特点，工程项目招投标活动中的串标围标行为，也表现出许多新的特点和形式。相对于工程招投标实践，《招标投标法》的一些相关规定已经显得有些滞后。加上《招标投标法》在立法时，对一些尚未形成共识的意见，采取了回避态度，也在一定程度上降低了该法的可操作性。《招标投标法》颁布实施后，国家发展改革委、原建设部、交通部等部委先后分别或联合下发了 12 号令、27 号令、30 号令等多个部门规章，对《招标投标法》的一些原则性规定作了有益补充。2011 年国务院出台《招标投标法实施条例》，对《招标投标法》进行了完善，对于串标围标现象的认定有了更为详细的规定。下一步，应重点在招标投标领域信用体系建设、招投标监管以及法律制裁等方面进一步完善立法，为打击串标围标违法行为提供更具操作性的法律依据。

2. 理顺招投标管理体制

借鉴国外的一些先进经验，理顺政府监管体制，建立"决策、执行、监督"相分离的招投标监管体制，改变"九龙治水"的多头管理状况，革除"同体监督、体内循环"的弊端，减少重复管辖和交叉管理，建立统一的招投标监管机制。同时加强监管队伍建设，从制度上解决监管队伍的编制、经费、人员保障等问题，建立统一、高效、公正的投诉处理机制，强化监督执法，不断提高政府监管的能力和水平。

3. 建立统一的信用评价体系

加快电子招投标制度建设，建立全国统一的招投标信用评价体系，健全全国统一的招投标信息网络平台，完善工程招投标不良行为公示制度。在目前信用体系还不完善的前提下，尽量减少或取消对投标企业的资信业绩评分。

4. 建立电子化招投标平台

我国电子化招标尚处于起步阶段，为确保顺利、有效地实施电子化招标，少走或不走弯路，一方面要借鉴国际先进经验并结合我国的国情和特点，研究出符合国情实际的操作方案；另一方面要及时总结我国电子化招标实践当中出现的新特点、新问题，加强对电子化招标平台的研究，找到一条切实可行的、适合我国国情的电子化招标之路。

5. 探索新型的案件查办机制

在各地招投标监管部门中，建立一套信息互通、上下联动、互相合作、便捷高效的查办机制。在现行监管体制下，对疑难案件的查处，要充分发挥各行业主管部门和纪检监察机关的作用，建立以行业主管部门为主、纪检监察部门等参与的联合查处案件机制。完善重事实、重证据，严格依法办案的程序。要充分利用高科技手段和信息网络技术，提高案件查处的能力。使得招投标活动各方主体和其他参与人不敢串标围标、不能串标围标。

6. 加强媒体对招标活动的舆论监督

大量的实践证明，加强媒体对招投标活动的舆论监督，让各方当事人和其他参与人的行为曝光于公众视野之下，是防止出现暗箱操作、腐败行为和串标围标等行为的有效方法。在工程项目招标实践中，要积极引入舆论监督机制，对大众媒体开放，做到阳光、透明、公开。同时建立必要的基金会，奖励提供线索的举报者，鼓励投标人、利害关系人和社会公众积极参与监督，关心中标公示结果，依法行使和保护自己的合法权利。

7. 加大违法违规行为处罚力度

一方面要改进监管制度和措施，提高串标围标违法成本；另一方面各行业主管部门要从大局出发，从招投标制度的长远发展出发，摒弃陈旧的"部门意识"和"区域意识"，牢固树立依法行政的观念，加强监管主体地位，强化监管招投标与管理职能，严厉查处工程项目招投标活动中的串标围标、骗取中标、规避招标等不法行为。同时，要充分发挥招投标行业部际协调机制的作用，各行业主管部门要在政府监督部门的统一协调下，实现联合执法、联合监督。

8. 加快全国统一的招投标信息平台建设

在国家层面，应加快建设统一的招投标电子网络信息平台。各地的招投标信息网站，要尽快实行联网，并作为国家招标投标电子网络信息平台的一个分站和终端。各地的招标信息、开标活动、评标结果公示和违法行为处罚结果，都应当在国家招投标电子网络信息平台发布。使得各种违法违规行为都无所遁形，形成"一处受罚、处处受制"的局面，以营造公开、公平、公正和诚实信用的招标投标环境，切实保护国家利益、社会公共利益和招投标当事人的合法权益。

9. 完善招投标全过程的规范化管理

实践中出现的串标围标活动，大多集中表现在项目的招投标阶段。因此串标围标活动的防范，重在招投标过程中的防范。遏制串标围标现象，应当紧紧抓住"招标过程控制"这个牛鼻子，从以下方面加强招标项目的过程管理和控制。

（1）抓好信息管理，堵住串标围标源头。串标围标现象大都源自于投标信息的泄漏。在现有项目招标程序中，招标人一般会实行集中报名、集中资格预审、集中现场踏勘和答疑。这种方式给招标组织工作带来了便利，但极易导致投标人身份和信息的泄漏，给不法投标人提供串标围标的可能。针对这一情况，要完善和改进招投标程序，实行网上报名、招标文件直接从网上下载、投标人自行踏勘现场、网上组织答疑等办法，尽可能减少投标人"面对面"的机会，严防串标围标。

（2）大力推行资格后审制度，改进现行招投标程序。资格后审，是指在开标后才对投标人的资格进行审查的一种方法。由于该方法取消了报名程序，潜在投标人可不记名购买标书或直接从网上下载招标文件。因此，一般情况下不易发生投标人信息泄漏的情况。对于适合采用资格后审的项目，建议尽可能采用资格后审方式。大量的招投标实践证明：资格后审，是防范串标围标现象的有效办法之一。目前，在我国一些地区，资格后审制度已被广泛采用。

（3）严格执行公开公平制度，打破地区和行业封锁。加强对招标公告和招标文件的审查，防止招标人非法设置一些不合理的条件，变相提高门槛。要让所有符合条件的投标人都可以参加投标，尽可能增加投标人的数量，加大投标竞争性，提高串标围标的难度，降低串标围标成功的可能性。

（4）采用公开最高限价招标，制约"抬标"行为。招标人或代理机构要不断提高预算水平和能力，在编制工程预算时，要根据工程实际和当地人、材、机的市场供求状况，合理制定最高限价，严防"抬标"行为的发生，让那些串标围标者即使中标，也无法弥补串标围标成本，使其得不偿失，最终放弃串标围标。

（5）实行经评审的最低价中标法，目前国外使用较多的是最低价中标法，这种方法对哄抬标价的串标模式尤为有效。在我国招标实践中，可借鉴世界银行和一些发达国家的做法，在评标时尽量采用经评审的最低价中标法。特别是对于一些技术难度低、通用和简单的工程，不采用综合评估法，而实行经评审的最低价中标法，让串标围标失去现实意义。

（6）约定串标围标的表现情形，为认定串标围标行为提供依据。《招标投标法实施条例》也在第四十条补充了 6 种视为串通投标情形，为判断围标串标行为提供了法律依据。但围标串标表现形式复杂多样，现行法律规定难免涵盖全部。在一些地方采用在招标文件中约定的办法，明确规定"在不同的投标文件中出现某些行为即可认定为串标围标"，这种办法值得借鉴和推广。如浙江省某市颁布的评标办法中，明文规定"两份或两份以上的标书差错雷同两处及以上者"、"技术标书表述连续 20 行以上相同者"、"不同投标人的标书由同一台电脑制作者"等等行为，可由评委直接否决投标。这种方式弥补了《招标投标法》及其实施条例等相关法律规范的不足，为防范串标围标行为、认定串标围标行为提供了可操作的现实依据。

（7）加强评标专家和其他工作人员的培训和管理，评标专家不仅需要具有丰富的专业知识和实践经验，更需要具有遵纪守法、恪尽职守、客观公正的良好操行。在招投标实践中，无论是多么精明的串标单位，其标书中总会留有暴露其阴谋的数据线索：其表现或者为报价浮动有规律，或者为报价相近等。评审专家要善于发现投标文件中的线索，阻止串标围标行为。对于其他工作人员，也要加强职业道德教育和法纪教育，发现有不法行为时，做到发现一起，查处一起，以起到震慑作用。

（8）推行电子评标和网络远程评标法，目前在一些地区，在评审商务标书时，采用电子评标法，取代了部分人工工作，减少了人为因素的影响。此外，还有一些地区实行网络远程评标的方式，抽取外地的专家在异地实行远程评审，这些方法对防范"人情标"和"专家跑风"，起到了积极作用，提高了评标结果的公正性和客观性。

（9）适当提高投标担保的额度，按照《招标投标法》及其配套法律规范的规定，投标保证金一般不超过投标总价的 2%，最高不超过 80 万元人民币。按照这个标准，投标人的违法成本远小于其违法所得。在巨大的利益诱惑面前，不少投机分子乐此不疲。为此，建议将来在修法时提高投标保证金的额度和最高限额，以提高串标围标成本。

（10）积极尝试一些新型的投标办法，在住房建设部颁布的《房屋建筑和市政工程标准施工招标文件》中，提出使用"白版暗标"的方式进行投标。即投标文件采用统一版式，文中内容和版面都不得出现投标人的任何信息，以防止评标委员会成员对某些标书实行"打分倾斜政策"。不可否认，这种办法对防范串标围标行为确实能起到一定作用。但是，该办法似有违背《合同法》《招标投标法》等上位法的立法精神之嫌疑。如能在实践中找到一种合理的处理办法，使之既符合法律精神，又能有效防范串标围标，则不失为招标实践中的一大创举。

10. 形成事前、事中和事后环环相扣的监督体系

要不断改进标前审核制度，加强标中监督和标后监管，各行业主管部门作为法定的监管部门，要在当地政府的领导和有关部门的监督协调下，切实采取措施，不断完善预防措施，完善招标文件随机抽查制度，集中精力打击串标围标、资质挂靠、规避招标、违法分包等违规行为，不断规范投标人行为，净化招投标市场。

我国招投标制度起步较晚，监管体系还留有计划经济体制印痕，相关法律规范还不十分健全，体制机制还有很大的完善空间，监督方法和过程控制也有待改进。如何防范工程招标活动中的串标围标现象，一直是摆在众多业内人士面前的一个重大课题。分析我国工程项目建设领域招投标活动中串标围标现象产生的原因及其表现，对防范违法违规交易，保护国家利益、社会公共利益和招投标活动当事人的合法权益，无疑具有非常重大的意义。

（原文载于《中国招标》2011 年第 16 期）

四

评 标 篇

关于评标委员会的性质及与招标人
的法律关系的探讨

◎**本文概要** 本系列文章针对业界"招标人和评标委员会之间是法定代理关系"的观点，从分析评标委员会的性质和法律责任着手，认为招标人和评标委员会之间存在委托代理、雇佣关系，并从理论和实践的不同维度对该观点进行全面阐释。

业内专家撰文提出招标人和评标委员会之间是法定代理关系的观点，引起了业内的极大关注。对此观点，笔者不太认同。笔者认为招标人和评标委员会之间存在委托代理、雇佣关系，并通过系列文章对此分析如下。

其一

（一）评标委员会的工作性质是"评标"还是"定标"

评标委员会，顾名思义，就是为了评审投标文件而组建的专门工作委员会。《招标投标法》第三十七条规定："评标由招标人依法组建的评标委员会负责。"第三十八条第二款规定："任何单位和个人不得非法干预、影响评标的过程和结果。"第四十条规定："……评标委员会完成评标后，应当向招标人提出书面评标报告，并推荐合格的中标候选人。"从这些规定可以清晰地看到：评标委员会的工作，就是对投标文件进行评审，并在评审结束后向招标人提交评标报告，推荐中标候选人。因此，如果招标人没有授权评标委员会直接确定中标人，则评标委员会的工作就是两大任务：评审投标文件和推荐中标候选人。这两大任务，可以简称为"评标"和"荐标"。因此，评标委员会的工作性质是"评标"而不是"定标"。

法律规定谁来"定标"呢？《招标投标法》第四十条第二款规

定:"招标人根据评标委员会提出的书面评标报告和推荐的中标候选人确定中标人。"第四十五条规定:"中标人确定后,招标人应当向中标人发出中标通知书……"。显然,"定标"和"发放中标通知书"都是由招标人来完成的,因此是招标人"定标",而不是评标委员会"定标"。

我们知道,一个完整的招标流程包括以下程序:招标人发布招标公告(投标邀请书)和发售招标文件—投标人编写投标文件—投标人递交标书—开标—评标—定标—发放中标通知书—签订合同。如果招标人没有授权评标委员会直接确定中标人,评标委员会的工作就仅限于评标,即评审标书得出评审结果,提交评标报告并推荐中标候选人后,评标委员会的工作就结束(《招标投标法实施条例》把评标委员会的工作任务延伸至履约能力审查完成后)。确定中标人并向其发放中标通知书的工作,都由招标人来完成。在定标阶段,没有评标委员会的事。

综上,评标委员会的工作是"评标"而不是"定标"。认为"评标委员会拥有定标权"和"评标委员会在定标"的观点,是不太全面的。

(二)评标行为是不是一种行政行为

一些学者认为:评标行为是一种行政行为,而且引述了很多法律规定进行论证。不可否认,评标行为的特征和行政行为的特征确实有很多相似之处。如评标行为和行政行为都具有意志性、强制性和可诉性等等。但是,我们在看到两者之间的相似之处时,也应该看到两者之间的巨大差异。

从行政行为的构成要件来看,行政行为应该由行政主体做出;不是行政主体做出的法律行为,不是行政行为,因为其行为主体不符。行政主体是一种特殊主体,法律对其主体资格有着特殊要求。有关法律对行政主体的定义是:指依法享有国家权力,能以自己名义实施行政活动,并能独立承担法律责任的行政机关和法律授权的组织。按照法律规定,行政主体大体分为三类:中央机关与机构、地方机关与机构、非政府组织和个人。评标委员会很显然不属于前两类。

那么，评标委员会是不是属于上述分类中的第三类行政主体呢？行政主体一般具有如下特征：①是具有行政权力、实施行政活动的组织；②必须是能以自己的名义独立进行行政管理活动的组织；③必须是能够承担行政活动的法律后果的组织；④行政主体一般由行政机关和法律、法规授权的组织担当。由以上特征可知：判断是否为行政主体，其标准包含权、名、责三个方面。权，是指独立的拥有并行使行政权力；名，是指能够以自己的名义对外采取行政行为；责，是指能独立承担法律责任。在这三个方面中，责是非常重要的标准之一，有权有名未必是行政机关，有权有名有责才是行政机关。

对照评标委员会的组织机构特征，有权有名是肯定的，但，是不是有责呢？综观整部《招标投标法》，没有对评标委员会作为一个组织如何承担法律责任进行规定，相反《招标投标法》还在第四十四条明文规定："评标委员会成员……对所提出的评审意见承担个人责任。"在法律上，由机构或组织的成员承担个人法律责任，和由一个机构或者组织以民事或商事主体的形式独立承担法律责任，其概念和性质都是不同的。《招标投标法》这条规定，应该理解为评标委员会不是作为一个机构或者一个组织可以独立承担法律责任。评审结果责任的承担方式是由成员个人承担个人责任。从这个意义上理解，评标委员会作为一个临时性组织，没有独立承担法律责任的能力。

综上所述，行政行为只能由行政主体作出，评标委员会不是一个行政主体，其评标行为也就不是一种行政行为。

（三）评标委员会是智囊团还是专门工作小组

在以往的一些论述中，一些学者认为：评标委员会是一个专业知识型的、咨询型的工作小组，是招标人的决策参谋。这种观点似乎把评标委员会定性为参谋或者智囊团的角色。不可否认，在《招标投标法》的一些相关规定中，确实可以看到这种属性特征，如《招标投标法》第四十条第一款规定："……评标委员会完成评标后，应当向招标人提出书面评标报告，并推荐合格的中标候选人。"

然而，在《招标投标法》中也可以找到另外一些规定，表明评标委员会并不是一个智囊团，其工作性质不是参谋性质。如《招标投标法》第四十条第二款规定："招标人根据评标委员会提出的书面评标报告和推荐的中标候选人确定中标人。"如果把评标委员会的工作定性为参谋和智囊团，那么评标委员会出具的评标报告，不管这份报告正确与否，招标人都有选择采纳和不采纳的自由，而上述规定明确要求招标人应当采纳评标委员会的评标报告，这和参谋、智囊团的性质是有本质区别的（法条默认的前提是评标报告的结论是正确的）。

那么，评标委员会的性质，到底是什么呢？

笔者认为：评标委员会是招标人为解决专业问题而临时组建的专门工作小组。《招标投标法》第三十七条规定："评标由招标人依法组建的评标委员会负责。"笔者认为，这条规定表明了三层意思：第一层意思是评标由评标委员会负责；第二层意思是评标委员会由招标人组建；第三层意思是招标人应当依法组建评标委员会。从中可以看出"评标委员会是招标人组建的专门工作小组"的含义所在。

（四）招标人和评标委员会是一种什么关系

招标人与评标委员会的关系到底该如何定位，标界目前还没有形成共识。业界专家何录华在研究了大量的相关论著以后，对这些观点进行了归纳，认为比较有代表性的是三种意见：智囊、雇佣和代理。

笔者认为，招标人和评标委员会之间存在两种关系，委托代理关系和雇佣关系。在招标人授权评标委员会直接确定中标人的情况下，是委托代理关系；在招标人没有授权的情况下，是雇佣关系。

第一种关系是委托代理关系。《招标投标法》等相关法律赋予招标人以定标权，但招标人在法律的认可下，把这种权利委托给了评标委员会代为行使，由评标委员会直接确定中标人。因此，在这种情况下，两者之间的关系是一种委托代理关系，代理权限仅限于定标行为。代理定标行为实施过程如下：招标人委托评标委员会代为实施定标行为，向其中的某一位投标人表达或宣布其中标，并由此产生相应的法律后果。

第二种关系是雇佣关系。在招标人没有授权评标委员会直接确定中标人的情况下，招标人和评标委员会之间是一种雇佣关系。我们可以从评标委员会的组建方式和评标行为的性质两个方面来考证。在招标实践中，一般都由招标人提出评标专家的组成结构，经监管部门核准后从评标专家库抽取专家，组成评标委员会；一些特殊项目也可以由招标人直接指定某些专家组成评标委员会。评标委员会组建以后，为招标人完成比较专业的标书评审工作，评审工作完成后，招标人给专家发评审费。

笔者认为：在这个过程中，招标人为完成某项专业工作，购买了专家的劳务付出和智力成果，而专家运用自己的专业知识获取报酬。从交易过程来看，招标人和评标专家之间是"劳务"和"报酬"之间的交换，从这个特点上看，应当是一种雇佣关系。

（五）法定代理关系与雇佣关系之辨析

业内专家对招标人和评标委员会之间的关系进行论证，得出了"法定代理关系"的论断。这个结论是从评标委员会的工作性质的角度分析论证以后得出的：即评标的权利是法律赋予的，是为招标人服务的，而且是通过招标人来完成项目并体现国家意志的。从这个特点上看，符合法定代理的部分特征。

笔者认为：代理关系涉及三方当事人和三方法律关系，即被代理人、代理人和第三人三方当事人及三方之间的法律关系。在法定代理时，代理行为是代理人被法律直接指定，代表被代理人与第三人发生法律行为并产生相应法律关系。这是民事法定代理和商事法定代理都具有的特征属性。在评标时，评标委员会的评审行为实施的对象是投标文件，不是投标人，评标委员会没有与投标人发生法律关系，而只是与招标人发生法律关系。即评标完成后，评标委员会向招标人提交评标报告。从这点上看，尽管评审结果会对投标人造成影响，但法律行为和法律关系只在评标委员会和招标人之间存在并完成，不符合法定代理关系的基本特征。

但是，如果认定为雇佣关系，确实也存在一些疑虑：一是在雇佣关系中，雇主可以更改部分工作要求和工作内容；二是在雇佣关系中，雇员的意见，雇主不是必须接受。但在评标时，既定的评标办法和评标标准是不能改变的，而评标委员会提交的评标报告和中标候选人推荐意见，除非发生法定情由，招标人一般都应当接受。

如何理解这些区别呢？业界专家陈川生曾经提过一个观点：《招标投标法》是我国民商法领域中一部十分特殊的法律，既具有私法的属性，也具有公法的属性。笔者赞同这一论断。对于雇佣关系的这两点疑虑，试作如下解释：

一是关于招标人应当接受评标报告，可以从"公法"属性上进行理解。国家出于管理经济活动的目的，对招标投标活动作出一些特殊规定，要求评标必须借助专家的力量，要求招标人一般情况下应当认可专家的工作成果（特别是在评审结果是正确的情况下）。法律这么规定，一方面是为了体现公平公正，另一方面在招标实践中，评标专家专业方面的素养也确实比招标人要高，其工作成果确实具有一定的权威性。

二是关于评标办法和评标标准不能随意改变，可以从"私法"属性上进行理解。评标办法和评标标准是事先公布的，不但对投标人有约束，对招标人自己也有约束。招标人如果随意变更了评标办法和评标标准，则破坏了"诚实信用"原则，因此法律规定不得随意更改。

综合上述分析，在招标人和评标委员会之间关系的定性上，关于"法定代理关系"和"雇佣关系"的论断各有一定道理，但也都不完全符合其相应的属性特征。至于到底是"法定代理关系"还是"雇佣关系"，或者还有其他关系，恐怕一时还难下定论，但就"法定代理"和"雇佣"两种关系而言中，"雇佣关系"无疑更符合其特征。

（六）评标委员会和招标人的法律责任辨析

综合各方观点，笔者认为：把招标人和评标委员会的关系，定性为委托代理关系和雇佣关系比较合适。由于法定代理和委托代理都是代理关系的一种，因此在分析评标委员会行为的归责原则时，只需理清在代理关系和雇佣关系中，评标委员会的责任如何承担、由谁承担即可。

在民事代理中，被代理人对代理人的代理行为，承担民事责任；在商事代理中，代理人对代理行为的后果，由自己或被代理人对第三人承担。如果定性为商事法定代理关系，由于评标委员会是一个临时机构，其行为后果和责任，按理应该并且只能由招标人来承担。

关于雇佣关系的法律责任，各国司法实践有三种归责方式：一是过错责任原则，强调雇主对雇员的选聘及监督义务；二是无过错责任原则，要求雇主对雇员在执行雇佣职务过程中实施的一切不法行为承担责任；三是过错责任原则与衡平责任原则相结合，要求由雇佣人与受雇人承担连带责任。我国多数法学者认为应当确立无过错责任原则。但无论哪种归责原则，在雇佣关系中，都强调雇主要对雇员的行为承担责任。因此，如果把招标人和评标委员会的关系定性为雇佣关系，则招标人也必须为评标委员会的评审结果承担责任。

综上所述：一些招标人和部分学者认为"评标是由评标委员会负责的，中标人是评标委员会推荐的，出了事情与招标人没有一点关系""招标人不需要为评标结果负责"的观点是不全面的。

其二

（一）从代理制度的产生探析代理关系中相对人的存在

法制史学者经过研究认为，代理成为一种独立的法律制度，是商品经济发展的结果。在古代罗马，没有代理制度，到后期罗马法，为适应商品交换的需要和发展，逐渐萌发了代理制度的幼芽。

从代理制度的起源和产生的角度考证，在没有发生代理行为时，是两方行为，即某甲和某乙之间的商品交换行为。在商品交换过程中，某乙作为商品交换关系中的一方当事人，是始终而且必须存在的，否则交换行为就无法实现。产生了代理制度以后，某丙接受某甲的委托，代替某甲和某乙进行商品交换。因此，某乙作为接受某丙实施代理行为的相对人，同样也是始终和必须存在的。某乙的这种存在，在代理行为产生之前如此，在代理行为产生之后也是如此，必须是一种现实的客观的存在，并不因为代理制度的产生，而变的可有可无。

现代社会中民商事法律关系也是如此，假设没有代理关系存在时，应当是民（商）事法律关系中某甲和某乙双方之间发生法律行为，加入了代理关系后，代理人就代表某甲一方和某乙实施和开展法律意义上的行为活动，三方当事人和三方关系都是必须具备的。

因此，从代理制度的起源和产生上分析，在代理关系中，相对人是必须存在的，没有相对人的存在，则构不成代理关系。

（二）我国民商法学者对代理关系中相对人的认识

《民法总则》第一百六十二条规定："代理人在代理权限内，以被代理人名义实施民事法律行为，对被代理人发生效力。"根据这一定义，代理人在代理权限范围内，以被代理人的名义，与相对人进行民事法律行为，即产生了被代理人与相对人之间的法律关系，基于代理行为产生的权利、义务归被代理人承受。因此，我国民法学学者认为：没有相对人不能发生代理关系，代理人代表被代理人与相对人进行民事法律行为时，代理人与被代理人之间的代理关系才能实现。被代理人、代理人和相对人之间的关系如下：被代理人与代理人之间为代理权关系；代理人与相对人之间为代理行为之关系；被代理人与相对人之间则为代理行为的法律后果的承受关系。

关于商事代理，各国立法并未确定其统一的概念。有的称之为"商务代办"或"商业代理"，而有的却无明确称谓，只是混同于民事代理中。我国法学界大多数学者的观点是，商事代理是代理商以营利为目的，接受他人（被代理人）委托，与第三人发生法律行为，其行为后果由自己或被代理人对第三人承担。这里需要特别指出的是，这里所说的"第三人"和民法中的"相对人"是同一个概念，只是称谓不同，内涵完全一样。

在商事代理关系中，被代理人、代理人和第三人三者关系图示如下：

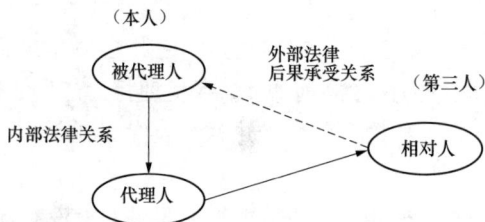

```
                    （本人）
                   被代理人          外部法律
                                    后果承受关系      （第三人）
     内部法律关系                                    相对人
                    代理人
```

有业内专家指出："认为评标委员会没有和投标人发生法律关系就不是法定代理的意见是不成立的"，并列举了"工会可以代表会员和雇主交涉反映会员诉求，如要求雇主增加会员福利、改善劳动保护条件等，这些法定的代理行为权利是特定的，工会也不会和雇主形成什么法律关系如合同关系、买卖关系，但不能否认这是法定代理"这一事例作为佐证。

按笔者愚见：前述所举的这个事例，实际上包含着雇员、工会和雇主三方当事人和三方关系。即工会受法律规定的指定，代表工会会员向雇主提出诉求。在这个事例中，雇员是被代理人，工会是代理人，雇主是相对人。雇员和工会之间是代理权关系；工会和雇主之间是代理行为关系；雇主和雇员之间是代理行为的法律后果承受关系。这个实例在本质上是非常符合法定代理的基本特征的，应当把它看成是对法定代理关系必须具备三方当事人和三方关系的例证，而不能把它当成只有两方当事人和两方关系的佐证。在这一实例中，不管工会的交涉结果如何，最后是否形成成文的纪要或者合同之类的法律文书，在工会和雇主就相关意见进行交涉时，工会和雇主之间，实施了代理行为，形成了代理行为关系，这是客观存在的。

因此，不管是民事代理还是商事代理，从代理的特征来看，都应当具备三方当事人。没有相对人的存在，只有两方当事人之间发生法律行为，是不构成代理行为的。

（三）民商法体系中对代理活动相对人（或第三人）的相关规定

针对《民法总则》关于"代理人在代理权限内，以被代理人名义实施民事法律行为，对被代理人发生效力"这一规定，有些标界人士认为，这一法条没有提到相对人，因此相对人的存在不是必须的。实际上，这种观点是不全面的。在民事活动中，除了立遗嘱等一些特例，法律行为一般都存在相对方，特别是常见的合同行为等双方行为，其法律行为都是对相对方行使的。实际上，《民法总则》中有关代理的其他规定，也多次提到了相对人的存在，如第一百六十四条、第一百七十一条和第一百七十二条等。

这些条款的规定说明，第三方相对人在民事代理关系中，是必须存在的。特别是《民法总则》第一百七十二条明确规定："行为人没有代理权、超越代理权或者代理权终止后，仍然实施代理行为，相对人有理由相信行为人有代理权的，代理行为有效。"从这个条款中可以清晰地解读到这样一层意思：行为人（即代理人）的民事行为是向第三方——相对人实施的。

商事活动更是如此，商事行为原本就是双方行为。《合同法》第四十七条第二款规定："相对人可以催告法定代理人在一个月内予以追认。法定代理人未作表示的，视为拒绝追认。合同被追认之前，善意相对人有撤销的权利。撤销应当以通知的方式作出。"从这个法条中也可以看出，在商事法定代理中，作为代理关系中外部法律关系的第三方，相对人也是必须存在的。

综观民商法体系中有关代理关系的各种规定，我们可以得出如下结论：代理关系应当具备三方当事人和三方关系。

（四）评标活动有没有三方当事人和三方关系的存在

由上述分析我们知道：民商事代理活动和其他活动的重大区别，就在于有没有三方当事人和三方关系的存在。由于评标委员会的评审行为来自于法律的规定，因此只要证明评标活动存在三方当事人和三方关系，并符合法定代理的其他特征，评标行为就可以认定为是一种法定代理关系。

那么，评标活动中，是不是存在三方当事人和三方关系呢？我们试着来分析一下。

评标时，在招标人没有授权直接确定中标人的情况下，招标人交给专家一个任务，负责评审投标人的标书，而评标委员会接受了这个任务，并运用自己的学识和技能来完成这个任务，评审结束后，向招标人提交评标报告并领取相应的报酬。

从这个过程中，我们可以发现，整个评标活动只在招标人和评标委员会两个当事人之间完成，没有第三方当事人的存在。评标委员会和投标人之间，没有发生直接的法律行为。因此，虽然评标结果会对投标人产生重大影响，但这只能表明投标人是这个评标活动的利益相关方，而不能表明投标人是评标活动中的一方当事人，因为评标行为不是由评标委员会向投标人实施。这和代理关系中，代理人向相对人实施代理行为是有区别的。基于同样的理由，由于没有三方当事人的存在，三方关系自然也就没有存在的基础。

从上面的分析我们可以看出，评标行为和由此产生的法律关系结构，与代理行为和代理关系的结构特征，是有很大的区别的。

（五）评标活动的其他特征和法定代理也有较大区别

除了评标行为不具备法定代理关系的结构特征外，评标活动的其他属性，也和法定代理关系有较大区别。

一是在法定代理中，代理人可以通过再代理的方式来完成代理行为。比如在民事法律关系中，父母是未成年子女的监护人，也是未成年子女的法定代理人。如果父母在法律知识方面有所欠缺，可以委托律师进行诉讼等民事行为。这种委托他人进行诉讼的行为，就是一种再代理行为。在商事活动中，法人代表作为商法人的法定代理人，可以授权委托他人对外行使部分权利，比如委托他人参加投标活动等。在行政法体系中，行政机关负责人作为法定代理人，也可以委托他人参加诉讼和非诉活动。虽然在民商法和行政法体系中，没有对法定代理关系中，再代理活动进行表述，但在实践中，可以找到诸多实例表明，在法定代理时，代理人可以进行再代理。

反观评标活动，则不具备这个特点，不管是评标委员会还是评标专家个人，都不能对评审活动进行再代理。《招标投标法》规定"评标由招标人依法组建的评标委员会负责"，显然排除了评标委员会作为一个组织，把评标行为再委托他人代为行使的可能性；而从评标专家个人的角度来讲，也只有拒绝或接受评标邀请的权利，而没有进行再代理的权利。

二是在法定代理时，被法律所指定的代理人不能拒绝代理。这个特征是民事法定代理和商事法定代理的共同属性。对照评标活动，由于评标委员会是由招标人和专家组成的，假设这是一种代理关系，那么应当属于一种多人共同代理的形式。多人共同代理中，某些专家可以拒绝接受邀请，进而产生了拒绝代理的实质后果，这也不符合法定代理的特征。

三是法定代理一般都是无偿的。而众所周知，评标专家的评审服务是一种有偿服务。

此外，评标委员会不是法人或自然人，主体不符合法定代理关系的相关要求法律规定由评标专家对评审结果承担个人责任，其归责方式也不太符合法定代理的特征。

如果把招标人和评标委员会之间的关系定性为雇佣关系，则可以完全排除本文提到的上述疑虑：①雇佣关系只有雇主、雇员两方当事人，法律行为只在两者之间发生，只存在两方关系；②雇员必须为完成某一项任务亲力而为，不能委托他人代劳；③雇佣关系的最终形成取决于雇员的意愿，雇员有接受和拒绝的自由；④雇佣关系的实质就是"劳务"和"报酬"的交换，有偿服务理所当然；⑤主体符合雇佣关系的特征；⑥雇员只对自己的行为承担个人责任。

从上述这些特点来分析，个人觉得定性为雇佣关系更为合适。

（六）完全满足代理特征属性的关系才是一种代理关系

有学者提出：虽然评标活动的关系特征和法定代理关系的特征有很大差异，但是否可以作为一种特别的法定代理关系而存在呢？即是一种特殊的法定代理关系呢？我们说，用特殊的法定代理关系来解释，是有失科学和严谨的：一则不存在只有两方当事人的法定代理关系；二则评标行为和法定代理行为的特征相差太大，已经不能用"特殊"一词来反映；三则一种法律关系是依据法律特征而确立的，不是我们可以随意创立的。

笔者认为，如果能全部满足法定代理关系的所有条件，就是一种法定代理关系；如果不能全部满足条件，就不是一种法定代理关系。对比评标活动的特性，我们发现评标行为不完全符合法定代理行为的所有特征。由于其不能满足代理关系中全部要件的要求，把它定性为法定代理关系是不合适的。

（七）能不能适用法律类推来推断两者关系

既然直接定性为法定代理关系不太现实，那么，是不是可以适用法律类推来推定其为法定代理关系呢？

我们知道，在司法实践中，所谓的类推，是指法律还没有这方面的明文规定时，比照最相类似的法律关系来推定其归属。

个人认为，在评标活动中，评标委员会和招标人之间的关系不适用法律类推。一则如果是法定代理关系，其代理关系应当由法律直接规定，理论上不存在类推一说；二则无论在民事还是商事代理，法律都有关于代理关系方面的明文规定，考查一种关系是不是代理关系，是根据其定义和特征去考查，而不是适用法律类推来推定；三则即使可以适用法律类推，也应该找到其特征属性最为相类似的一种关系，而评标活动的法律关系特征与法定代理关系的特征相差太大。

综上，从代理制度的起源、国内学者对代理关系的认识和民商法典的有关规定来看，代理关系都应当具备三方当事人和三方关系。由于评标活动不具备三方当事人和三方关系，其他特征和法定代理也有较大区别，个人认为断定其为法定代理关系不是很恰当，而且不宜适用法律类推来推定其为法定代理关系。

其三

（一）雇佣关系的定义和构成要件

关于雇佣关系的定义，我国法学界的看法目前还不是很统一。百度百科中有一条词条："雇佣关系是指受雇人向雇用人提供劳务，雇用人支付相应报酬形成权利义务关系。"笔者比较认同该词条的定义。

法学学者罗睿先生在考查了我国现实社会出现的各种雇佣关系的形式以后，对雇佣关系的共同特征作了分析，归纳出雇佣关系的四大构成要件：

（1）关系主体：包括购买劳动力的雇主（包括单位和个人）和出卖劳动力的雇工（只能是个人）。

（2）双方的合意：在自愿的前提下达成合意，雇主非经雇工同意，不得将其劳动力请求权让与他人；雇工非经雇主同意，不得使他人代为提供劳动力。

（3）雇工依照雇主的指示提供劳动力：这种指示不仅可以通过表明目的和要求的方式传达，还包括通过制定规章制度、指定专人监督管理等方式传达。雇工提供的劳动力包括体力和脑力劳动。

（4）雇主为雇工的劳动支付工资。

笔者同意罗睿先生的第（2）、（3）、（4）点意见，唯独想对第（1）点意见进行一点修正："雇员有时候也可以是一个团体或组织。"以团体或组织的名义对外提供劳务，在现实社会中是广泛存在的，如"劳务公司"的存在就是一例。

（二）评标委员会的工作性质符合上述属性特征

在评标活动中，评标专家向招标人提供劳务和智力付出，评标完成后招标人支付一定报酬。这个特点符合学者对雇佣关系的认识。按照法理学的相关理论，如果要判定某种关系属于雇佣关系，除了要符合其定义特征外，还要满足其构成要件。那么评标活动能不能满足雇佣关系的四大构成要件呢？我们试分析如下：

（1）关系主体：存在购买劳务方和付出劳务方，关系主体符合要求。

（2）双方合意：专家有拒绝或接受评标邀请的自由。一旦专家接受后，招标人不得私自将专家的工作转交给他人；而专家也必须对评审工作亲力亲为。

（3）劳动力提供：专家按照招标人交办的任务，凭借自己的知识和学识，用智力和体力劳动完成比较专业的评审活动。

（4）报酬给付：评审结束，招标人给付报酬，完成"劳务"与"报酬"之间的交换。

从上述分析来看，评标委员会的工作性质，满足雇佣关系的四大构成要件。

由于评标活动的特征符合雇佣关系的定义，也满足雇佣关系的构成要件。因此，笔者认为：招标人和评标委员会之间的关系，应当定性为一种雇佣关系。

（三）关于雇佣对象、雇佣报酬和雇佣契约方面的疑虑

笔者在前文中将招标人和评标委员会定性为雇佣关系，但有很多业界人士对"雇佣关系"的定性提出了一些疑虑。一些学者认为：雇佣关系的对象是确定的，报酬是明确的，契约也是必不可少的。雇佣关系的这些特征，评标活动都比较欠缺。这又该如何解释呢？

依据业界专家陈川生老师的观点，《招标投标法》也兼具"私法"和"公法"两种属性，因而不能完全用"私法"概念上的标准来衡量它对于雇佣对象的要求。《招标投标法》对雇佣对象的要求，只是一种宏观层面上的要求，而没有具体到个人。即《招标投标法》要求具备专家资格的评标专家库里的成员，除了具有应当回避的情形以外，都可以作为被选聘的对象。而抽取和指定专家的过程，实际上就是挑选并确定雇佣具体对象的一个过程。

关于雇佣报酬，我们知道：当某一个地方频繁出现某一种劳务活动的时候，就会在某一时期出现一种相对比较固定的报酬计算和给付方式。评标活动正是这样，很多地方评标专家的报酬都是约定俗成的。评标活动虽然缺乏"双方协商确定劳务报酬"的过程，但不表明评审活动的报酬是不明确的。相反，这种现象说明：评审活动的报酬是非常明确的，计算方式和给付方法就是当地约定俗成的一套规则，已经不需要再另行协商了。

关于雇佣契约，我们知道：契约有书面形式也有口头形式。评标活动开始以后，招标人交给评标专家以评审任务，并答应工作任务完成后即给付一定报酬，这实际上就是一种口头契约的方式。此外，根据国际劳工大会《关于雇佣关系的拟议建议书》中的规定："出于对雇佣关系中劳动者进行保护的国家政策的目的，确定这种关系的存在，应当基于有关提供的服务和劳动者报酬的事实，而不论各方当事人之间可能商定了何种契约性或其他的相反安排"。这个规定清楚地表明：即使没有口头契约的存在，只要有"服务和报酬交换"的事实存在，就可以确定为雇佣关系。

（四）如何解释评标的强制性和结果的约束性现象

有些学者认为：评标委员会的评标职责是法定的，评标的强制性、结果的约束性和我们平常所理解的雇佣关系特征相差较大，倒是和法定代理关系的特征比较相似。

笔者觉得：持这种观点的朋友，主要是没有厘清代理关系和雇佣关系的构成要件所致。评标的强制性和结果的约束性特点确实存在，但仅凭这两点就断定其为法定代理关系是不全面的。正如前文所述：确定一种关系是不是代理关系，关键在于有没有三方当事人和三方关系的存在。如果没有三方当事人和三方关系的存在，则不是一种代理关系。由于法定代理只是代理关系中的一种形式，如果无法认定其为代理关系，则亦无法认定为法定代理关系。那么，该如何理解评标的强制性和结果的约束性呢？

关于评标的强制性，笔者这么理解：其一，由于标书评审工作的特殊性，一般人在知识、技能等方面不具备操作和从事这项工作的能力，因此法律要求在评标委员会中，非招标人从业者必须是经济、技术方面的专家，而且必须是评标专家库里的成员。其二，国家出于管理经济活动等方面的考虑，在法律上要求评标活动由具有一定权威性、公正性的专门工作小组出具评审结果。这么做有利于对招标人的行为进行规范，防止其利用自身优势而随意授标。

而关于评标结果的约束性，则应当把它看成是法律对专家工作成果的一种肯定；而不能看成是法定代理时，招标人必须为代理结果承担责任。

此外，《法国民法典》第1711条规定："雇佣，是指劳动与服务的租赁。"基于这种简洁无误的定义和我国法学者对雇佣关系的认识，以及国际劳工大会相关文件对雇佣关系的理解，我们认为：把招标人和评标委员会之间的关系，定性为雇佣关系应该是比较妥当的。

其四

关于招标人和评标委员会之间的法律关系的讨论，客观来讲，"法定代理说"和"雇佣关系说"都有一定的法理基础；评标活动的某些特征，也分别与这两种关系的某些特征比较吻合。至于"雇佣关系说"到底能否成立，"雇佣关系"和"法定代理关系"哪一种关系更为合适，或者属于上述关系之外的法律关系，则有待于标界精英和业界人士们自己去评判。

（一）评审活动是"三方关系"还是"两方关系"

在招标人与评标委员会的关系上，业界人士已经形成了一种共识：是否存在着三方关系，是认定为"代理关系"还是"雇佣关系"的关键所在。

那么，评标活动到底存在不存在"三方关系"呢？在评审活动中，投标人是不是第三方当事人呢？我们试着来分析一下。

按照法学者们的观点：任何一种法律关系都包括主体、内容和客体三大要素，如果不具备这三方面的要素，则不能构成一种法律关系。要弄清楚到底有没有三方关系的存在，首先要熟悉何为法律关系的主体、内容和客体。

　　法律关系的主体，是指参加法律关系享受权利或承担义务的人，即法律关系的当事人。

　　法律关系的内容，是指关系主体间的权利和义务。

　　法律关系的客体，是指法律关系的权利与义务所指向的事物。

　　对照招投标过程中的评标活动，我们试着来分析一下其法律关系的主体、内容和客体。

　　由于对法律关系主体存有争议，我们先来确定法律关系的内容：评标委员会组建以后，招标人交给评标委员会评审标书的任务，评标委员会负责对投标人递交的所有标书进行评审，区分优劣；评审完成后，评标委员会负责向招标人推荐中标候选人，招标人负责给付评审报酬。这是评标活动权利义务关系的全部内容。确定了法律关系的内容以后，我们就可以发现：评标活动指向的事物是投标人的标书和投标人本身。评标委员会在进行评审时，标书和投标人是被评审的对象，是法律关系内容的指向物。因此，不管是标书也好，投标人也好，它应该是评标活动的客体，而不是评标活动的主体。

　　那么在评标时，法律关系的主体，到底是谁呢？笔者认为：评标活动的法律关系主体，就是招标人和评标委员会。理由如下：评标委员会是在为招标人工作，评审质量好坏、评审结果是否会被采纳、评审报酬是否按约给付，都只在招标人和评标委员会两者之间发生关系，而没有与投标人发生关系。

　　因此，在评标活动中，投标人不是法律关系的当事人；评标时发生的法律关系，应当是一种两方关系，而不是一种三方关系。鉴于如上分析，笔者认为：把招标人和评标委员会之间的关系，定性为雇佣关系更为合适。

　　（二）从评标委员会的工作性质来判断关系属性

　　评标活动到底是一种"三方关系"还是一种"两方关系"，还可以从评标委员会的工作性质上来判断。由于评标委员会的工作性质是"评标"，因此在评审过程中，评标委员会无论和谁有过接触，甚至发生过咨询、交流等行为，这些都只是为了更好地完成招标人交办的评审任务而采取的一种办法或途径，而不是在对投标人行使法律行为。评审任务是否能完成、完成的质量如何、招标人是否采用，这些都只在招标人和评标委员会之间发生法律意义上的法律关系。至于投标人，顶多也只能说他是"与评审结果有利害关系的利害关系人"，而不是评标法律关系中的一方当事人。

当然，如果招标人授权评标委员会直接确定中标人，则评标委员会接受招标人的授权，对中标人实施了定标行为，在招标人和中标人之间确立了权利义务关系，这个法律后果由招标人来承担，这时候就有招标人、评标委员会、中标人三方当事人了，因而这是一种代理关系。这种代理关系是一种委托代理关系，其代理权来自于招标人的委托。

（三）雇佣关系几点疑虑之辨析

一些学者认为：评标的强制性就是法定代理的突出特征。这个观点是值得商榷的：法定代理和代理是"种"与"属"的关系，法定代理只是代理关系中的一种形式。如果用一个数学式子，应该可以这么表达：

$$代理关系＋代理权法定＝法定代理$$

上述公式可以清晰地表达出：代理权的法定，系基于代理关系的存在这一前提。没有代理关系的存在，法律直接指定某种事项，不能认为是法律在指定代理权。法律要求评审活动由评标委员会负责，应当认为这是一种职责分工和从业资格方面的规定和要求，而不是一种代理权方面的法律指定。

有学者指出：雇佣关系要区分雇佣的是评标专家个体，而不是评标委员会这样一个组织。这一理解非常有深度。我们说，评标委员会是一个专门工作小组，是招标人为评审标书而依法组建的临时机构。因此，招标人和评标委员会之间完整的关系脉络图，可以这么表述：招标人依法雇用了评标专家个人，并把这些临时聘雇人员组建成了一个工作小组，用以完成比较专业的标书评审工作，进而也向投标人和广大公众表明，自己对所有的投标人和所有的投标方案的评审，是遵循客观、公平、公正和诚实信用的原则的。

虽然有诸多特征表明招标人和评标委员会之间符合"雇佣关系"的法理特征。但是在很多人的印象中，雇佣的对象一般是体力劳动者，而评标时聘请的都是业内的专家。其实法律意义上的雇佣关系，是基于"劳务和报酬的交换的事实"的存在，而不是基于雇佣对象的身份属性是专家还是其他人，何况在评标活动中，评标专家们确实是在用自己的知识、智力和体力劳动来换取相应的报酬。

另外，还有一些学者担忧：雇佣关系强调的是评标委员会必须为招标人服务，忽略了对法律负责和对第三方公正，出于对评标委员会监督管理方面的原因，认定为雇佣关系不太合适。

其实这种担忧是不必要的。原因有三：一是对于一种法律关系的认定，不能因为其可能带来的弊端而否认其存在，而是要抱着客观科学、实事求是的原则去认定。比较合适的做法应该是：先做出科学的认定，然后客观地去解剖这种关系下存在的缺陷和不足，并通过完善立法、强化监督等手段去克服和弥补这些缺陷。二是关于雇佣关系下存在的一些弊端，我们可以从《评标委员会和评标方法暂行规定》（七部委 12 号令）和《评标专家和评标专家库管理暂行办法》（原国家计委 29 号令）中找到一些解决办法。上述两部部门规章的相关规定，本身就是对评标行政监督缺陷的一种法律补救。更何况评标活动中存在的一些问题，大多不是因为法律不完善造成的，而是有法不依、执法不严造成的。三是如果是一种法定代理关系，其代理后果的归责原则是非常明确的，不需要进行立法补救。七部委 12 号令和原国家计委 29 号令等相关部委政令的出台，是不是在说明这原本就不是一种法定代理关系呢？

（原文载于《中国招标》2010 年第 48 期、2011 年第 6 期、2011 年第 9 期、2011 年第 11 期）

评标委员会相关法律问题分析

◎**本文概要** 评标委员会专司评审投标文件、推荐中标候选人之职责。本文专题对评标委员会的组建、调整规则及其职责、法律责任、解散等问题进行分析探讨。

评标由招标人依法组建的评标委员会负责。评标委员会承担着评审投标文件、推荐中标候选人的重任。组建公道正派、业务素质高的评标委员会并客观公正地评标，对招标人选拔最优中标人至关重要。实践中常出现评标委员会组建不合规、履职不规范、评标不公正等问题，影响了招标投标活动的公平、公正性。因此，依法组建、调整评标委员会、规范评标委员会的职权行为尤为重要。

一、关于评标委员会的组建

1. 评标委员会成员的来源

根据《评标委员会和评标方法暂行规定》第八条规定，评标委员会应由招标人负责组建，招标人也可授权招标代理机构负责组建评标委员会。评标委员会成员由两部分组成：一是招标人代表或其委托的招标代理机构熟悉相关业务的代表，二是与有关技术、经济等方面的专家。

《评标委员会和评标方法暂行规定》第二条规定："本规定适用于依法必须招标项目的评标活动"，第十条规定："评标委员会的专家成员应当从省级以上人民政府有关部门提供的专家名册或者招标代理机构的专家库内的相关专家名单中确定"。因此，依法必须进行招标项目的评标专家应当从省级以上人民政府有关部门的专家名册或者招标代理机构的专家库中确定，但非依法必须进行招标项目的评标专家可以从招标人自行组建的评标专家库中抽取。

根据《招标投标法实施条例》第四十五条规定省级人民政府和国务院有关部门应当组建综合评标专家库，为各行业各领域的招标活动提供专家资源服务。建立综合评标专家库是评标专家库制度的发展方向。今后评标专家也可以从国家综合评标专家库或者省级人民政府建立的综合评标专家库中选取，这有助于解决评标专家类别和数量有限、能力水平良莠不齐、重大和技术复杂项目评标专家资源匮乏的实际问题，满足招标人对评标专家的多元需求，也有利于提高评标专业技能和综合素质，减少不当干扰和违规违纪评标行为。

招标人和招标代理机构应根据法律法规的规定和招标项目的规模、性质、专业等条件选择合适的专家库，一些特殊项目还要注意选择符合特定条件的专家库。如《评标专家和评标专家库管理暂行办法》第五条规定"政府投资项目的评标专家，必须从政府有关部门组建的评标专家库中抽取"。评标专家库选择不合规定，将影响评标的质量和公正性，甚至导致评标无效。根据《评标专家和评标专家库管理暂行办法》第十七条规定，招标人或其委托的招标代理机构不从依法组建的评标专家库中抽取专家的，评标无效；情节严重的，由有关行政监督部门依法给予警告。

2. 评标委员会成员的选择方式

评标委员会成员中的招标人代表由招标人直接指定，不受评标专家资格条件的限制；有关技术、经济等方面的专家应严格按规定程序产生：

（1）随机抽取。《招标投标法实施条例》第四十六条规定："除招标投标法第三十七条第三款规定的特殊招标项目外，依法必须进行招标的项目，其评标委员会的专家成员应当从评标专家库内相关专业的专家名单中以随机抽取方式确定。任何单位和个人不得以明示、暗示等任何方式指定或者变相指定参加评标委员会的专家成员"。

（2）直接指定。根据《招标投标法》第三十七条和《招标投标法实施条例》第四十七条规定，对依法必须招标的特殊招标项目（指技术复杂、专业性强或者国家有特殊要求，采取随机抽取方式确定的专家难以保证胜任评标工作的项目），可以由招标人直接确定评标专家。招标人及招标代理机构不得无故废弃随机抽取、选定的专家，抽取、选定的专家因客观原因不能参加评标的，应当重新随机抽取或指定。

3. 评标委员会的成员结构

《招标投标法》第三十七条规定："依法必须进行招标的项目，其评标委员会由招标人的代表和有关技术、经济等方面的专家组成，成员人数为五人以上单数，其中技术、经济等方面的专家不得少于成员总数的三分之二"。非依法必须进行招标的项目则不受该规定限制。另，《评标委员会和评标方法暂行规定》第九条规定评标委员会成员还可包括招标人委托的招标代理机构熟悉相关业务的代表。因此，招标代理机构熟悉相关业务的代表可以作为"招标人的代表"出任评标委员会成员。

评标委员会一般由下列人员组成：第一，招标人的代表，侧重于与其他评委沟通，并对评标的全过程实施必要的监督。第二，技术方面的专家，侧重于对投标方案技术上的可行性、合理性、先进性等技术指标进行评审比较；第三，经济方面的专家，侧重于对投标文件的商务条款进行评审比较；第四，其他方面的专家。这样的专家结构才有可能充分提高其综合评审效果，保证评标活动更加客观公正。根据《招标投标法实施条例》第四十六条规定，行政监督部门的工作人员不得担任本部门负责监督项目的评标委员会成员。评标委员会总人数根据项目复杂程度、专业要求决定，须为 5 人以上单数（包括 5 人），但也不宜过多，否则会影响评审效率。

两阶段招标中，参与第一阶段技术探讨的专家能否作为第二阶段的评标专家，现行法律法规未作限制。但为了增强评标委员会成员名单的保密性，也使评标专家在评标过程中做到客观、公正地对投标文件提出评审意见，不建议在第一阶段与投标人进行过技术探讨的专家作为第二阶段的评标专家。

二、关于评标委员会成员的调整

根据《招标投标法实施条例》第四十八条规定，评标委员会成员有回避事由、擅离职守或者因健康等原因不能继续评标的，应当及时更换，以确保招标投标活动按计划有序推进。可更换评标委员会成员的情形主要有：

一是有回避事由。招标人对抽取到的专家就与投标人有无亲属关系、隶属关系、经济利益关系以及其他利害关系作必要审查，如有则予以更换。根据《评标委员会和评标方法暂行规定》第十二条规定，有下列情形之一的，不得担任评标委员会成员：（一）投标人或者投标人主要负责人的近亲属；（二）项目主管部门或者行政监督部门的人员；（三）与投标人有经济利益关系，可能影响对投标公正评审的；（四）曾因在招标、评标以及其他与招标投标有关活动中从事违法行为而受过行政处罚或刑事处罚的。一般情况下，子公司参加投标时，来自其母公司或者其上级部门的专家也不宜参加评标。评标专家本人应当主动提出回避。

二是擅离职守、工作不认真，不能胜任评标工作或违规违纪，被招标人取消评标资格。如评标专家违反工作纪律，私下接触投标人，收受他人的财物或者其他好处，透露对投标文件的评审和比较中标候选人的推荐情况以及与评标有关的其他情况，招标人查实后可以取消其评标资格。

三是评标专家因个人原因临时决定不能参加评标（如生病、家庭或单位有重要事情必须亲自办理），或不能继续评标。

因上述原因，评标专家人数减少后，需要调整评标委员会成员以确保有足够数量的专家评标，一般有以下方法：

一是自然减员，即直接减少应更换的专家，不再补充，但必须保证剩余评标委员会成员达到人数为 5 人以上单数，其中技术、经济等方面的专家不得少于成员总数的 2/3 的要求，且与项目复杂程度和评标工作量相符，保证能按期完成评标工作。

二是补选，即在抽取专家时就留有备选专家以备不时之需，一旦缺员可以立即补足，绝对不能由招标人或评标委员会自行决定找几个专家补足。

三是重新组建，即评标专家调整人数众多（如超过原有成员数一半）的，以重新抽选评标专家组成新的评标委员会为宜。招标人代表（含招标代理机构人员）需要更换的，由招标人重新选派人员。

需注意的是，第一，重新抽取的专家也是按照《招标投标法》第三十七条和《招标投标法实施条例》第四十六条规定的方式随机抽取的，退出的专家不得指定其他人员代替其参加评标。第二，评标委员会成员被更换的，其已完成的部分评标意见无效。《招标投标法实施条例》第四十八条规定，"被更换的评标委员会成员作出的评审结论无效，由更换后的评标委员会成员重新进行评审"。

三、关于评标委员会的职责及法律责任承担

根据《招标投标法》第四十条、《评标委员会和评标方法暂行规定》第七条规定，评标委员会负责评标，根据招标文件规定的评标标准和方法对投标文件进行系统地评审和比较，向招标人提出书面评标报告并推荐中标候选人。评标委员会在招标人授权的情况下也可以直接确定中标人。评标委员会独立公正履行职责，是确保招标投标成功的关键环节之一。

（1）评标委员会成员应独立、客观进行评审。评标委员会成员应依据评标办法和标准评标，独立对所有投标人进行资格审查，有权决定否决投标，有权认定并处理串通投标、骗取中标等违法行为。评标委员会在评标过程中有权要求投标人对投标文件澄清和说明、提出评标报告、推荐中标候选人、在授权时确定中标人，客观、独立、公正地行使评标权力，充分发表自己的见解。

实践中招标人或评标专家影响干扰其他评标专家独立评标，误导和干扰其他评标专家的客观评价，如为暗助某个投标人就过分夸大其优势变相地为该投标人提升竞争力，或为贬低某个投标人就尽量回避其优势却突出强调其缺点以削弱其竞争力，或个别评委片面强调自己熟悉的品牌，以别的品牌影响生产、不配套、难度大等为由干预其他评委；招标人的领导或者评标专家的上级领导对评标委员会成员实施干预，影响评标委员会行使独立评标的权利的现象较为普遍。解决这些问题的关键在于如何保障评委的独立性以及公正性，一是要保证评标委员会组建的充分随机性；二是强调评标专家的职责与评标纪律；三是合理设置评标程序，规范评标。招标人应

保证评标委员会独立评标权利的实现，不干预评标委员会依法自主、独立评标。

（2）评标委员会成员应恪守职业道德，严格遵守评标纪律。《招标投标法实施条例》第四十九条规定："评标委员会成员应当依照招标投标法和本条例的规定，按照招标文件规定的评标标准和方法，客观、公正地对投标文件提出评审意见。招标文件没有规定的评标标准和方法不得作为评标的依据。评标委员会成员不得私下接触投标人，不得收受投标人给予的财物或者其他好处，不得向招标人征询确定中标人的意向，不得接受任何单位或者个人明示或者暗示提出的倾向或者排斥特定投标人的要求，不得有其他不客观、不公正履行职务的行为。"《评标专家和评标专家库管理暂行办法》也规定了评标专家的禁止性行为。

评标专家评标不公、违规违纪可能造成的招标无效、评标无效等法律后果及给投标人带来的损失，由招标人承担。《工程建设项目勘察设计招标投标办法》《工程建设项目施工招标投标办法》等规章规定，评标专家如使用招标文件没有确定的评标标准和方法评标，应当回避担任评标委员会成员的人参与评标，评标委员会的组建及人员组成不符合法定要求的，或者评标委员会及其成员在评标过程中有违法行为且影响评标结果的，评标无效，应当依法重新进行评标或者重新进行招标。由于招标人和投标人是招标投标活动双方当事人，投标人因招标中的违规行为造成的损失可以向招标人主张权利。

实践中，存在评标专家在评标过程中不负责任，业务不熟，在评标中未掌握招标文件主要内容，不能客观公正评标的问题。对于评标委员会成员不能胜任评标工作的，可以取消其评标资格，重新组建评标委员会评标，或补抽专家充实评标委员会继续评标。招标人应加强评标专家管理，选拔高素质评标专家，不仅要注重学历与职称、专业知识、工作经历，还要考虑其敬业心、责任心、工作态度、原则性等，并强化对评标专家工作态度和业务水平的考核奖惩机制。

（3）评标委员会成员有权发表不同意见并在评标报告上拒绝签

字。《招标投标法实施条例》第五十三条规定："评标报告应当由评标委员会全体成员签字。对评标结果有不同意见的评标委员会成员应当以书面形式说明其不同意见和理由，评标报告应当注明该不同意见。评标委员会成员拒绝在评标报告上签字又不书面说明其不同意见和理由的，视为同意评标结果"。《评标委员会和评标方法暂行规定》第四十三条有类似规定，并增加"评标委员会应当对此作出书面说明并记录在案"的条款。因此，评标委员会成员有不同意见时可以拒绝在评标报告上签字，但必须以书面形式说明原因；拒绝在评标报告上签字且不说明意见和理由的，视为同意评标报告的意见，即与评标委员会其他成员一同承担相同责任。

（4）评标委员会成员个人承担法律责任。评标委员会为临时性组织，不是法人，没有组织机构和独立的财产，因此不能独立地承担法律责任。但评标委员会成员和评标委员会不是一个概念，评标委员会成员是自然人，必须对自己的行为承担法律责任。《招标投标法》第四十四条规定："评标委员会成员应当客观、公正地履行职务，遵守职业道德，对所提出的评审意见承担个人责任。"《招标投标法》第五十六条对评标委员会成员的法律责任规定得更为明确："评标委员会成员收受投标人的财物或者其他好处的，评标委员会成员或者参加评标的有关工作人员向他人透露对投标文件的评审和比较、中标候选人的推荐以及与评标有关的其他情况的，给予警告，没收收受的财物，可以并处三千元以上五万元以下的罚款，对有所列违法行为的评标委员会成员取消担任评标委员会成员的资格，不得再参加任何依法必须进行招标的项目的评标；构成犯罪的，依法追究刑事责任。"《政府采购评审专家管理办法》第二十七条对评审专家的违规违纪行为也做出了详细的规定："评审专家未按照采购文件规定的评审程序、评审方法和评审标准进行独立评审或者泄露评审文件、评审情况的，由财政部门给予警告，并处 2000 元以上 2 万元以下的罚款；影响中标、成交结果的，处 2 万元以上 5 万元以下的罚款，禁止其参加政府采购评审活动。评审专家与供应商存在利害关系未回避的，处 2 万元以上 5 万元以下的罚款，禁止其参加政府采购评审活动。评审专家收受采购人、采购代理机构、供应商贿赂或者获取其他不正当利益，构成犯罪的，依法追究刑事责任；尚不构成犯罪的，处 2 万元以上 5 万元以下的罚款，禁止其参加政府采购评审活动。评审专家有上述违法行为的，其评审意见无效；有违法所得的，没收违法所得；给他人造成损失的，依法承担民事责任。"

四、关于评标委员会的解散

评标委员会是临时机构，评标委员会的组建时间在评标开始前，但是并不是在其对投标文件按照法定程序评审，向招标人提交书面评标报告和建议后即告解散。笔者认为应在发出中标通知书之时解散。因为公示中标候选人后，还需要评标委员会核实投诉；投标人履约能力发生变更的，也需要评标委员会进行履约能力审查。《招标投标法实施条例》第五十六条规定："中标候选人的经营、财务状况发生较大变化或者存在违法行为，招标人认为可能影响其履约能力的，应当在发出中标通知书前由原评标委员会按照招标文件规定的标准和方法审查确认"，其意就在于提交评标报告以后，中标通知书发出之前，评标委员会还有可能重新审查投标文件，评标委员会的职责使命在发出中标通知书后方能完成。

（原文载于《中国招标》2014 年第 20 期）

常见否决投标条件的法律梳理

◎**本文概要** 招标文件中的否决投标条件影响投标文件的效力。本文从投标人资格条件不合格、投标文件格式和内容不合格、投标文件存在重大偏差、投标人违法违规四方面对 25 类法定和约定否决投标条件进行了梳理。

"否决投标"，一般是指评标委员会对违反法律规定或者未响应招标文件实质性要求的投标文件，作出不再进一步评审，投标人失去中标资格的决定。否决投标应根据《招标投标法》及配套法规、规章和招标文件规定的否决投标条件评判。因法律规定的否决投标条件过于原则，招标文件一般会作出补充规定，增强操作性。实践中，在评标阶段否决投标的条件可分为投标人资格不合格、投标文件格式不合格、投标文件内容有重大偏差及投标人有违法违规行为四大类，下面主要分析其常见情形。

一、因投标人的资格条件不合格否决投标的具体条件

根据《招标投标法》第二十五条、第二十六条规定，投标人必须是依法成立的法人或者其他组织（依法招标的科研项目允许个人参加投标的除外），且应当具备承担招标项目的能力（通常包括国家规定的市场准入条件，招标文件规定的人员、资金、设备、管理等合同履约能力以及资信、工作经验与业绩）。国家有关规定对投标人资格条件或者招标文件对投标人资格条件有规定的，投标人还应当具备规定的资格条件，否则其不具有签约资格或履约能力。实行资格预审，投标申请人的资格条件不符合国家有关规定和资格预审文件要求的，根据《招标投标法实施条例》第十九条规定，申请人不具有投标资格；在评标阶段，投标人的资格条件不符合国家有关规

定和招标文件要求的，根据《评标委员会和评标方法暂行规》第二十二条规定，评标委员会可以否决其投标。

1. 投标人不具备独立订立合同的资格

（1）依法必须招标的项目不允许自然人参加投标（科研项目允许个人参加投标的除外）。

（2）没有营业执照（事业单位法人证书）的单位或者其证书被吊销、注销的，不属合法的民事法律主体，不具备投标人资格。领取营业执照的法人所属分支机构，在招标文件允许分支机构投标的情况下，可以参与投标。依法必须进行招标的项目不得限制投标人的所有制形式或者组织形式。对同一招标项目，同一法人的若干分支机构中只能有一个参加投标，法人也不得与其分支机构同时参加投标。

2. 投标人之间或与招标人有关联关系可能影响招标公正性

（1）与招标人存在利害关系可能影响招标公正性的法人、其他组织或者个人，不得参加投标；单位负责人为同一人或者存在控股、管理关系的不同单位，不得参加同一标段投标或者未划分标段的同一招标项目投标。违反前述规定的，相关投标均无效，应予否决。

（2）《工程建设项目施工招标投标办法》第三十五条规定："招标人的任何不具独立法人资格的附属机构（单位），或者为招标项目的前期准备或者监理工作提供设计、咨询服务的任何法人及其任何附属机构（单位），都无资格参加该招标项目的投标。"《标准施工招标文件》据此规定了施工项目投标人与招标人有关联关系的具体认定情形，《标准勘察招标文件》《标准设计招标文件》《标准监理招标文件》《标准设备采购招标文件》《标准材料采购招标文件》等标准文本也规定了此类否决投标情形。

3. 代理商或经销商投标资格受限或者不满足要求

（1）招标文件可以规定不允许代理商或经销商投标。

（2）接受代理商投标的，根据《工程建设项目货物招标投标办法》第三十二条规定"一个制造商对同一品牌同一型号的货物，仅能委托一个代理商参加投标"，如两个及以上代理商投标，或者代理商与生产商同时投标，其投标均无效。

（3）代理商未按照招标文件要求提供制造商出具的代理证书、代理证书载明的代理商与投标人不一致、代理证书过期、代理项目或代理范围不涵盖本次招标项目等，其投标无效。

4. 营业执照、质量体系认证证书等资格证明文件未提交或者不合格

（1）投标人未按照招标文件要求提交营业执照、质量体系认证证书等相关资格证明文件，或借用他人资格证明文件投标。

（2）投标人提供的资格证明文件无效，如超过有效期或其涵盖范围不包含本招标项目等。

5. 投标人不具备承担招标项目的资格、能力

（1）招标文件规定投标人自身应具备相应生产能力（如生产投标产品所需的必要生产场地、生产设备、检测能力等），但其不具备的，即视为不具备承担招标项目的能力。

（2）投标人的施工能力（服务能力）不满足要求，如其主要工装条件、施工机具设备等未达到招标文件要求，即视为不具备承担招标项目的能力。

（3）资质认证是国家强制推行的一种行政许可制度。投标人必须具备相应资质方可参加投标，如《建筑法》第十三条规定建筑施工企业、勘察单位、设计单位和监理单位必须在其资质等级许可的范围内从事建筑活动。投标人未提交法律法规规定的资质等级证书或者资质证书载明的资质等级与本招标项目要求不符的，其投标无效。

（4）国家对压力锅、燃气热水器等列入国家统一监督管理产品目录中的重要工业产品，实行生产许可制度；对汽车、摩托车等涉及人类健康和安全、动植物生命和健康以及环境保护和公共安全的产品，实行强制性认证制度，通称3C认证；对涉及生产安全、危险性较大的锅炉、压力容器、压力管道、电梯、起重机械、客运索道、大型游乐设施等列入《特种设备目录》的产品实行安全监察制度。投标产品不具备国家规定的生产许可证或认证证书，生产许可证或认证证书过期或者与本招标项目的产品型号规格不对应，不涵盖本招标项目的，该投标应予否决。

（5）投标人未提供供货业绩或者承接工程、服务项目的业绩，或者其所提供业绩数量或运行时间达不到招标文件的要求，其投标无效。

（6）投标人处于被责令停业，财产被接管、冻结，破产状态，履约能力不满足要求，其投标无效。

（7）投标人的投标资格已被有关行政主管部门暂停或取消，其投标无效。

6. 资格预通过后投标人发生变化

（1）通过资格预审后的投标人发生合并、分立、破产等重大变化，不再具备资格预审文件、招标文件规定的资格条件或者其投标影响招标公正性的，其投标无效；

（2）联合体通过资格预审后联合体增减、更换成员的，其投标无效。

7. 联合体投标违反法律或招标文件的规定

（1）招标文件明确规定不接受联合体投标但有联合体投标的，该投标无效。

（2）联合体不具备招标文件要求的资格条件。《招标投标法》第三十一条规定："联合体各方均应当具备承担招标项目的相应能力；国家有关规定或者招标文件对投标人资格条件有规定的，联合体各方均应当具备规定的相应资格条件。由同一专业的单位组成的联合体，按照资质等级较低的单位确定资质等级"。需要两个以上专业的供应商联合才能承揽同一招标项目的，各专业供应商都必须具备本专业资格要求。不能满足上述要求的，应否决其投标。

（3）联合体投标未附共同投标协议的，该投标应被否决。

（4）联合体各方在同一招标项目中以自己名义单独投标或者参加其他联合体投标的，相关投标均无效。

二、因投标文件格式和内容不合格否决投标的具体条件

《招标投标法》第二十七条规定投标人应当按照招标文件的要求编制投标文件，主要要求按照招标文件规定的格式编制投标文件、按照其规定的内容逐项做出响应，按照要求签字盖章，否则影响评标或者投标文件无效，应予否决。

1. 授权委托书不合格

投标人的法定代表人（负责人）委托他人签字的，应提交有效的授权委托书。如未提交投标人的法定代表人签署的有效授权委托书、授权委托书无效（超出代理期限、授权范围不涵盖该投标项目），或者联合体投标但未提交所有联合体成员法定代表人签署的授权委托书的，导致投标文件的法律效力不确定，对其投标可以否决。

2. 投标文件格式不合格

投标文件未按招标文件规定的格式填写，如投标人自行制作投标文件格式，与招标文件规定的格式不一致，增加或者减少招标文件要求的项目，或者从中无法辨别按照招标文件评审所需要的信息，影响评标判断的，该投标文件无效。

3. 投标文件内容不全

投标人未按招标文件规定的内容要求编制投标文件，其内容不全（如缺少投标报价表、实验报告、银行资信证明、营业执照、资质证书、产品生产许可证、业绩证明材料等重要资料）或者关键字迹模糊，无法辨认，影响评标的，该投标文件无效。如果投标文件有外文资料未按照招标文件要求提供中文译本的，也应予否决。

4. 签字盖章不合格

投标文件无投标人单位盖章且无其法定代表人或法定代表人授权的代理人签字的，应予否决。

5. 未经允许提交两份报价

同一投标人提交两个以上不同的投标文件或者投标报价的，应当否决其投标，但招标文件要求提交备选投标的除外。

6. 投标截止后投标人补充、修改或撤回投标文件

在提交投标文件截止时间后到招标文件规定的投标有效期届满之前，投标人不得补充、修改、替代或者撤销其投标文件，若投标人主动要求补充、修改或撤销其投标文件的，因该行为违反禁止性规定，其投标可以否决。

三、因投标文件存在重大偏差否决投标的具体条件

《招标投标法》第二十七条规定："投标文件应当对招标文件提

出的实质性要求和条件做出响应"，未对招标文件实质性要求和条件做出响应的，构成"重大偏差"。根据《评标委员会和评标方法暂行规定》第二十三条规定，评标委员会应当审查每一投标文件是否对招标文件提出的所有实质性要求和条件做出响应，未能在实质上响应的投标，为重大偏差，应当予以否决。

1. 投标保证金不合格

（1）投标人未按时提交投标保证金，投标保证金金额不足，或投标保证金有效期短于投标有效期的，其投标无效。

（2）投标保证金形式不符合招标文件要求，如要求提交现金或者银行保函但投标人提交其他形式的投标保证金。

（3）出具投标保函的银行不符合招标文件要求（如招标文件要求地市级分行以上银行）的，其投标将被否决。

（4）投标保函必须是无条件的，担保人不得对招标人的支付要求进行抗辩或提出不合理的限制性条件（如对兑现地域进行不合理限制），否则其投标无效。

（5）依法必须进行招标的项目的境内投标单位，以现金或者支票形式提交的投标保证金未从其基本账户转出的，其投标无效。

2. 合同主要条件存在重大偏差

（1）投标文件载明的招标项目完成期限（如供货期、竣工日期、服务完成日期等）严重超过招标文件规定的期限，即可否决投标。严重与否根据招标项目情况判断，招标文件对该期限有规定的，从其规定。

（2）投标文件载明的货物包装方式、检验标准和方法等不符合招标文件的要求，为重大偏差。

（3）修改招标文件中合同条件的主要条款，如对合同的标的、价款、质量、履行期限、当事人的权利义务、违约责任、争议解决方式等条款作出限制或擅自增加其他条款，提出不利于招标人的条件的，为重大偏差。

（4）投标报价低于成本或者高于招标文件设定的最高投标限价的，其投标应予否决。另，《评标委员会和评标方法暂行规定》第二十一条规定："评标委员会发现投标人的报价明显低于其他投标报价或者在设有标底时明显低于标底，使得其投标报价可能低于其个别成本的，应当要求该投标人作出书面说明并提供相关证明材料。投标人不能合理说明或者不能提供相关证明材料的，由评标委员会认定该投标人以低于成本报价竞标，其投标应予否决。"

投标报价低于成本恶性竞争的，其投标应予否决。

（5）投标文件的供货范围（工程范围、服务范围）与招标文件要求存在实质性偏差，擅自改变采购项目范围或工程量（包括漏项、增项）的，其投标无效。

（6）投标文件中承诺的交货地点、服务地点不满足招标人要求的，为重大偏差。

（7）技术方案（如产品技术协议、施工组织设计、勘察设计方案、监理大纲等）与招标文件要求不符，经评审认为不能实现招标项目目的的，为重大偏差。

3. 投标有效期不满足招标文件要求

投标文件载明的投标有效期短于招标文件明确要求的期限，即意味着该投标文件具有法律约束力的期限不满足投标文件要求，为重大偏差。

4. 转包、违法分包

《建筑法》第二十八条、第二十九条禁止承包单位转包或者违法分包工程，违反该禁止性规定的投标文件无效。转包、违法分包主要有：

（1）投标人在投标文件中提出要将工程项目转包或者肢解工程后分包给他人；

（2）将主体工程或者关键性工作分包给他人，或者未经招标人允许分包；

（3）投标人选定的分包人的资格条件不满足招标文件要求。

5. 技术响应不符合招标文件的技术要求

（1）投标文件不满足招标文件规定的主要技术参数、技术标准的要求；如为机电产品国际招标项目，投标文件不满足招标文件技术规格中加注星号（"*"）的主要参数要求或加注星号（"*"）的主要参数无技术资料支持；

（2）投标文件技术规格中一般参数超出允许偏离的最大范围或最高项数；

（3）投标文件技术规格中的响应与事实情况不符或虚假投标；

（4）投标人复制招标文件的技术规格相关部分内容作为其投标文件中一部分。

6. 技术支持文件未提交或者不能证明其响应的主要技术参数

（1）未提交招标文件要求的技术证明文件（如实验报告、型式试验报告、产品鉴定证书），或提交的技术证明文件与所投产品的规格型号不一致，不能证明有资格或技术能力生产招标产品；

（2）提交的技术证明文件能够证明的技术参数与招标文件要求的主要技术参数不对应，或达不到招标文件要求的主要参数值；

（3）实验报告内容有缺项，不能完全涵盖招标文件对实验内容要求；

（4）出具实验报告的试验机构未经国家认定或授权，超出承检项目范围开展实验、测试并出具报告；

（5）技术证明文件过期，实验报告缺乏有效签字、盖章。

7. 附有招标人不能接受的条件

投标文件做出保留声明或对商务、技术条件要求不响应，附有招标人不能接受的其他商务或技术性条件，或者对招标文件的其他实质性要求未完全响应，影响投标文件效力、限制招标人权利、给招标人额外增加负担或投标人违法违规增加自身竞争优势，可能对其他投标人造成不公平的结果的，都构成"重大偏差"，应否决其投标。

8. 投标人拒绝澄清

根据《评标委员会和评标方法暂行规定》第二十二条规定，投标人拒不按照要求对投标文件进行澄清、说明或者补正的，评标委员会可以否决其投标。

四、因投标人有违法违规行为否决投标的具体条件

投标人以他人的名义投标、串通投标、以行贿手段谋取中标或

者以其他弄虚作假方式投标的，严重影响招投标的公平竞争，《招标投标法》及其实施条例都明确予以禁止，规定其"投标无效"，《评标委员会和评标方法暂行规定》第二十条也规定具备上述情形的投标应当否决。

1. 以他人的名义投标

（1）使用通过受让或者租借等方式获取的资格、资质证书投标；

（2）投标人挂靠其他单位投标；

（3）项目负责人或者主要技术人员不是本单位人员，投标人不能按照招标文件要求提供项目负责人、主要技术人员的劳动合同、社会保险等劳动关系证明材料；

（4）由其他单位及其法定代表人在自己编制的投标文件上加盖印章和签字等行为。

2. 串通投标

（1）投标人之间协商投标报价等投标文件的实质性内容；

（2）投标人之间约定中标人；

（3）投标人之间约定部分投标人放弃投标或者中标；

（4）属于同一集团、协会、商会等组织成员的投标人按照该组织要求协同投标；

（5）投标人之间为谋取中标或者排斥特定投标人而采取的其他联合行动。

（6）不同投标人的投标文件由同一单位或者个人编制；

（7）不同投标人委托同一单位或者个人办理投标事宜；

（8）不同投标人的投标文件载明的项目管理成员为同一人；

（9）不同投标人的投标文件异常一致或者投标报价呈规律性差异；

（10）不同投标人的投标文件相互混装；

（11）不同投标人的投标保证金从同一单位或者个人的账户转出。

3. 以行贿手段谋取中标

投标人以谋取中标为目的，给予招标人（包括其工作人员）或者评标委员会成员财物（包括有形财物和其他好处）的行为，破坏了公平竞争的市场法则，损害了其他投标人利益或者国家利益、社会公共利益，为法律所禁止，其投标应予否决。

4. 虚假投标

（1）使用伪造、变造的许可证件；

（2）提供虚假的财务状况或者业绩；

（3）提供虚假的项目负责人或者主要技术人员简历、劳动关系证明；

（4）提供虚假的信用状况；

（5）提供虚假的资格证明文件、剩余生产能力表、试验报告等；

（6）在投标文件中修改招标文件要求，然后以原要求或者更高要求响应投标。

除前述四类违法行为外，投标人如有其他违反法律强制性规定（即具有"应当""必须"字眼的条款）、禁止性规定（即具有"不得""禁止"字眼的条款）的违法行为的，其投标均应予否决。不同的招标项目，应考虑其项目背景分别设置否决投标条件，但应注意严格遵循公平、公正原则，不得以不合理的条件限制或者排斥潜在投标人。建议在招标文件中对投标文件予以详细列明，便于评标委员会正确判定。法律法规规定的否决投标条件如在招标文件中未予列明的，在评标过程中可直接引用相关规定否决投标。

（原文载于《招标采购管理》2014 年第 4 期）

资格证明文件造假的处理与防范对策

◎**本文概要**　"资格业绩造假"是招投标活动的顽疾。本文专题分析了对资格证明文件弄虚作假的成因、认定、九种核实途径以及招标人、招投标行政监督部门和司法机关对于虚假投标行为的法律处理措施。

21世纪网一篇关于《××股份投标造假遭铁总重罚一年内暂停铁路项目》的报道，被多家网站竞相转载，引来业内人士和网友热议。该文称：

2012年10月10日，某省公共资源交易网发布铁路某站项目资格预审公告，具体要求为：近五年（2008年至2012年）内具有铁路建设项目铁路客服系统关键设备（窗口售票、自动售票、自动检票、补票等票务系统设备，旅客服务集成管理平台，网络和安全设备）的应用、供货业绩，且无不良反映；具有有效的安全生产许可证，安全质量状况稳定，有良好的企业社会信誉；申请人拟派项目经理要求：须具备信息及相关专业一级注册建造师执业资格和有效的安全生产考核合格证书，职称高级以上，5年以上铁路大中型或类似项目管理工作经验，具有3年以上的铁路营业线施工管理经验，3年以上项目经理工作经验，良好的职业道德，且未在其他在建工程项目任职。

2013年4月7日，公示该项目评标结果，拟中标单位为××计算机股份有限公司。随后，有企业对中标结果提出异议。同年6月6日发布的名为《中国铁路总公司关于××计算机股份有限公司投标弄虚作假行为的通报》显示：经查实，××计算机股份有限公司在参加××站客服系统集成工程施工招标投标活动中，资格预审文件所提供部分铁路业绩及项目经理铁路营业线施工管理业绩系伪造，存在弄虚作假、骗取中标行为，违背了《招标投标法》规定的公开、公平、公正和诚实信用的原则，取消××计算机股份有限公司××站客服系统集成工程的中标资格；各招标人在一年内暂停接受××股份所有铁路建设项目投标活动。

对于该报道本身，本文不置评论，仅就事件反映的现实中普遍存在的"资格业绩造假"的表现与法律处理谈些看法。

一、对资格证明文件造假现象的分析

招标人根据国家法律规定和招标项目实际，一般会在资格预审文件或招标文件中规定"投标资格条件"，通常包括国家规定的市场准入条件以及人员配备、技术装备、生产能力、管理措施、业绩经验、资信条件等资格条件。如前文"××站项目标资格预审公告"中所提出的三年供货业绩、项目经理个人执业资格、职称和从业经历等条件即是。

招标人还会要求投标人提交能够证明其符合前述资格条件的证明文件，并在资格审查办法或者评标办法中设立相应的评审因素和标准，以证明自身具备"承担招标项目的能力"。投标人必须在其资格预审申请文件或投标文件中就是否满足要求的资格条件逐项作出响应，并出具相关证明文件（如合同、中标通知书、资质证书、从业资格证书、实验报告、关键技术人员劳动合同、代理证书、授权委托书、银行资信证明、产品生产许可证等）。资格证明文件原件有造假的可能，仅要求提交复印件为造假提供更大机会。一些投标人为获得投标资格、谋取中标，就会根据评审办法，有针对性地虚构其财务状况、业绩等资格条件，伪造、变造资格证明文件弄虚作假。

在市场经济诚信机制不完善的情况下，投标人利用招标人对相关信息掌握不对称的漏洞，为了追求经济利益，在自身资格条件不合格或者在投标竞争中不具有优势的情况下，就甘于冒险，伪造、变造资格证明文件，弄虚作假，以达到提高投标竞争优势，谋取中标的目的。分析其成因，一是市场竞争激烈，特别是在工程建设领域，僧多肉少，投标人为了生中标，往往不择手段，弄虚作假；二是行政管理条块分割，缺乏信息共享机制，市场信息难以方便快捷地获取并进行核实，使弄虚作假有机可乘；三是投标行为信用机制不健全，在一定程度上导致了投标人失信行为不能及时依法查处。伪造、变造资格证明文件弄虚作假，已成为当前招标投标活动中存在的突出问题之一。

二、资格证明文件弄虚作假情形的认定

《招标投标法》第五十四条明确禁止投标人弄虚作假，《招标投标法实施条例》第四十二条第二款详细规定了认定资格证明文件弄虚作假的几种常见情形，即：（一）使用伪造、变造的许可证件，也就是假造实际从未获取过的许可证件（如营业执照、建筑业企业资质、安全生产许可证、专业人员注册执业资格证书、安全生产许可证、工业产品生产或制造许可证、特种设备安全监察许可、强制认证等），或者篡改获取的许可证件的许可范围、等级或有效期限等以欺瞒招标人；（二）提供虚假的财务状况或者业绩，财务状况和业绩情况是考核投标人履约能力的重要指标；（三）提供虚假的项目负责人或者主要技术人员简历、劳动关系证明，项目负责人或者主要技术人员是完成项目的重要人力资源保障；（四）提供虚假的信用状况，信用状况指标主要反映投标人是否受到行政处罚、违约以及安全责任事故等情况。

在招标采购实践中，弄虚作假行为层出不穷，不可能一一列举。笔者长期参与招标采购，也时常碰到诸如业绩合同、资质证书、实验报告、劳动合同、营业执照等资格证明文件造假事件，基本上凡是能决定投标资格，影响评标因素的文件资料，都可能被造假。投标人其他虚假投标行为还有：①伪造印鉴投标；②提供虚假的剩余生产能力、试验报告；③提供虚假的知识产权、设备配备等信息，虚构技术实力；④提供虚假的人力资源配备信息；⑤提供虚假、引人误解的其他信息。只要是投标人隐瞒真实情况，提供虚假信息以证明其达到投标资格条件、谋取中标的行为，都可认定为弄虚作假行为。招标文件可在《招标投标法实施条例》第四十二条第二款规定的情形之外，针对项目实际提出更为完善具体的认定情形先予告知。

三、核实虚假资格证明文件的途径

资格预审和评标是核实虚假资格证明文件的主要环节，但往往因手段有限、时间受限，难以完全核实清楚。在招标投标活动其他环节，招标人也有相应手段核实，即使是评标结束甚至在下发中标通知书、签订合同之后，招标人仍有认定虚假资格证明文件和处理的途径。

（1）实行资格预审的，招标人可要求资格预审申请人提交相关资格证明文件原件，或者在资格预审过程中要求补充提供原件进行审查。资格预审合格后，方可发出资格预审结果通知书。未通过资格预审的申请人不具有投标资格。

（2）在招标文件中可要求投标人在投标截止时间之前，提交相关资格证明文件原件，由招标人或招标代理机构与其投标文件一一核对无误后退还原件。但其工作量较大，占用时间长，影响效率，适合于投标人数量较少的招标项目。发现提交虚假资格证明文件的，书面记录后提交评标委员会评审。

（3）在评标过程中，评标委员会应当认真审查投标资格，对于资格证明文件真伪存疑的，可要求投标人澄清、说明或提交原件核实。资格证明文件弄虚作假的，否决其投标。

（4）根据《招标投标法实施条例》第五十六条规定，招标人发现中标候选人存在提供虚假材料，可能影响其履约能力的，可以在发出中标通知书前，组织原评标委员会按照招标文件规定的标准和方法重新核实，审查确认。查实存在弄虚作假行为的，可取消其中标资格。

（5）根据《招标投标法实施条例》第五十四条规定，对于依法必须进行招标的项目在中标候选人公示期间，投标人或者其他利害关系人对评标结果有异议，招标人应当对该异议反映的问题进行核实并作出答复。查实排名第一的中标候选人提供虚假材料，影响中标结果的，取消其中标资格，可以依次确定其他中标候选人为中标人，也可以重新招标。

（6）投标人向招标投标行政监督部门投诉其他投标人或中标候

选人有虚假投标行为，经调查确实存在违法行为的，可作出否决投标或中标无效决定。

（7）招标人可进行现场资格业绩核实，或者采取书面外调、网上信息查询、第三方协查等途径调查核实。根据《招标投标法实施条例》第四十八条规定，资格业绩核实、外调结果可作为招标人向评标委员会提供的评标所必需的信息作为评审依据。

（8）中标通知书下发之后，发现存在弄虚作假行为的，招标人还可以向招标投标行政监督部门反映要求查处。

在前述各个阶段，鉴于一些资格证明文件的核实具有一定的专业性，仅靠招标人、招标投标行政监督部门工作人员或评标专家的能力和技术条件难以准确判定，此时可以要求投标人提交的资格证明文件必须经过公证，也可以请求第三方机构或专业技术人员配合核实。例如，联系投标文件载明的相关项目业主单位协查，对业绩证明文件真伪出具证明；联系资质证书、生产许可证、试验报告等出具单位，对证书、报告的真实性予以鉴别；与发证单位联网，实行信息共享机制，防止资质证件、试验报告等造假。

（9）投标人弄虚作假、骗取中标的，《民法总则》第一百四十八条规定该民事法律行为因"一方以欺诈手段，使对方在违背真实意思的情况下实施"而使得受欺诈的招标人"有权请求人民法院或者仲裁机构予以撤销"。根据《合同法》第五十二条、第五十四条规定，因欺诈而订立的合同，损害国家利益的为无效合同，其他情形可以变更或者撤销。因此，在合同签订之后，招标人如发现弄虚作假骗取中标的，可请求人民法院或仲裁机构确认合同无效或者撤销合同。

四、对于资格证明文件弄虚作假行为的法律处理

（一）招标人对虚假投标行为的法律处理

资格预审申请人弄虚作假骗取投标资格的，根据《招标投标法实施条例》第十九条规定，招标人可作出不予通过资格预审的决定。

在评标过程中，评标委员会发现投标人弄虚作假的，根据《评标委员会和评标方法暂行规定》第二十条、《招标投标法实施条例》第五十一条规定，应当否决其投标。

在中标候选人公示期间查实投标人弄虚作假的，招标人可以根据《招标投标法实施条例》第五十四条规定，取消其中标资格。

在中标通知书下发、合同签订之后，可以根据《民法总则》第一百四十八条、《合同法》第五十二条、第五十四条规定，请求人民法院或者仲裁机构确认合同无效或撤销该合同。造成损失的，招标人可以依法追究其赔偿责任。

另外，招标文件通常会规定："投标人串通投标、弄虚作假、以他人名义投标、行贿或有其他违法行为的，其投标将被否决（或该投标人参与本次投标的所有标段将被否决），且招标人不退还投标保证金，招标人还将有权拒绝该投标人在今后一段时间内的任何投标"，也会像前文中铁路项目规定："投标人应具有良好的社会信誉…，未处于禁止或取消投标状态。"这些条款是招标人对失信行为自主决定的一种制约措施。招标文件有此规定的，如投标人弄虚作假，招标人即可按照规定否决该投标人的投标，不退还投标保证金；情节严重的，还可根据失信行为处理办法，取消该投标人一定时间（通常为1～3年）的投标资格。

（二）招标投标行政监督部门对虚假投标行为的法律处理

投标人弄虚作假，骗取中标的，招标投标行政监督部门可以决定中标无效，处以罚款，没收违法所得；情节严重的，取消其1年至3年内参加依法必须进行招标的项目的投标资格，直至由工商行政管理机关吊销营业执照。对于弄虚作假违法行为作出的行政处理决定，还可按照《招标投标违法行为记录公告暂行办法》规定予以公告。

《招标投标法》第五十四条规定："投标人以他人名义投标或者以其他方式弄虚作假，骗取中标的，中标无效，给招标人造成损失的，依法承担赔偿责任；构成犯罪的，依法追究刑事责任。依法必须进行招标的项目的投标人有前款所列行为尚未构成犯罪的，处中标项目金额千分之五以上千分之十以下的罚款，对单位直接负责的主管人员和其他直接责任人员处单位罚款数额百分之五以上百分之十以下的罚款；有违法所得的，并处没收违法所得；情节严重的，取消其一年至三年内参加依法必须进行招标的项目的投标资格并予以公告，直至由工商行政管理机关吊销营业执照。"

《招标投标法实施条例》第六十八条规定："投标人以他人名义投标或者以其他方式弄虚作假骗取中标的，中标无效；构成犯罪的，依法追究刑事责任；尚不构成犯罪的，依照招标投标法第五十四条的规定处罚。依法必须进行招标的项目的投标人未中标的，对单位的罚款金额按照招标项目合同金额依照招标投标法规定的比例计算。投标人有下列行为之一的，属于招标投标法第五十四条规定的情节严重行为，由有关行政监督部门取消其1年至3年内参加依法必须进行招标的项目的投标资格：（一）伪造、变造资格、资质证书或者其他许可证件骗取中标；（二）3年内2次以上使用他人名义投标；（三）弄虚作假骗取中标给招标人造成直接经济损失30万元以上；（四）其他弄虚作假骗取中标情节严重的行为。投标人自本条第二款规定的处罚执行期限届满之日起3年内又有该款所列违法行为之一的，或者弄虚作假骗取中标情节特别严重的，由工商行政管理机关吊销营业执照。"

（三）司法机关对虚假投标行为的法律处理

投标人弄虚作假的行为，可能构成《刑法》第二百二十四条第一款规定的合同诈骗罪。合同诈骗罪是指以非法占有为目的，在签订、履行合同过程中，采取虚构事实或者隐瞒真相等欺骗手段，骗取对方当事人的财物，数额较大的行为。《刑法》第二百二十四条第一款规定："有下列情形之一，以非法占有为目的，在签订、履行合同过程中，骗取对方当事人财物，数额较大的，处三年以下有期徒刑或者拘役，并处或者单处罚金；数额巨大或者有其他严重情节的，处三年以上十年以下有期徒刑，并处罚金；数额特别巨大或者有其他特别严重情节的，处十年以上有期徒刑或者无期徒刑，并处罚金或者没收财产：（一）以虚构的单位或者冒用他人名义签订合同的；（二）以伪造、变造、作废的票据或者其他虚假的产权证明作担保的；（三）没有实际履行能力，以先履行小额合同或者部分履行合同的方法，诱骗对方当事人继续签订和履行合同的；（四）收受对方当事人给付的货物、货款、预付款或者担保财产后逃匿的；（五）以其他方法骗取对方当事人财物的。"这里所说的"其他方法"，包括投标人明知没有履行合同的能力，却使用伪造、变造或者无效的证明文件等欺骗手段与他人签订合同，骗取财物的行为。根据最高人民检察院、公安部《关于公安机关管辖的刑事案件立案追诉标准的规定（二）》第七十七条规定，以非法占有为目的，在签订、履行合同过程中，骗取对方当事人财物，数额在二万元以上的，应予立案追诉。投标人弄虚作假涉嫌合同诈骗罪的，包括招标人、其他投标人在内的任何单位和个人都有权向公安机关举报，要求追究其刑事责任。

治理招标投标弄虚作假行为，净化招标投标市场，有待于进一步完善立法，推动建立招标投标诚信体系和失信惩罚机制，建立完善的追责、查处制度，推行电子招标投标，在招标文件中制订合理的投标资格条件和审查规则，执法部门、司法机关认真查处，形成合力，使招标人不能、不敢伪造、变造资格证明文件弄虚作假投标。

（原文载于《招标与投标》2014 年第 9 期）

废标、否决投标、无效投标辨析及废标权的归属

◎**本文概要**　本文严格依据法律法规，厘清了"废标""否决投标"和"无效投标"三者的内涵与区别，并就"谁有废标权"这一问题，提出采购人和监管部门均有废标权，唯独评标委员会没有废标权的观点。

一、废标、否决投标与无效投标概念辨析

我国公共采购领域并行着《招标投标法》《政府采购法》两部法律及其配套的法规、规章和规范性文件等（本文分别简称"招标法体系"和"采购法体系"）。两部法律体系中，关于"废标""否决投标"和"无效投标"的规定，其内涵有不一致或交叉部分，常令一些业界人士特别是从业新手感到迷茫和困惑。厘清"废标""否决投标"和"无效投标"的内涵，对于正确运用法律规定规范招标采购实践具有较强的现实意义。

1. "废标"

国家发展改革委等九部委 23 号令《关于废止和修改部分招标投标规章和规范性文件的决定》（本文简称"九部委 23 号令"）颁布以前，招标法体系和采购法体系均出现了"废标"这一概念。但在两部法律体系的相关规定中，"废标"的内涵是不同的。

采购法体系中，"废标"一词出现在《政府采购法》中。《政府采购法》第三十六条规定："在招标采购中，出现下列情形之一的，应予废标：…………。废标后，采购人应当将废标理由通知所有投标人。"第三十七条规定："废标后，除采购任务取消情形外，应当重新组织招标；需要采取其他方式采购的，应当在采购活动开始前

获得设区的市、自治州以上人民政府采购监督管理部门或者政府有关部门批准。"

从上述法条的表述来看，采购法体系中的"废标"系指本次采购活动作废。废标的"废"字意为"作废"，被"废"的是整个招标活动，即本次招标活动"作废"，须重新组织招标采购活动。根据采购法体系的相关规定，采购人和政府采购监管部门均享有"废标权"，而唯独评标委员会没有"废标权"。

在招标法体系中，《招标投标法》及其实施条例没有"废标"一说。"废标"一词曾在《工程建设项目施工招标投标办法》（本文简称"七部委30号令"）《工程建设项目货物招标投标办法》（本文简称"七部委27号令"）和《评标委员会和评标方法暂行规定》（本文简称"七部委12号令"）等部门规章中多次出现。原七部委30号令第三十七条第四款规定："投标人不按招标文件要求提交投标保证金的，该投标文件将被拒绝，作废标处理。"第五十条第二款规定："投标文件有下列情形之一的，由评标委员初审后按废标处理：……"

原七部委27号令第三十二条第三款规定："一个制造商对同一品牌同一型号的货物，仅能委托一个代理商参加投标，否则应作废标处理。"第四十三条规定："投标文件不响应招标文件的实质性要求和条件的，评标委员会应当作废标处理，并不允许投标人通过修正或撤销其不符合要求的差异或保留，使之成为具有响应性的投标。"

从这些法条的表述来看，招标法体系中的"废标"系指投标文件被评标委员会所"废弃"。废标的"废"字意为"废弃"，被"废"的是某一份特定的投标文件，即在评审阶段，某一份特定的投标文件因不符合招标文件的实质性要求而被评标委员会所"废弃"，丧失了参加下一阶段评审或被推荐为中标候选人的资格。

根据招标法体系的相关规定，唯有评标委员会享有"废标权"，招标人、行政监督部门以及其他当事人均不享有废标权。

2．"否决投标"

九部委23号令颁布以前，招标法体系中"否决投标"与"废标"

两种说法并存，最为典型的当属七部委 12 号令。该规章第二十二条规定："投标人资格条件不符合国家有关规定和招标文件要求的，或者拒不按照要求对投标文件进行澄清、说明或者补正的，评标委员会可以否决其投标。"第二十三条规定："评标委员会应当审查每一投标文件是否对招标文件提出的所有实质性要求和条件作出响应。未能在实质上响应的投标，应作废标处理。"

从相关法条的内容来看，招标法体系中"否决投标"与"废标"内涵大体相同，是指某份特定的投标文件被评标委员会所废弃，评标委员会不再对其进行评审。九部委 23 号令颁布以后，招标法体系不再使用"废标"一词，将"废标"一词统一改为"否决投标"或"其投标被否决"。

采购法体系没有"否决投标"一说。与"否决投标"一词含义比较接近的表述是"按照无效投标处理"。对于评审中出现的投标文件不被评标委员会所认可的情形，采购法体系没有使用"否决投标"一词。《政府采购货物和服务招标投标管理办法》（财政部 87 号令）第六十条规定："评标委员会认为投标人的报价明显低于其他通过符合性审查投标人的报价，有可能影响产品质量或者不能诚信履约的，应当要求其在评标现场合理的时间内提供书面说明，必要时提交相关证明材料；投标人不能证明其报价合理性的，评标委员会应当将其作为无效投标处理"。从这一规定来看，评标委员会对评审时发现的不合格投标文件不直接采用否决的方式，而是把该投标文件视同为"无效的投标文件"，不再继续对其进行评审。从对投标文件的处理结果来看，采购法体系中的"按无效投标处理"基本等同于招标法体系中的"否决投标"。

3."无效投标"

采购法体系与招标法体系关于"无效投标文件"的规定大体一致。

财政部 87 号令第六十条规定："评标委员会认为投标人的报价明显低于其他通过符合性审查投标人的报价，有可能影响产品质量或者不能诚信履约的，应当要求其在评标现场合理的时间内提供书面说明，必要时提交相关证明材料；投标人不能证明其报价合理性的，评标委员会应当将其作为无效投标处理。"七部委 30 号令三十八条第二款和七部委 27 号令第三十四条第三款规定："在招标文件要求提交投标文件的截止时间后送达的投标文件，为无效的投标文件，招标人应当拒收。"

根据上述法条的规定，从严格意义上来看，招标法体系和采购法体系中的"无效投标"是指投标行为不具有法律效力，因而法律界定其递交的投标文件为"无效的投标文件"。

招标法体系中，《招标投标法实施条例》（本文简称《条例》）在第三十四条、第三十七条、第三十八条和第八十二条规定了多种"投标无效"情形。

《条例》第三十七条第二款规定："招标人接受联合体投标并进行资格预审的，联合体应当在提交资格预审申请文件前组成。资格预审后联合体增减、更换成员的，其投标无效。"第三十七条第三款规定："联合体各方在同一招标项目中以自己名义单独投标或者参加其他联合体投标的，相关投标均无效。"《条例》第三十八条规定："投标人发生合并、分立、破产等重大变化的，应当及时书面告知招标人。投标人不再具备资格预审文件、招标文件规定的资格条件或者其投标影响招标公正性的，其投标无效。"

从相关法条的内容来看，招标法体系中的"投标无效"是指投标行为或投标活动无效，与采购法体系中的"无效投标"的内涵大体相同。

结论：

（1）九部委 23 号令颁布以后，"废标"一词将为采购法体系所独有，系指整个招标活动作废，须重新组织招标活动。

（2）采购法体系中的"按照无效投标处理"基本等同于招标法体系中的"否决投标文件"，系指某一份特定的投标文件被评标委员会所拒绝，失去了继续参与评审或被推荐为中标候选人的资格。

（3）采购法体系中的"无效投标"与招标法体系中的"投标文件被否决"是两个不同的概念。

（4）采购法体系中的"无效投标"基本等同于招标法体系中的"投标无效"，系指投标行为或投标活动无效。

二、视具体情形明确废标权归属

《政府采购信息报》2014年6月16日刊登的《法律框架下谁可成为废标主体》一文，引起了业界人士对"谁有废标权"这一问题的思考，笔者对此问题有不同的看法。

1. 不能混淆"结果"和"权限"

概念的厘清是从事判断的基础。要界定废标权的行使主体，首先应当对"废标"这一概念进行研究。

如前所述，《政府采购法》及配套法律规章（本文简称"采购法体系"）下的"废标"，是指"整个招标采购活动作废"。理解这一概念的内涵，关键是要把握两点：一是废标是指招标采购活动作废，须重新组织招标采购活动。二是废标是指整个招标采购活动作废。即不论招标采购活动进行到哪一环节、哪一个阶段，之前所进行的采购活动全都作废，须从头开始重新组织招标采购活动，而非返回到出错环节重新开始。

依据《政府采购评审专家管理办法》，评标委员会作为第三方评审机构，无论从其机构职能还是专家个人义务来看，均只负责评标阶段的评审工作，只在评审阶段享有相应权利负有相应义务，而不对评审阶段以外的其他环节的程序和行为负责。也就是说，采购法体系只赋予了评标委员会负责评标阶段的相关工作，且这些相关工作仅限于对投标文件的评审和对中标候选人的推荐，而法律没有赋予评标委员会对整个采购活动是否合法、是否应当作废等情形进行评判的权利和权力。因而，从采购法体系的相关规定来看，评标委员会并没有对整个招标采购活动进行评判且认定采购活动作废的"废标权"。

一些学者认为，在评审过程中，如果出现《政府采购法》第三十六条规定的有效投标不足三家或者投标报价均超过预算而采购人不能支付时，评标委员会可以判定该项目废标。笔者认为，这种认识混淆了"结果"和"权限"两个不同概念，把评审以后导致的结果错认为是评标专家的法定权限了。在评审过程中，出现有效投标不足三家或者所有报价均超过采购预算时，采购活动确实应当依法作废。但是，出现依法废标情形，是评标委员会行使评审权以后导致的结果，而并非是法律直接赋予评标委员会行使废标权。也就是说，即使在这种情况下，法律也只赋予评标委员会对投标文件进行评审的权限，而未赋予其对整个招标采购活动的全流程进行评判的权限。

关于评标委员会是否享有废标权，其实还可以用反证法进行推断：假设评标委员会具有废标权，那么就是说，法律赋予了负责部分"区间工作"的机构，有权对"整个采购全过程"都作出"作废"的处理决定，这显然是不符合通常逻辑的。

2. 监管部门理应享有废标权

《政府采购法》第三十六条第二款规定："废标后，采购人应当将废标理由通知所有投标人。"有业内人士据此推断，废标权属采购人一家独享，即使是监管部门也没有废标权。

笔者认为这一观点值得商榷，主要有以下原因：

一是《政府采购法》第三十六条第二款是关于"采购人应当履行废标通知义务"的规定，而不是关于"监管部门没有废标权"的规定。引用这一规定论证监管部门是否有废标权，系法条引用错误。

二是从《政府采购法》第三十六条的规定来看，废标情形包括采购活动中出现影响采购公正的违法、违规行为。而采购活动是否违法违规，一般应当由监管部门做出判定，其评判决定相对比较权威，判定结果也易于交易双方接受并得到有效执行。从这一角度来看，在此类情形下，由监管部门行使废标权比较合适。

3. 采购人视情形可行使废标权

"采购人享有废标权"这一结论已得到业界大多数专家的认可。需要指出的是，在《政府采购法》第三十六条规定的四种废标情形中，有的情形由监管部门做出比较合适，有的情形则由采购人做出更为适宜。在招标采购实践中，废标主体到底是谁，应当根据招标项目所处的不同环节和所出现的不同情形灵活掌握。

笔者认为，如果出现"投标人的报价均超过了采购预算，采购人不能支付"和"因重大变故，采购任务取消"等情形时，由采购人做出废标的决定相对比较合适。

综上所述，笔者认为，在政府采购项目中，采购人和监管部门均有废标权，唯独评标委员会没有废标权；在招标采购实践中，废标权到底由采购人还是监管部门行使，须视废标的情形而定。此外，为了让从业人员更准确地理解"谁有权废标"，建议在修改法律及部门规章时，进行更直接的表述。

（原文载于《招标采购管理》2013 年第 8 期、《中国经济导报》2013 年 10 月 10 日、《中国招标》2014 年第 29 期）

五

定 标 篇

论招标人定标权的内涵

◎**本文概要** 定标权是招标人通过招标方式选择并最终确定中标人的权利，包括评标标准制定权、专家选聘权、知情权、参与权、监督权、否决权、选择权和中标通知书签发权（或称"允诺权"）。

定标权归属之争由来已久，论辩双方各执一词，多年来一直都未能形成共识。其中一方认为招标人的定标权被《招标投标法实施条例》《工程建设项目施工招标投标办法》（七部委 30 号令）等相关法律所剥夺，呼吁要"把定标权还给招标人"，让招标人在评标委员会推荐的中标候选人中自由选择中标人；而另一方则认为相关法律只是对招标人如何行使定标权进行了规范，而这种规范和限制符合我国国情，让招标人自由选择中标人会让招标活动乱象丛生。多年来，标界人士对"定标权的归属"曾进行过多次辩论，然而，何为定标权？定标权的内涵是什么？这个问题，却很少有人去认真研究过。

笔者认为：在理清定标权的归属之前，应当先明确定标权的定义和内涵。在弄清楚"何为定标权""定标权的表现形式和实现过程是什么""定标权的内涵是什么"这些问题以后，恐怕会更有助于对定标权归属的认识。

一、何为定标权

定标权一词诞生已久，但对其定义不甚明了。在对定标权归属问题进行探讨前，应当厘清定标权这一概念的内涵，否则难以对其进行分析。

在此，我们不妨先给定标权下一个明确的定义。所谓定标权，就是招标人通过招标方式选择并最终确定中标人的权利。

通过招标这种方式来择优选择中标人，定标权的最终表现是：招标人确定中标人并向其签发中标通知书。

在招投标活动中，"确定中标人"不是独立存在的一个程序，它是经过招标人制定并发布招标文件、投标人参与投标、招标人组建评标委员会、评标委员会评审推荐中标候选人等一系列相关程序，最后才由招标人签发中标通知书的。因此，定标权的实现过程，贯穿着招投标的整个操作流程。

二、定标权的内涵

在招标、投标、评标、定标这些相互关联、存有因果的过程中，招标人始终占据着主导地位。由于招标文件的制定发布、评标专家选择、开标会议主持等等，都是在招标人的主导下进行的，是招标人招标意图的细化，也是招标人招标意图的一个逐步实现的过程。招标人的意志，正是通过制定并发布招标文件、接收投标文件、选聘评标专家、组织评标、中标候选人公示、确定中标人这一个个环环相扣的环节，最终得以实现的。

因此笔者认为：定标权实际上是一项内涵十分丰富的权利。它包括评标标准制定权、专家选聘权、知情权、参与权、监督权、否决权、选择权和中标通知书签发权（或称"允诺权"）。

（一）中标人选择标准制定权

《招标投标法》第十九条规定："招标人应当根据招标项目的特点和需要编制招标文件。招标文件应当包括招标项目的技术要求、对投标人资格审查的标准、投标报价要求和评标标准等所有实质性要求和条件以及拟签订合同的主要条款。"七部委 30 号令第二十八条规定："招标文件应当明确规定评标时除价格以外的所有评标因素，以及如何将这些因素量化或者据以进行评估。"

不管是《招标投标法》还是七部委 30 号令，都明确赋予了招标人编制招标文件、制定投标人资格审查标准、确定评标方法和评标标准等实质性内容。这些内容，本质上都属于"中标人的选择标准和方法"的范畴。因此中标人的选择标准，很显然是由招标人制定的。

招标人拥有的"中标人选择标准"制定权,是定标权赖以实现的基础,是定标权中一项最基础的权利。

（二）专家选聘权

《招标投标法》第三十七条规定:"评标由招标人依法组建的评标委员会负责。"《评标委员会和评标方法暂行规定》（七部委 12 号令）第八条规定:"评标委员会由招标人负责组建。"

根据法律规范的有关规定,招标人无疑拥有评标专家的选聘权。当然,选聘权的使用不是随意的,要符合法律规范的有关规定。

在实践操作中,评标委员会成员的组成结构,一般由招标人提出,交由有关部门审核,最后从相应的专家库中抽取。

评标专家选聘权,也是定标权中的一项基础权利。

（三）评审参与权

《招标投标法》第三十七条规定:"……依法必须进行招标的项目,其评标委员会由招标人的代表和有关技术、经济等方面的专家组成"。《评标委员会和评标方法暂行规定》第九条规定:"评标委员会由招标人或其委托的招标代理机构熟悉相关业务的代表,以及有关技术、经济等方面的专家组成"。有关法律规范明确赋予了招标人参与评标的权利。

（四）评标结果知情权

《招标投标法》第四十条规定:"……评标委员会完成评标后,应当向招标人提出书面评标报告,并推荐合格的中标候选人。"《评标委员会和评标方法暂行规定》第四十二条规定:"评标委员会完成评标后,应当向招标人提出书面评标报告,并抄送有关行政监督部门。"

可以看出:招标人对评标结果拥有知情权。法律规范规定评标委员会在完成评标时,必须向招标人提交评标报告,是为了保障招标人的知情权。

（五）监督权

七部委 30 号令第五十六条规定:"评标委员会完成评标后,应向招标人提出书面评标报告"。这一规定,是"评标委员会的工作应当对招标人负责"的有力佐证。

在日常实践中，某项工作如果要对某某组织、某某机构或者某某人负责，那么，这个组织、机构或者个人，就有权对该项工作进行监督。比如科员的工作是对科长负责，那么科长无疑拥有对科员工作的监督权；科长的工作是对局长负责，那么局长无疑拥有对科长工作的监督权。这种监督权，不管其属性是属于"权利"还是"权力"，或者还是二者兼而有之，毫无疑问都是现实存在的。

因此，基于"评标委员会对招标人负责"这一观点，招标人有权对评标委员会是否尽责、是否公正客观地履行了义务进行监督。

《招标投标法》第三十七条中规定"评标委员会由招标人的代表和有关技术、经济等方面的专家组成。"法律规定让招标人代表参与评标，恐怕也包含有监督评标委员会工作的意义在内。

（六）否决权

否决权是监督权的延伸。一旦发生评标委员会没有客观公正地履行义务、影响评标程序正常进行、影响评标结果，或者出现评标无效的情形，招标人可以行使否决权。《招标投标法实施条例》第七十一条、七部委30号令第七十九条、七部委27号令第五十七条，列出了评标委员会不能客观公正地履行职责、影响评标结果时，招标人和监督机构可以依据该法条的规定，否决评标委员会的工作成果，要求评标委员会重新进行评审，或者招标人自己选择重新招标。

（七）选择权

选择权的使用，是基于评标委员会的工作是客观公正的前提下的。笔者认为：选择权包括"限制选择权"和"相对自由选择权"。

所谓的"限制选择权"，是指《招标投标法实施条例》第五十五条关于"国有资金占控股或主导地位的依法必须进行招标的项目，招标人应当确定排名第一的中标候选人为中标人"的规定。该法条限定了国资强制招标项目的招标人应当选择排名第一的中标候选人为中标人。

所谓的"相对自由选择权"，是指：非法定招标项目，招标人的选择权自由度相对大一些。哪怕招标人不选择排名第一的候选人为中标人，《招标投标法》体系也没有对招标人规定须处以相应的行政责任。但是，这里也有个前提，招标人的"相对自由选择权"，受到自己制定的招标文件的约束和制约。

（八）中标通知书签发权（允诺权）

《招标投标法》第四十五条规定："中标人确定后，招标人应当向中标人发出中标通知书，并同时将中标结果通知所有未中标的投标人。"七部委 30 号令第五十六条规定："中标通知书由招标人发出。"七部委 12 号令第四十九条规定："中标人确定后，招标人应当向中标人发出中标通知书，同时通知未中标人，并与中标人在 30 日之内签订合同。"从上述规定可以看出：只有招标人有签发中标通知书的权利。定标权的最终表现，即是招标人确定中标人，并向其发放中标通知书的那一时刻。由于中标通知书的法律属性属于承诺，上述法条的这一规定，明确了最终做出承诺决定的权利属于招标人，因此中标通知书签发权也可简称为允诺权。

综上所述：定标权是一项内涵十分丰富的权利，包括评标标准制定权、专家选聘权、知情权、参与权、监督权、否决权、选择权和允诺权。笔者认为，不管从法律的规定还是实践中的操作来看，定标权一直在招标人手上，只不过，法律规范对定标权的使用进行了限制和制约。理由如下：

第一，"国有资金占控股或主导地位的依法必须招标的项目，应当选择排名第一的中标候选人为中标人"这条规定，是定标权中"限制选择权"的突出表现。把它看成是定标权的全部，是不太全面的，犯了以偏概全的错误。

第二，把法律对定标权中的"选择权"进行限制，看成是剥夺了招标人的定标权，同样是不全面的观点。

原因有三：一则选择权不是定标权的全部；二则"限制选择权"在行使时，依然是由招标人行使，而不是其他人在行使；三则即使"限制选择权"真的在一定程度上剥夺了招标人定标的自由，那招标人享有的其他方面的定标权（如监督权、否决权等），依然没有受到不合理的限制，更没有被"剥夺"。

（原文载于《中国招标投标》2010 年第 12 期）

对《招标投标法实施条例》定标权
相关规定的探讨

◎**本文概要**　《条例》颁布后，国资项目定标权归属之争再起。本文认为定标权始终在招标人手中，并未被剥夺，"定标权被剥夺论"存在重大思维误区，"自由定标"是对诚实信用原则的违背。

《招标投标法实施条例》(本文简称《条例》)颁布以后，一些业界人士质疑：《条例》要求评标委员会在推荐中标候选人时应"标明排序"，同时规定"国有资金占控股或者主导地位的依法必须进行招标的项目，招标人应当确定排名第一的中标候选人为中标人"，这些规定剥夺了招标人的定标权。而笔者认为：从《条例》的相关规定来看，定标权始终在招标人手中，并未被剥夺。

一、定标权依然掌握在招标人手中

所谓定标权，就是招标人通过招标方式选择并最终确定中标人的权利。在招投标活动中，确定中标人不是独立存在的一个环节，它是经过招标人制定并发布招标文件、投标人参与投标、招标人组建评标委员会、评标委员会评审投标文件、评标委员会提交评标报告并推荐中标候选人等一系列相关程序，最后才由招标人确定中标人并签发中标通知书的。因此，定标权的实现过程，贯穿着招标投标活动的整个流程。

在招标、投标、评标、定标几个相互关联、存有因果的过程中，招标人始终占据着主导地位。由于招标文件的制定发布、评标专家选择、开标会议主持等等，都是在招标人的主导下进行的，是招标人招标意图的细化和实现过程。因此定标权实际上是一项内涵十分丰富的权利，包括评标标准制定权、评标专家选聘权、评标知情权、评标参与权、评审监督权、对不合理评审结果的否决权、中标候选人履约能力审查权和中标人的最终确定权等多项子权利。

《条例》第五十五条规定："国有资金占控股或者主导地位的依法必须招标的项目，招标人应当选择排名第一的中标候选人为中标人。"这条规定是法律对招标人在行使"中标人的最终确定权"时进行的约束和规范，业界一些学者把"中标人的最终确定权"看成了定标权的全部，犯了以偏概全的错误。从《条例》第五十五条中，我们可以看出：虽然《条例》对招标人行使"中标人的最终确定权"进行了约束和规范，但中标人依然由招标人确定而不是由其他人确定，因此不存在"中标人的最终确定权"被剥夺的情形；何况《条例》对"中标人的最终确定权"进行的约束，也没有影响到招标人其他定标权（如监督权、否决权等）的行使，因而不能武断地认定"招标人的定标权被剥夺了"。

从《条例》的相关规定来看，在招标投标活动中，从制定招标文件、确定评标标准和方法直至开标、评标、最终确定中标人，招标人在如何定标的问题上始终占据着主动和优势，定标权实实在在地掌握在招标人手中，从来就没有被剥夺。

二、"定标权被剥夺论"的思维误区

持"定标权被剥夺论"者，主要是对《条例》第五十五条中关于"国有资金占控股或者主导地位的依法必须招标的项目，招标人应当确定排名第一的中标候选人为中标人"的规定持有异议。一些人士认为：这一规定限定了招标人只有唯一选项，剥夺了招标人在中标候选人中自由选择并最后确定中标人的权利，因此得出了"招标人的定标权被剥夺"的观点。

对于这条规定的理解，有人举了一个等量数学的例子。第一种方式：评标委员会推荐 1～3 名，招标人必须选择第一名为中标人。第二种方式：评标委员会推荐 1～3 名，招标人可以根据招标项目实际选择其中一名为中标人。由于在第一种方式下，招标人没有任何选择的余地，只能选择唯一的选项，因此招标人的"定标权被剥夺"了。

这种理解，表面看起来十分有道理，也代表了相当一部分人的思维方式。而实际上，这种理解不符合中标候选人的推荐实情。在评标委员会提交的评标报告中，推荐的1~3名名中标候选人是标明顺序的，这种排顺代表了最佳方案、第一备选方案和第二备选方案之间的区分。

在招标项目定标过程中，实际的情况应该是如下这个例子：招标人在选择中标人时，应该选择下列哪个选项？A．最佳方案；B．第一备选方案；C．第二备选方案。这个例子清晰地表明：招标人的选择应该是唯一性的。持"定标权被剥夺论"者没有区分3名中标候选人投标方案的优劣，认为"3名中标候选人的投标方案没有优劣之分，招标人可以凭自己的喜好自由选择"，这是非常明显的思维误区。

三、"自由定标"是对诚实信用原则的违背

《招标投标法》没有提及对中标候选人的排序问题。然而在评标实践中，大多数情况下中标候选人的评审最终得分并不相同。因此，即使不进行人为排序，也会出现得分高低的排序问题。笔者认为，对于一个特定的招标项目来说，在评标委员会推荐3名中标候选人的情况下，中标候选人的得分高低，对应的是最佳投标方案、第一备选方案和第二备选方案之分。如果评标委员会不对此进行排序，关于谁是最佳方案的问题，极有可能又会引发不必要的争议。《条例》第五十三条为了明确"谁是最优方案"，因而要求评标委员会在评标报告中对推荐的中标候选人进行排序。

在招标活动中，招标人通过发布公告、制定招标文件、公布评标标准和办法、组建评标委员会、开标评标等环节，由评标委员会按照招标人事先公布的标准和办法对投标文件进行评审，得出最优、次优和再次优方案，并负责向招标人推荐。如果评标委员会的评审结论是客观公正的，在最后的定标阶段，招标人则只有遵守自己事先制定的规则进行定标的义务，而没有所谓的"自由选择"的权利。如果此时招标人进行"自由定标"，无疑就违反了自己在招标文件中制定的规则，是对《招标投标法》和《合同法》中的"诚实信用"原则的违背。

四、对国资项目中标人的选取进行约束凸显了法律监管重点

原国家发展改革委法规司司长任珑在《关于〈招标投标法实施条例〉的若干问题介绍》一文中指出："按照管放结合、分类处理的原则，《条例》进一步突出了监管重点。具体说来，就是区分一般招标项目、依法必须进行招标的项目以及国有资金占控股或主导地位的项目，在制度设计上体现出不同要求。"

根据《招标投标法》及其配套法律规范（本文简称"招标法体系"）的立法特点，对应实践中的招投标活动，我们应当先将招标项目区分为三类不同属性的项目：第一类是一般项目，即可以不招标但招标人自愿招标的项目；第二类是强制招标项目，即依法必须进行招标的项目；第三类是国资强制招标项目，即国有资金占控股或主导地位的依法必须进行招标的项目。

在上述这三类项目中，招标法体系根据招标项目的属性特征分别设置了三种监管方式：一般项目最为宽松；强制招标项目趋于严格；而国资强制招标项目最为严格。这一特点，我们可以从《招标投标法》及其实施条例的相关规定中明显地看出来。比如：《招标投标法》的大多数规定适用于所有招标项目，而其中有 12 个法条则注明"依法必须进行招标的项目"这一前提，表明这些法条的适用对象只是第二类项目的招标人。从这 12 条规定来看，对招标人的限制明显比其他法条更为严格。而在条例中，我们可以看到，其中有 3 条明确注明"国有资金占控股或主导地位的依法必须进行招标的项目"这个适用前提，表明这些法条是专门针对国资强制招标项目而设置的规定。这 3 条规定又明显比对第二类项目的规定更为严格。因此，招标法体系最大的特点就是：针对不同的项目属性，设置不同的监管方式。一层比一层严格，一层比一层苛刻。

《招标投标法》及其实施条例的监管制度设计为何会有如此鲜明的特点？业界专家陈川生认为：《招标投标法》既具有公法的属性，也具有私法的属性。笔者赞同这一论断。正是这种双重的属性特征，决定了《招标投标法》体系的监管制度设置特点。

从严格意义上分析，国资项目招标人不是真正意义上的招标人，因为国资项目招标人不是自己投资自己受益。国资项目虽然名义上为是所有的纳税人都能监督，而由于存在"纳税人—政府—国资委—国资招标人"这层层委托关系，实际上是所有的纳税人都很难监督甚至无法监督。因而法律在设置监管层次时，从依法必须进行招标的项目中，进一步区分出国有资金占控股或主导地位的项目，从招标方式、资格审查主体、中标人选取规则等方面，作了更加严格的规定，明确由招标投标行政监督部门对国资强制招标项目实行更为严格的监督和管理。鉴于现阶段国资强制招标项目的招标人目前还缺乏有效的自律约束和监督机制，为防止其在确定中标人时，受决策者个人主观倾向和非法不当利益交易的影响和控制，避免招标投标活动因随意确定中标人而失去规范性、严肃性和公信力，《条例》第五十五条规定在定标阶段，国资强制招标项目的招标人应当确定排名第一的中标候选人为中标人。

五、为何只对国资项目中标人的选取进行约束

笔者理解，《条例》只对国资项目中标人的选取进行约束，主要是基于以下一些原因：一是根据"经济人"法则，其他项目的招标人是在"花自己的钱办事"，招标人会主动考虑追求节约和效果等方面的问题，不需要再作过于详尽的约束和规定。二是招标实践中，确实有一些项目，招标标的物的性能特征很难量化和设置成科学、合理的评审因素和权重。特别是货物招标项目，一些技术参数完全相同的货物，其表现出来的使用性能也有差异；而招标人由于是该货物的直接使用者，往往会比评标委员会的专家更加了解自己的需求特征，故应当给其相对自由的选择权。三是《条例》突出了监督重点，体现了"管住该管的"的立法意图，不设想用法律手段去解决招标实践当中的所有问题，只保留了应该用法律解决的那一部分问题，而把另外一些问题交由市场机制来处理。

六、《条例》第五十五条的规定会不会"冤杀"招标人

如上分析，对于极少数性能特征难以合理量化的货物招标项目

来说，《条例》第五十五条的规定确实可能会"冤杀"个别招标人。

但是，对于像《招标投标法》这样一部程序法来说：从某种意义上看，规则比结果更重要。因为规则制约的是所有招标项目，而结果只体现于某个特定的招标项目。不能因为在规则的执行过程中，有个别项目出现理想与现实的些许偏差，就去修改原本适用于一般现象的整部规则，那样引起的后果和带来的损失可能更加不可估量。

著名法学教育家江平认为："任何法律问题都完全可以通过法律规定的程序来得以解决。但公共利益不能够仅仅凭某个人的单独意思私自就能决定，当然也不能够完全由政府一方即予以决定，所以才有了民事主体如何来参与公共利益的决策程序问题。显而易见，凡是涉及到公共利益的问题，任何一种办法都不可能是十全十美的，但有程序规定终究就比没有程序规定要好得多。"在两难选择中，立法者出于无奈，只能两害相权取其轻。

（原文载于 2012 年 5 月 4 日、2012 年 5 月 15 日《中国政府采购报》）

也论国资项目定标权的归属

◎**本文摘要** 本文针对业内专家长期呼吁的"回归招标人定标权"的观点，就定标权归属这一问题持有异议，坚持"招标人的定标权并未被剥夺"的观点，并从不同角度深入探讨。

近年来，业内一些专家多次呼吁把定标权还给招标人，如某专业期刊刊登的《论国资项目定标权的归属》一文（本文简称《论》文）认为《评标委员会和评标方法暂行规定》（本文简称七部委12号令）、《工程建设项目施工招标投标办法》（本文简称七部委30号令）和《招标投标法实施条例》（本文简称《条例》）中关于如何确定中标人的规定，剥夺了国资项目招标人的定标权，违背了《招标投标法》、《企业国有资产法》等法律的相关规定，造成许多招标乱象。该文还提出了定标权"三足鼎立"的全新观点，给人以耳目一新的感觉。

但是，在定标权归属这一问题上，笔者对此有着不同理解。在此抛出一孔之见，与业界同仁一同探讨。

一、《条例》关于定标权的规定，符合相关法律的精神

（一）《条例》关于定标权的规定符合《招标投标法》的精神

《招标投标法》第四十条规定："招标人根据评标委员会提出的书面评标报告和推荐的中标候选人确定中标人。"《条例》第五十五条规定："国有资金占控股或者主导地位的依法必须进行招标的项目，招标人应当确定排名第一的中标候选人为中标人。"七部委30号令第五十七条规定："评标委员会推荐的中标候选人应当限定在一至三人，并标明排列顺序。招标人应当接受评标委员会推荐的中标候选人，不得在评标委员会推荐的中标候选人之外确定中标人。依法必须进行招

标的项目，招标人应当确定排名第一的中标候选人为中标人。"

《论》文中，认为七部委 30 号令和《条例》中的相关规定，相较《招标投标法》而言，对定标权的行使进行了更为苛刻的规定，违背了上位法《招标投标法》的立法精神。

而笔者认为：这是部委政令和《条例》对《招标投标法》中相关规定的细化和解读，而不是违背。理由如下：

其一，《招标投标法》的相关规定赋予了招标人"确定中标人"的权利，但招标人行使这个权利是受约束的。即招标人必须"根据评标委员会提出的书面评标报告和推荐的中标候选人"来确定中标人，而不是想给谁就给谁。

其二，七部委 30 号令等部门规章和《条例》中的相关规定，与《招标投标法》中的相关规定并不矛盾。《招标投标法》对招标人确定中标人的规定比较原则，没有解决如何根据评标报告来确定中标人的问题，因而七部委令和《条例》对《招标投标法》的规定进行了细化和延伸。

其三，下位法对上位法的细化，不能看成违背上位法的精神。相反，而应该看成是下位法对上位法精神的延续和贯彻。

笔者认为：在法律规范中，如果下位法赋予的权利超越了上位法的许可范围，可以看成违背了上位法的精神；如果下位法对上位法授权的某项权利进行约束和规范，则是对上位法精神的解读、延伸和细化，不能认为其违背了上位法。《招标投标法》要求招标人要"根据评标委员会提出的书面评标报告和推荐的中标候选人确定中标人"，这条规定比较原则，没有提出"如何根据书面评标报告和中标候选人"来确定中标人的操作细则。因此，七部委 30 号令和《条例》中的相关规定，对这条规定进行了细化和延伸。这种细化和延伸，并不违背上位法的立法精神。

（二）《条例》关于定标权的规定符合《企业国有资产法》的立法精神

1. 企业享有的"经营自主权和其他合法权益"都离不开"依法享有"这个前提

《论》文认为：《企业国有资产法》规定了"国家出资企业依法

享有经营自主权"，而《条例》关于定标权的限制性规定，剥夺了这种经营自主权，违背了《企业国有资产法》的规定。

应当看到：《企业国有资产法》第六条、第十六条、第十四条规定中确实规定了"国家出资企业依法享有的经营自主权和其他合法权益受法律保护"，也明确了"各级政府……不干预企业依法自主经营的原则"。但是，值得注意的是：所有的条款中在提到企业自主经营权时，都会注明"依法"或"依法享有"的前提。也就是说，"法律赋予"是权利享有的前提，如果没有法律授权，则不拥有某项权利。结合定标权的归属问题，可以作这样的理解：如果法律没有赋予招标人绝对的定标权，则招标人不享有对招标项目的绝对的、不受其他任何干预或者干扰的定标权。

2. 《企业国有资产法》在确定国资企业享有经营自主权时，对这种自主权进行了种种限制

通读《企业国有资产法》，我们发现，该法在赋予国资企业经营自主权时，又对这种自主权进行了种种限制。如第八条规定："国家建立健全与社会主义市场经济发展要求相适应的国有资产管理与监督体制，建立健全国有资产保值增值考核和责任追究制度，落实国有资产保值增值责任。"第九条规定："国家建立健全国有资产基础管理制度。"第十七条规定："国家出资企业从事经营活动，应当遵守法律、行政法规，加强经营管理，提高经济效益，接受人民政府及其有关部门、机构依法实施的管理和监督，接受社会公众的监督，承担社会责任，对出资人负责。"

需要特别注意的是：《企业国有资产法》在第四章、第五章、第七章中，用了整整三个章节的宏大篇幅，对国资企业自主经营权进行了种种限制，内容涵盖"企业管理者的选择与考核，与关联方的交易，企业合并、分立、改制，企业转让重大财产"等诸多事宜，而这些内容在性质上，或多或少都属于或涉及"企业自主经营权"的范畴，但这些限制同样不能认为是对"企业自主经营权的违背"。

很显然，在同一部法律中，立法者是不会做这么明显的自相矛盾的规定的。比较合理的理解恐怕应该是：国资企业的"自主经营权"，不是一项绝对自主权利，而是一项相对自主权利。国资企业在

行使"自主经营权"时，要受到法律规定的诸多限制。而《条例》中对定标权的规定，也体现了这种限制和制约的原则，其立法精神和《企业国有资产法》的立法精神是相一致的。

（三）《条例》关于定标权的规定不违背《国务院关于投资体制改革的决定》精神和"项目法人责任制"的有关规定

《国务院关于投资体制改革的决定》和"项目法人责任制"的有关规定，其精神实质是想改变过去计划经济体制下，政府管得太多、管得太宽、管得太死，一切由政府大包大揽，而企业权责不明的一种状况。这种"放权性质"的规定，并没有改变国资企业的"经营自主权"必须依法享有和依法行使的目的，也没有把"相对自主权"改为"绝对自主权"的意图和意思表示。因此，笔者认为：这些规定是对宪法和其他相关规定的"权利义务相一致原则""依法行政原则"、"权责统一严则"精神的一种体现，是我国法制统一原则的一种体现，而不是立法中的自相矛盾。

二、《条例》关于定标权的规定科学合理

（一）《条例》关于定标权的规定与国资企业法人是否拥有出资人职责，是否能履行出资人职责没有直接联系

《论》文在论述国资项目定标权的归属时，认为"剥夺国资招标人的定标权，就是剥夺国资企业履行出资人职责的权利"。对此，笔者有着不同的理解。

笔者对《企业国有资产法》相关规定的理解是：①国资企业原本就不是履行出资人职责的机构，不能让其承担、履行出资人职责的权利；②《条例》关于定标权的规定，与国资企业能否履行出资人职责没有联系。

《企业国有资产法》第十一条第一款规定："国务院国有资产监督管理机构和地方人民政府按照国务院的规定设立的国有资产监督管理机构，根据本级人民政府的授权，代表本级人民政府对国家出资企业履行出资人职责。国务院和地方人民政府根据需要，可以授权其他部门、机构代表本级人民政府对国家出资企业履行出资人职责。"

由此可以看出：根据《企业国有资产法》的规定，履行出资人职责的是"国有资产监督管理机构或经授权的其他部门和机构"（即国资部门），履行出资人职责的机构是一个监督管理机构，而一般不是《论》文所说的"国资企业"。

笔者以为：履行出资人职责的机构和国资企业的关系，类似于私营企业中出资人和经营者、董事会和经理人的关系。履行出资人职责的机构拥有的是相当于投资人的权利，而国资企业拥有的是企业经营权。两者归属于不同的范畴。根据国有企业"所有权和经营权相分离"的原则，国资委作为履行出资人职责的机构，一般不会将"履行出资人职责的权利"授权给国资企业，否则又将重复"所有权和经营权混为一体"的泥潭。即使将"履行出资人职责的权利"授权给"国资企业"，那国资企业法人是否拥有履行出资人职责的权利，也只与国资委是否授权有关，而与定标权的归属无关。

（二）《条例》关于定标权的规定与"国资项目法人对项目实行全过程负责"并不矛盾

《论》文认为：《条例》中关于定标权的规定，与"国资项目法人对项目实施全过程负责"的规定相违背。这一观点同样值得商榷。

原国家计委《关于实行建设项目法人责任制的暂行规定》中规定："项目法人对项目的策划、资金筹措、建设实施、生产经营、偿还债和资产的保值增值，实行全过程负责。"这里所说的实行"全过程负责"，是一个相对的概念，是相对于过去没有实行项目法人制度时，某些项目业主"只负责投资建设，不负责资产保值增值"的可以称为"部分过程或半过程负责"的概念。

举个例子：如在投资建设某项目时，以"某某工程指挥部"而不是以"某某项目法人"的名义进行招标建设，那就很有问题了，招标结束了，工程完工了，"某某工程指挥部"撤销了，项目的运行效益与"某某工程指挥部"无关了，项目使用方遇上投资建设时遗留的缺陷和问题也无从找人了。这是未实行"全过程负责"的弊端所在。

因此，这里的"全过程负责"，并非特指"项目的整个过程都由招标人自己说了算，别人不得干涉，也不受其他法律规定的影响"。

这一理解，也可以从《企业国有资产法》的相关规定中得到佐证：《企业国有资产法》在第四章中，用了整整一个章节的篇幅，对"企业管理者的选择与考核"进行了种种约束和规定，但同样不能认为《企业国有资产法》也侵犯了项目法人的权益，导致项目法人无法对项目全过程负责。

（三）招投标活动流于形式，与国资项目定标权归属不当没有直接的因果关系

《论》文认为：在国资项目中，由于剥夺了招标人的定标权，招标人担心采购不到满意的标的物，采取了一种"上有政策、下有对策"的做法。在招标实施前，招标人依据项目的情况和已掌握的潜在投标人的信息，事先与潜在投标人进行交流和洽谈，基本确定了"意向中标人"，然后在编制招标文件时，依照"意向中标人"量体裁衣制定评标标准，使"意向中标人"成为合法的中标人，由此导致了"相当多的招标投标活动流于形式"。

《论》文甚至大胆推论："相当多的招投标活动流于形式"的根源是招标人的定标权被剥夺所致。

多年来，标界业内早已经形成这样一种共识：引起虚假招标、串标围标的原因是多方面的。把虚假招标的原因统统归咎到一点，即定标权的归属上，恐怕有失偏颇。这样的结论，估计标界很多同仁恐怕也很难认同。

那么，相当多的招标流于形式的原因主要有哪些呢？笔者试分析原因如下：①招标投标法律体系不完善；②评标办法不科学；③监督机制不健全；④从业人员业务素质有待提高；⑤依法行政观念亟待加强；⑥标前准备粗糙；⑦标后监管缺位，等等。上述原因中的③、④、⑤、⑥、⑦点，恐怕都与定标权的归属没有直接的联系。

综上所述，笔者认为：把招标流于形式的原因都归咎到定标权的归属上，是不太全面的。

（四）在现行法律规定下，评标委员会的过错，招标人逃脱不了责任

《论》文认为：在现行法律规定下，定标出了问题，国资项目的

招标人无需承担任何责任。无需承担责任的理由是："排名第一的中标候选人"是评标委员会定的，与招标人没有关系。

实际上，这种观点是不全面的。笔者认为：在现行法律规定下，定标出了问题，招标人逃避不了责任。理由如下：

在法律上，招标人和评委的关系，应该是一种雇佣关系。评委是招标人临时雇聘的经济技术方面的专家，是代表招标人来选择合格投标人的。评标专家的评审费，一般也都是招标人支付的（有的由代理公司代为支付）。评标专家的工作内容和工作性质，实质上就是："拿业主的钱，用自己的学识，为招标人选择最合适的供应商。"《招标投标法》第三十七条规定："评标由招标人依法组建的评标委员会负责。"这一条款印证了雇佣关系的存在。因此，尽管有关规定对招标人选择评标专家、评标专家如何评审和比较投标文件等方面做出了种种限制，依然没有改变这种本质上的雇佣关系。

在雇佣关系中，雇主必须要为雇员的过错承担责任吗？答案是肯定的：在我国的法律规定中，雇主必须为雇员的过错承担责任，这就是雇主责任。因此：评标委员会的过错，招标人逃脱不了责任。

因此，那种认为"我把项目交给评委评审了，和我一点关系都没有"或者"中标人是评标委员会确定的，出现错误和我招标人没有关系"的观点，是不全面的。

（五）赋予国资招标人自由定标权，招标更会成为腐败的保护伞

笔者十分赞同《论》文中提出的这个观点："与其它采购方式一样，招标采购也一样可能产生腐败，因而，招标采购也要严防腐败的产生。"

如何防止招标采购过程中的腐败呢？把自由定标权赋予国资招标人就能解决腐败问题了吗？对于这个问题，恐怕没有人可以做出肯定的回答。

我们不妨来个反证：假使招标人享有自由定标权会怎么样？在招标人享有绝对自由的定标权的情况下，评委推荐了甲、乙、丙三名中标候选人。这下招标人可"滋润"了：在投标有效期结束日前30天的法定期限内，作为招标人，可以好好"考察考察"他们三人

的表现，哪个表现最好就给哪个做。因此，赋予招标人自由定标权反而会助长腐败行为滋生，而这正是立法机构需要谨慎处理的问题。

（六）现行法律体制下，监管的问题不是没有监管目标，而是监管不到位

在监管不力这个问题上，《论》文提出："为什么招标领域的腐败现象依然严重呢？为什么监管没有成效呢？其原因是，在现有行政法规下，招标人的定标权被剥夺后，招标监管部门就失去了监管目标。"

笔者认为：把招标领域腐败现象严重、监管没有成效的原因归结为招标人定标权的丧失，至少是不全面的。

我们知道：招标领域的腐败，贯穿着招标投标活动的全过程，有时甚至还牵涉到标前和标后程序。不能把项目招标过程可能产生的腐败，统统归结到招标人定标权的丧失上。比如，在代理机构选择时出现的腐败现象，也属于"招标领域的腐败"，但这种腐败和定标权的归属几乎没有任何直接的关系。

在现行法律规定中，监管部门的职责和监管目标都是明确的。《招标投标法》及其实施条例第五章、《招标投标法实施条例》第六章、七部委 30 号令第五章都明确规定了招标人、招标代理机构、评标委员会、中标人和其他相关单位在违反法律规定时，各自应当承担的法律责任，不能武断地认为监管部门没有监管目标。此外，《论》文在"剥夺国资招标人定标权，致使监管部门没有监管目标"一节中提到的那种认为"无人对评标结果负责，谁都没有责任"的观点，在法律上同样站不住脚，其理由前文已述。

三、评标委员会的职责是评标而不是定标

（一）依法组建的评标委员会是招标人聘雇的专业工作小组

《论》文在不同的几段阐述中反复强调："中国招标的特色，（是）无人对评标结果负责"。出了差错，谁都没有责任。

而实际情况如前所述，定标当中出现的过错，责任是可以追究的，也是有相应的法律主体为之负责的。

那么，法律为何要求招标人在选择中标人（或供应商）时应该聘任相应的专家进行评审呢？按照笔者的理解，恐怕是基于这样一个前提：大多数的项目业主，都不具备评标所具备的专业技术知识，或不熟悉相应的经济技术规范。因此，要求招标项目业主在选择中标人（或供应商）时，必须借助经济技术类专家的学识。

基于这个前提，法律做出这样的规定，是合情合理的。

（二）在现行规定下，评标委员会的工作性质是在"评标"，没有在"定标"

笔者完全赞同《论》文中的以下观点：①评标委员会是由招标人组建的，是协助招标人评标的，理应对招标人负责；②评标委员会是招标人的决策参谋，是咨询小组；③评标委员会只能是"评"标委员会，不能充当"定"标委员会；④没有招标人的授权，评标委员会无权定标。

在对待评标委员会的工作性质这个问题上，笔者与《论》文的理解有所不同，笔者认为：评标委员没有在"定标"，其工作从始到终都只是在"评标"（由招标人授权确定中标人的情况除外）。

《招标投标法》规定："评标委员会完成评标后，应当向招标人提出书面评标报告，并推荐合格的中标候选人"。既然是"候选人"，其人数应该>1。在这2~3名候选人中，哪个是最佳候选人呢？哪个是最优方案，哪个是备选方案呢？《招标投标法》的相关规定并不明确。

《条例》及七部委30号令等下位法要求评标委员会对3名候选人进行排序。本意是想解决哪个候选人是最佳候选人，哪个方案是最优方案的问题，而不是解决谁是中标人的问题。

（三）定标权一直在招标人手上，行使时要受到法律制约

究竟是谁在定标呢？回答是唯一的：招标人在定标。招标人怎样定标呢？根据"评标委员会推荐的中标候选人来定标"。

那么，招标人如何根据"评标委员会推荐的中标候选人来定标"呢？《条例》和七部委30令有如下规定："国有资金占控股或主导地位的依法必须进行招标的项目，招标人应当确定排名第一的中标候选人为中标人"，"招标人……不得在评标委员会推荐的中标候选

人之外确定中标人"。

对于上述规定，笔者是这么理解的：定标权一直在招标人手里。但是，定标权不得乱用，应该根据法律的规定依法使用。说得明白点，就是说：招标人必须选择评委推荐的最优方案，而不得选择备选方案，更不得选择评委推荐方案以外的方案。这是法律对于经济技术专家小组工作成果的一种肯定，而不是对招标人定标权的剥夺。

那么，招标人的自主定标权不是一点都没有了吗？笔者理解：还是有的。《条例》和七部委30号令均有规定："国有资金占控股或主导地位的依法必须进行招标的项目，招标人应当确定排名第一的中标候选人为中标人。"也就是说，非"依法必须进行招标的项目"，招标人即使不选择排名第一的中标候选人，监管部门也不能套用这条规定来处罚招标人。但是，对于非法定招标项目，其中标人的选择，依然受到《民法总则》《合同法》等法律规范和招标文件有关规定的制约。

综上所述，笔者认为：1)《条例》和七部委令并未剥夺招标人的定标权，定标权自始至终都在招标人手上；2)定标权不得乱用，招标人在行使定标权时，要受到法律规定方面的诸多制约。

四、"定标权被剥夺论"产生的根源

（一）没有区分方案的优劣，是"定标权被剥夺论"的一种思维误区

持"定标权被剥夺论"者，主要是对相关法律中"招标人应当确定排名第一的中标候选人为中标人"这一规定持有反对意见。

业内一些人士认为：这条规定限定了招标人只有唯一的一个选项，剥夺了其在中标候选人中自由选择，并最后确定中标人的权利，因此得出招标人"定标权被剥夺"的观点。

这一观点是值得商榷的，在评标专家的评标报告中，推荐的1～3名中标候选人，是标明顺序的。这个顺序的排名，代表了最佳方案、第一备选方案和第二备选方案的区分。排名第一的最佳方案，体现了招标文件中的招标意图，从而清晰地表明招标人的选择，必须

是唯一性的。因此,《条例》和七部委 30 号令的相关规定,并非剥夺了招标人的定标权,而是招标人招标意图的真实体现和真正反应。

（二）招标人定标意图的偏移,是产生"定标权被剥夺论"的内在原因

为进一步剖析"定标权被剥夺论"产生的原因,我们可以先做一道习题:假使您手中有一个标的,而且只能授给一个对象,您想把这个标的授给谁? 作为招标人,您一定会回答:我想把这个标的授给最优秀的投标人。如果换一道习题:假设您家里需要装修,您的预算是 50 万元。在没有超出您预算的前提下,有 10 种方案供您选择。作为招标人,您想选择哪个方案? 您一定还会回答:我想选择最优方案!

从上述的问答题中,我们可以得出如下结论:一个理性的招标人,在不受任何诱惑和制约的前提下,实施招标的意图,是想选择一个最优秀的中标人,或者选择一个最佳方案。

如果把目光转到评标现场:评标完成后,评标委员会推选出了最优方案、次优方案和再次优方案。作为一个招标人,这时候却说:"我想在前 3 名中自由选择。"此时我们发现:招标人的定标意图,已经悄然发生了变化,由最初的只接受最优方案悄然变成了前 3 名方案均可接受了。

通过这个例子可知:招标人之所以认为法律规定不公平,其内在原因是因为招标人自己的定标意图发生了偏移。假设招标人的意图没有发生任何偏移,法律的规定和招标人的初始意图是完全吻合的。

（三）片面地理解"定标权"的内涵,是"定标权被剥夺论"产生的另一重要原因

如本书《论招标人定标权的内涵》一文所述,定标权不能被狭隘地理解为只有"自由选择权"一种权利。招标人的定标权,包括评标标准制定权、评标专家选聘权、知情权、参与权、监督权、否决权、选择权和允诺权。其中选择权又包括限制选择权和相对自由选择权。

综上,笔者认为:①把"限制选择权"看成是定标权的全部,

是不全面的，犯了以偏概全的错误；②法律在限制招标人选择权的同时，赋予了招标人评标标准制定权、评标专家选聘权、知情权、参与权、监督权、否决权等等权利；③把法律对定标权中的"选择权"进行限制，看成是剥夺了招标人的定标权，是不全面的观点。

五、约束国资项目招标人的定标权并不代表该权力被剥夺

（一）约束国资招标人定标权的使用，不能视为是"有罪推定"

在司法界，"有罪推定"是相对于"无罪推定"的一个法律概念。所谓的"有罪推定"，主要是指未经司法机关依法判决有罪，对刑事诉讼过程中的被追诉人，推定其为实际犯罪人。"有罪推定"主要表现为两种形式：一是未经司法机关依法判决有罪，一般民众对被追诉人有罪判断严重外化且侵害被追诉人的名誉权、隐私权等基本权利或者对被追诉人的定罪量刑形成消极的舆论引导；二是在司法机关依法判决确定有罪与否以前（具体是指在缺乏证实犯罪事实和犯罪情节的情况下），公权力机关侵害被追诉人人身权利和诉讼权利或者对被追诉人形成有罪预断乃至做出有罪处理。

对招标人定标权的使用进行约束，并不符合上述"有罪推定"的特征，不能断定为是搞"有罪推定"。

（二）"怀疑一切"的思维方式，是立法者应该和必须具备的素质，不应该受到怀疑和指责

在《论》文中，对立法者"怀疑一切"的思维方式是持否定态度的；而笔者认为，"怀疑一切"的思维方式是立法者应该具备的一种思维方式，应该值得肯定。因为在立法时，立法者须按照"情形假定—行为模式—法律后果"的逻辑，对有可能出现的各种投机取巧、败坏公德的行为及其表现——进行琢磨，然后在制定法律条文时，对这些可能出现的行为进行约束和处罚。在法律法规中，一般都会有"法律责任"这一章，这个章节中的所有规定，都是对可能出现的各种违规行为的制约和处罚。

因此，笔者建议：不应该对立法者"怀疑一切"的思维方式进

行否定，而应该赞同这种严谨的思维方式。

举个实例：在招标文件中，一般都会有"否决投标情形"和（或）"细微偏差与重大偏差的判定"一节。我们暂且不去讨论这些具体的规定是否科学，单从这一章节制定者的出发点和从思维根源来说，可以说也是"怀疑一切"的表现。因为这些章节的规定，都是招标人担心自己的利益受到投标人的损害而作出的种种防范性规定。在制定这些防范性规定时，招标人把可能出现的不利于自己的行为和表现，以一个统一的标准，向所有投标人展示一种鲜明的态度：对这些行为，招标人全部不可接受或部分不可接受。

反之，如果招标人的思维不严谨或者"怀疑一切"的能力和水平不够，那么在招标文件中，会出现很多缺陷和漏洞，让一些投机取巧的投标人有机可乘，最后导致招标人自身的利益得不到保障。因此，对于游戏规则的制定者来说，"怀疑一切"的思维方式，不应该受到批驳和怀疑。

（三）约束国资招标人定标权的使用，是维护国资招标人的合法权益与维护国家的利益相统一的一种体现

笔者认为，对国资项目招标人定标权的使用进行约束，没有侵犯和剥夺招标人的"合法"权益。理由如下：①招标人享有的定标权，离不开"依法享有"这个前提。任何所谓的"合法权益"，都离不开"依法享有"这个前提。也就是说，招标人的所有权利，都来自于法律的赋予。没有法律的授权，招标人就没有权利。②立法时进行的授权，不是随意的授权。任何立法者，在立法时，都会在反复考量权利和义务的统一、对应关系以后，对权利的赋予做出比较合适的授权。这个授权，在立法时，是不会随意的，起码在立法者看来，对某项权利的授权范围和自由使用程度，是建立在比较合理的基础上的。

对定标权使用进行规范和制约，系立法者仔细考量了国资项目招标人的权利义务关系以后，认为有必要对国资招标人定标权的使用进行约束和规范：要求国资招标人在定标时，只能选择专家小组推荐的最优方案，而不能选择其他备选方案。这样做的目的，一方面是为了让国资项目招标人有更多的时间和精力去从事其他与项目

相关的工作，另一方面也是为了国家利益免受有可能遭受的损害。

从这个意义上看，约束国资招标人定标权的使用，是维护国资招标人的合法权益与维护国家的利益相统一的一种体现。

（四）约束国资招标人定标权的使用，不是公权力的膨胀

《论》文认为：剥夺或者约束国资招标人定标权，是公权力膨胀所致，是用"公权力"侵占"私权利"的一种表现。

为论证这一观点是否正确，可先建立一个数学模型：把"权利"和"权力"分别看成两个相互关联的集合。如果发生了公权力膨胀导致私权利被剥夺，或者公权力挤占了私权利的现象，那么公权力的集合会增大，私权利的集合会变小。这个理论模型，在逻辑上符合《论》文关于"剥夺国资招标人的定标权是公权力膨胀的表现""行政法规剥夺招标人的定标权，是公权力对私权利的侵犯"等表述。

不可否认：在上述模型中，约束国资招标人定标权的使用（《论》文的表述是"剥夺国资项目招标人的定标权"）时，私权利确实缩小了。但是，公权力有没有扩大呢？由于公权力的主体是特定的，只有行政机关或者代表行政机关的工作人员才拥有对公权力的支配。在约束国资项目招标人的定标权时，拥有国家公权力的监管部门和监管人员，他们手中的权力没有增大。既然监管部门和监管人员手中的权力没有一点增加，又怎么能说是"公权力膨胀"了呢？

因此，把法律对国资招标人定标权进行规范，定性为公权力的膨胀是不适宜的。

六、对定标权"三足鼎立"方案的质疑

（一）让定标权"三足鼎立"，是用"公权力侵占私权利"的突出表现

对于《论》文提出的让定标权"三足鼎立"的提议，笔者持有异议。笔者认为：让定标权"三足鼎立"，是瓜分国资项目招标人手中的定标权，导致"权力"与"权利"不分，是用"公权力侵犯私权利"的表现。

《论》文提议的定标权"三足鼎立"的具体办法如下：

"（1）'三足'为：招标人、评标委员会和行政监管部门。

（2）定标权'三足'分配方案设计为：①评标委员会按照招标文件的规定进行评标，评出中标候选人。中标候选人为 2 ~ 3 人。《评标报告》应当对中标候选人的优缺点作出详细的分析和评估，可以排序，也可以不排序。②一般情况下，招标人应当在中标候选人中确定中标人。③如果招标人要求在候选人以外的投标人中确定中标人，应当向行政监管部门提出书面申请，并应当说明充分的理由。④行政监管部门在收到招标人的书面申请后，作出是否允许在候选人以外确定中标人的裁决。⑤招标人也可以授权评标委员会直接确定中标人。

（3）上述 5 条是一个完整的方案。该方案使定标权'三足鼎立'，三方相互制约，三方的定标权都是相对有限的。"

把上述关于让定标权"三足鼎立"的表述进行分析，可作如下归纳：①把定标权分成三份，由招标人、评标委员会和行政监管部门各自掌握一部分；②三方均拥有不完整的定标权，三方合成才构成一个完整的定标权；③三方在使用定标权时，相互制约。

如果上述解读基本正确，就存在如下状况：①定标权被瓜分成了三份；②监管部门掌握了一定的定标权。也就是说，原本应该由招标人掌握的定标权，有一部分被划给了监管部门。

综上分析，让"定标权三足鼎立"的倡议，反而涉嫌让"公权力"对"私权利"进行侵犯和占有，这是违背立法机理的表现，切不可如此！

（二）让定标权"三足鼎立"，是让监管机构角色错位，让监管部门"不务正业"

行政监管部门的职责就是行政监督，监督招投标过程是否符合法律的规定，而不是自己直接参与招标投标过程的操作。在定标权"三足鼎立"的分配方案中，其中的第③、④点，都让监管部门直接参与到招投标过程的运作中去，从而使监管部门"有限地拥有"了一部分定标权，让监管人员既当运动员，又当裁判员，反而让定标过程陷入"管办不分"怪圈，是"操作与监督不分"的表现，此议不可行！

（三）让定标权"三足鼎立"和"让定标权回归招标人"，有自相矛盾之嫌

在《论》文中，作者多次发出呼吁："回归《招标投标法》，将定标权归还给招标人！"

从语义上理解："把定标权还给招标人"，是给招标人一个完整的定标权，不让其他机构和组织再享有定标权（前提是在定标权被剥夺的情况下）。"让定标权三足鼎立"，是把定标权拆分成三块，让不同的机构和组织各自拥有一部分定标权，而不是把定标权完整地交给招标人。因此，让定标权"三足鼎立"和"把定标权还给招标人"，是两种不同的观点，而且这两种观点有冲突之处，《论》文所要表达的意图，本质上是自相矛盾的。

（四）定标权"三足鼎立"的做法，不是一种科学合理的办法，也不符合我国国情

首先，定标权"三足鼎立"，在实践中，可能会产生两种极端现象。一是久拖不决。无法定标。如果三方的权威、影响力都相当的话，公说公有理，婆说婆有理，估计很难决断。打个不很恰当的比方：一场球赛，如领队、裁判和举办方都有决断权，那估计会有点乱，恐怕听谁的都不成。二是形同虚设。三方中有某方是绝对权威的话，"三足鼎立"就会形同虚设！

其次，行政监管部门参与定标，与法律赋予的身份和职责不相符，造成实质上的角色错位。一个比较现实的问题是，监督部门在行使定标权时，一旦出现定标过错，谁来监督？难道自己监督自己？

最后，定标权"三足鼎立"，不符合我国国情。在现行体制下，国资项目的业主，不是真正意义上的业主，真正的业主是国家，是全体纳税人。一个项目招得不好，受损失的是公共利益，而不是业主的自身利益。招标项目实施的好坏，对业主自身往往没有什么太大的影响。因此，这也是一些项目业主喜欢和投标人串通，施加压力影响干预招标结果，甚至玩虚假招标游戏的原因之一。定标权"三足鼎立"的方案，无法解决这一现实问题。

综合前文所述，笔者得出如下结论：

（1）《条例》和七部委 30 号令中关于定标权的相关规定，符合

《招标投标法》《企业国有资产法》的立法精神，符合国务院有关规定精神，体现了法制统一、依法行政、权利义务相一致的原则。

（2）法律没有剥夺国资项目招标人的定标权，只是对招标人在行使定标权时作了一些限制。

（3）出现"定标权被剥夺论"，源于对法律规定存有一定的误解，源于对"定标权"的内涵、性质和行使过程，存有一些不太全面的理解。

（4）在现行法律规定下，招标监管的目标是明确的，评标委员会的工作性质也是明确的，评标委员会的过错也是可以追究的。

（5）招标实践中出现的招标活动流于形式，招标过程腐败滋生的原因，与定标权归属不当没有直接联系。

（6）约束和制约招标人定标权的使用，不是公权力的膨胀，而是维护国资招标人和合法权益和维护国家利益相统一的集中体现，

（7）提议让"定标权三足鼎立"，与我国法制原则相违背，有用"公权力"剥夺"私权利"之嫌，不具有科学性和可行性。

结语

"横看成岭侧成峰，远近高低各不同"。不同的人站在不同的角度去看待同一个问题时，往往会产生不同的观点。其实，山依然是那座山，不会因为游客所处的位置和角度不同而发生一点点变化。"不识庐山真面目，只缘身在此山中"。作为定标权归属之争的关注者，笔者只就这一争议提出自己的看法。观点正误，留待业界同仁分析评判。

（原文载于《中国招标》2010年第41期）

评定分离"热"中的冷思考

◎**本文概要**　"评定分离"模式逐渐成为各地招投标创新"热点"。本文审慎提出"评定分离"的操作思路尚不清晰，给招投标活动和招标代理行业的健康发展容易带来负面影响，以架空评审机构为取向的"评定分离"制度在实践中更应慎重推行。

招标投标制度在我国经历了30多年的发展，在不断健全完善的同时，也出现了诸如围标串标、虚假招标、规避招标等一些亟待解决的问题。一些业界人士在分析研究问题根源时，把它归咎于招标人定标权被剥夺，进而提出"推行评标和定标相分离制度"（本文简称"评定分离"），意在从根本上解决招标投标领域中存在的诸多问题。

从2011年开始，评定分离方式在深圳等地开始试行，大多数媒体对此给予积极评价，有的甚至冠以招标投标机制的"改革创新"等美誉。在大力推行简政放权、转变政府职能的大背景下，一些省市和招标投标行政监督部门也正陆续出台或正研究出台评定分离实施办法。一时间，推行评定分离制度，几乎成了招标投标业界热议的一大热点。

一、"评定分离"概念的提出

"评定分离"这一概念，原本是相对于"评定合一"而言的。也就是说，"评定分离论"的提出，是为了解决"评定合一"的问题。在制度设计时，现行法律对依法必须进行招标的项目，采用第三方独立评审制度。这一制度要求招标人在评标阶段必须依法组建评标委员会，同时赋予临时组建的评标委员会以独立的评审权，且要求招标人尊重评标委员会的评审结论。对此，一些业界人士颇有微词，认为这一制度设计造成了实质上的"评定合一",剥夺了招标人的定标权,进而引发了招标投标活动中的一系列问题。

持"评定合一观"者的观点大致如下:

(1)《招标投标法》实行的是"评定分离制度",评标归评标,定标归定标,招标人可以在评标委员会推荐的中标候选人中自由确定中标人;

(2)《招标投标法实施条例》(本文简称"条例")和《评标委员会和评标方法暂行规定》(本文简称"12 号令")《工程建设项目招标投标办法》(本文简称"30 号令")《工程建设项目货物招标投标办法》(本文简称"27号令")等部门规章要求"招标人应当确定排名第一的中标候选人为中标人",造成了实质上的"评定合一",违背了上位法《招标投标法》的规定,应当予以修正。

上述观点的提出,是标界人士对现行制度予以关注和思考后得出的结论,各地对"评定分离"制度的实践和关注,也从一个侧面反映出这一观点已得到相当一部分人士的赞同。从长远来看,这些思考和实践无疑将会对招标投标行业的健康发展起到一定的积极作用。

在这波及面日渐扩大的"评定分离热"中,各地推行的评定分离制度是不是在"回归《招标投标法》"?评定分离到底是个什么概念?《招标投标法》及其配套法律规范是不是实质上的"评定合一"?《条例》及其下位法有无违背上位法之嫌?笔者以法理学、招标投标机制和项目管理的基本原理为分析论证基石,对评定分离热提出一些"冷"思考,敬请批评。

二、现行制度是"评定合一制"还是"评定分离制"

鉴于业界学者大都认同《招标投标法》确定的即是"评定分离制",笔者不再对其进行分析,关注重点主要集中在对《条例》以及12 号令、30 号令等部门规章是否为"评定合一"上。2013 年九部委 23 号令出台后,12 号令、30 号令等部门规章均根据《条例》的立法精神作了相应修改。因此,只需对《条例》相关法条进行分析论证,其结论同样适用于部门规章。

其一，从法条的编排来看。《条例》关于评标方面的规定共有5条，即第四十九至五十三条；关于定标的规定共有2条，即第五十五条和第五十六条。介于第五十三条和第五十五条之间的第五十四条，是关于定标前须公示中标候选人的规定。从《条例》对法条的设置及编排来看，《条例》实行的是评标定标相分离的原则。

其二，从法条的内容来看。《条例》第五十五条规定："国有资金占控股或主导地位的依法必须进行招标的项目，招标人应当确定排名第一的中标候选人为中标人"。由于《条例》第五十三条要求评标委员会在推荐中标候选人时应当标明排序，而本条又规定招标人应当确定排名第一的候选人为中标人，很多业界人士认为：该法条只给出了唯一选项，无论评标委员会的评审结论是对是错，招标人都只能选择第一名，造成了实质上的"评定合一"。

笔者认为：这一观点是不太正确的。具体分析如下：

1.《条例》第五十五条是一般性规定

法条中的一般性规定适用于普遍情形，不适用于特殊情形。也就是说，当招标投标活动出现一些法定情由时，招标人无须确定排名第一的中标候选人为中标人。

根据《条例》的相关规定，招标人无须确定排名第一时的情形包括以下几类：

第一类是中标签约过程有瑕疵。具体包括：①排名第一的中标候选人放弃中标；②中标人因不可抗力不能履行合同；③中标人不按照招标文件要求提交履约保证金；④中标人被查实存在影响中标结果的违法行为。

对于这类情形，法律赋予招标人可以依照排序依次确定其他中标候选人为中标人，或者选择重新招标。相关规定见《条例》第五十五条。

第二类是中标候选人履约状况发生变化。这类情形主要针对"投标文件递交后，招标人发现中标候选人履约能力发生变化，认为确定其作为中标人可能会不利于合同履行"时的处理。具体包括：①中标候选人经营状况发生较大变化；②中标候选人财务状况发生较大变化；③中标候选人存在违法行为。

出现这类情形时，法律要求招标人在发出中标通知书前，提交原评标委员会审查确认。如招标人的主张得到评标委员会的认同，招标人可以确定其他中标候选人为中标人。相关规定见《条例》第五十六条。

第三类是评审机构、评审成员或评审工作瑕疵。具体包括：①评标委员会应当回避而不回避；②评审时擅离职守；③不按照招标文件规定的评标标准和方法评标；④私下接触投标人；⑤向招标人征询确定中标人的意向，或者接受任何单位或者个人明示或者暗示提出的倾向或者排斥特定投标人的要求；⑥对依法应当否决的投标不提出否决意见；⑦暗示或者诱导投标人做出澄清、说明或者接受投标人主动提出的澄清、说明；⑧其他不客观、不公正履行职务的行为。

出现上述情形时，无论评审结果如何，招标人都有权向行政监督部门反应，由行政监督部门责令改正，改正方式可视情形分别适用重新组建评标委员会或重新评审。相关规定见《条例》第七十一条。

第四类是招标投标活动违法。依法必须进行招标的项目，当招标投标活动违反《招标投标法》和《条例》规定，对中标结果造成实质性影响且不能采取补救措施予以纠正时，招标人可以不接受评标委员会的评审结果，依法采取重新招标或者要求评标委员会重新评审。相关规定见《条例》第八十二条。

由上分析，可得如下结论：

（1）招标人在出现上述 16 种情形时，无须确定排名第一的候选人为中标人。

（2）招标人在定标过程中的权利是以法条的明文规定作为保障的。那种无视上述 16 种例外情形，一味强调"定标权被剥夺"的观点是形而上的。

（3）《条例》在规定招标人如何确定中标人时，并非只给出唯一选项，不能理解为实质上的"评定合一"制。

2. 一般规定有其适用前提

根据《条例》的相关规定，招标人并非在任何条件下，都必须无条件遵守"应当选第一"的规定。以笔者观点："招标人应当确定排名第一的中标候选人为中标人"这一规定，其适用前提是建立在评标委员会的工作成果是客观正确、合法可靠的基础之上的。

3. 《条例》对评审瑕疵设计了救济渠道

综观所有法条，《条例》没有做出类似于"不管评审结论对错，招标人都必须无条件接受评标委员会的工作成果"的规定。相反，一旦出现评审错误或评审机构不合法时，《条例》还在第五十五条、第五十六条、第七十一条和第八十二条等相关法条中赋予了招标人相应的救济渠道。那种认为"《条例》第五十五条剥夺了招标人定标权"的观点，过分着眼于单个法条中的某一段表述，而未对整部法律的相关规定进行全面阅读和理解，进而得出片面结论。

4. 《条例》对评标和定标阶段的工作界面划分清晰

从《条例》第四章及其他章节的相关法条来看，立法者将评标和定标阶段的工作界面作了如下划分：评标委员会只负责评审阶段（含履约能力审查阶段）的工作（相关规定见《条例》第四十九条至五十三条）；定标阶段由招标人依据不同情形，分别适用《条例》第五十五条、第五十六条、第七十一条和第八十二条而完成相应工作。

如前所述，在评标和定标这两个不同环节之间，实际上并无绝对的等同关系。因此，认为《条例》的规定造成了实质上的"评定合一"是不正确的。

5. 《条例》依法保障了招标人的定标权

《条例》第五十三条规定："评标完成后，评标委员会应当向招标人提交书面评标报告和中标候选人名单。"这一规定表明：评标委员会的工作应当对招标人负责。结合《条例》第五十六条、第七十一条和第八十二条等其他相关法条的规定可知：

（1）评标委员会在评审时，除了应当遵守法律法规的相关规定，以及招标文件规定的评标标准和方法以外，还应当客观、如实地向招标人报告评审工作成果。

（2）当评标委员会的结论不合法、不正确甚至评标委员会的组建不合法时，招标人可以不采纳其评审意见，《条例》规定招标人有权直接或通过行政监督人员要求评标委员会重新进行评审，或重新组建评标委员会进行评审，甚至选择重新招标。

（3）从《条例》的相关规定来看，在定标阶段，法律赋予了招标人极大的纠偏空间和救济权利，招标人应当学会正确使用法律赋予的合法权利。

为便于理解，笔者特将《条例》规定招标人可以否定评标委员会推荐中标人的法定情形和救济途径汇总如表1所示：

表1

事由		法　定　情　形	法条依据	招标人的救济方式和途径
评审行为不当	1	应当回避而不回避	《条例》第七十一条	向行政监督部门反映，由行政监督部门责令改正；改正方式可视情形分别采用重新评审或重新组建评标委员会进行评审等
	2	擅离职守		
	3	不按招标文件规定的评标标准和方法进行评审		
	4	私下接触投标人		
	5	向招标人征询确定中标人的意向，或者接受任何单位或者个人明示或者暗示提出的倾向或者排斥特定投标人的要求		
	6	对依法应当否决的投标不提出否决意见		
	7	暗示或者诱导投标人作出澄清、说明；或者接受投标人主动提出的澄清、说明		
	8	其他不客观、不公正履行职务的行为		
履约能力异常	9	中标候选人经营状况发生较大变化	《条例》第五十六条	提交原评标委员会审查，如其主张得到确认，可依序确定其他候选人为中标人；但不得在中标候选人之外确定中标人
	10	中标候选人财务状况发生较大变化		
	11	中标候选人存在违法行为		

事由		法 定 情 形	法条依据	招标人的救济方式和途径
签约瑕疵	12	排名第一的中标候选人放弃中标	《条例》第五十五条	直接依照中标候选人排序依次确定其他中标候选人为中标人；或者直接选择重新招标
	13	中标人因不可抗力不能履行合同		
	14	中标人不按照招标文件要求提交履约保证金		
	15	中标人被查实存在影响中标结果的违法行为		
招标活动违法	16	招标投标活动违反《招标投标法》和条例规定，对中标结果造成实质性影响，且不能采取补救措施时	《条例》第八十二条	可依法重新招标或重新评标

综上所述，笔者认为：《条例》实行的是原本就是非常清晰的"评定分离制度"，并非"评定合一"制。

三、《条例》实行的"评定分离制度"不违背上位法

《招标投标法》第四十二条第二款规定："招标人根据评标委员会提出的书面评标报告和推荐的中标候选人确定中标人。"一些业界人士认为：《条例》在《招标投标法》未规定必须选择第一的前提下，自行规定招标人应当选择排名第一的候选人为中标人，违背了上位法的立法精神，剥夺了上位法赋予招标人的合法定标权。

笔者并不赞同这一观点，理由如下：

其一，《条例》关于定标的规定是对《招标投标法》的细化和完善。《招标投标法》中关于定标的规定相对比较原则，没有提出"如何根据评审结论确定中标人"的具体操作细则。《条例》、12号令等部门规章中对此进行了细化，这些规定是对上位法立法精神的补充和完善。由于其细化措施未超出《招标投标法》规定的"根据评标报告和推荐的中标候选人确定中标人"的原则，因此并不违背上位法。

其二，《条例》关于"应当确定排名第一的候选人为中标人"的规定，体现了对《招标投标法》相关精神的传承。《招标投标法》第

四十一条规定："中标人的投标应当符合下列条件之一：（一）能够最大限度地满足招标文件中规定的各项综合评价标准；（二）能够满足招标文件的实质性要求，并且经评审的投标价格最低；但是投标价格低于成本的除外。"

在上述法条中，使用了"最大限度"和"最低价格"两个"最"字，清楚地表明了如下这层意思："中标人的选择标准是唯一的：要么综合评价最高，要么经评审的报价最低（低于成本的除外）。"《招标投标法》第四十一条的这一规定表明：在评审结论是客观正确的前提下，招标人不存在可以在前三名中自由选择并确定中标候选人的空间。

换句话说，即使根据《招标投标法》的原则规定，招标人也只能依照招标文件规定的评标办法，选择综合得分最高或报价最低的投标人为中标人。也就是说：《条例》及其 12 号令等部门规章并不违背上位法，相反是科学地传承、细化了上位法的原则规定，体现了同一部门法体系下，上下位法之间的无缝衔接。

笔者认为：这一传承和衔接，是《条例》立法技巧成熟的一种表现，而并非是《条例》立法时的硬伤。

其三，《招标投标法》未赋予招标人"三选一"的自由定标权。纵观整部《招标投标法》，笔者从未找到"招标人可以在评标委员会推荐的中标候选人中自由选择"这一明文规定。最为接近的表述是《招标投标法》第四十条第二款的规定："招标人根据评标委员会提出的书面评标报告和推荐的中标候选人确定中标人。"在法条的相关表述中，并无类似于"自由确定中标人"的表达，这一特点非常重要，特别是有无"自由"二字差别巨大。人们在阅读理解相关法条中，切不可望文生义，更不可自行添加字词，进而自由联想发挥。

我们知道，由于立法资源有限，法条中的表述特别注重言简意赅。法条中的任何表达均深具内涵，即使是一词一字之差，含义也不尽相同。因此，一些业界人士从"招标人根据评标委员会提出的书面评标报告和推荐的中标候选人确定中标人"的规定中，推导出招标人可在"中标候选人中自由确定中标人"的结论，实际上是有失严谨的。若再从这一有失严谨的结论出发，进一步推断出《条例》

和部门规章的规定也违背了上位法，实在是谬之甚矣。

其四，项目管理理论表明招标人的选择只能是唯一的。在招标投标实践中，无论是招标人还是代理机构，都会把某一特定的招标投标活动当作一个招标项目进行管理。从项目管理的角度来看，招标采购项目作为一个项目，其目标是唯一的，即追求结果最优。项目管理理论决定了招标人的采购目标必须是明确的，不是可有可无、可左可右或可上可下的。从这个层面来看，那种认为招标人有权在中标候选人或所有有效投标人中自由选择中标人的观点，与项目管理理论的基本原理是相背离的。

四、"评定分离论"提出的严谨性不足

综上所述：①"评定分离"是针对"评定合一"而言的；②《条例》及其配套部门规章实行的就是"评定分离"制度；③《条例》及其配套部门规章的评定分离制度，是对上位法的细化和延伸，而不是对上位法的违背。

有鉴于此，我们认为："评定分离论"的提出，其概念的针对性、严谨性都值得质疑，概念本身的外延和内涵也非常值得探讨。

其一，"评定分离论"针对性有所欠缺。如前所述，在部门规章以上层级的法律规范中，无论是《招标投标法》《条例》还是 12 号令等配套规范，实行的都是"评定分离制度"，理论上并不存在需用"评定分离"方式创新体制机制的空间。即便由于现行"评定分离制度"确实存在诸多改进空间，进而采用"新评定分离制度"以取代"旧评定分离制度"，也应当在相关表述前冠以"新""旧"之分，以避免概念混淆。

其二，"评定分离论"者对现象的认识有失偏颇。持"评定分离论"的学者一方面认为，《条例》及其下位法实行的是"评定合一"制；另一方面又认为是《条例》在定标。我们姑且不论其是否正确，就从其表述来看，上述说法即是两种互为矛盾的观点：

（1）在"评定合一说"语境下。由于评标工作系由评标委员会承担，故其语义可归纳为：①评标与定标本质上是合二为一的；②评标委员会既在评标又在定标；③招标人的定标权被评标委员会

剥夺了。

（2）在"《条例》定标说"语境下。其表意非常明确：①评标与定标是相分离的，评标委员会没有在定标；②既不是招标人在定标，也不是评标委员会在定标，而是《条例》在定标；③招标人的定标权被《条例》剥夺了。

由上分析我们看出：持"评定分离论"的学者，对同一现象得出的是两种自相矛盾的观点。

其三，"《条例》在定标"的观点违背常理。持"评定分离论"的学者认为：《条例》和 12 号令规定招标人应当确定排名第一的中标候选人为中标人，其实质上是《条例》在定标，是 12 号令在定标。

这一观点笔者实在不敢苟同。理由如下：

一是该观点混淆了"规则本身"和"规则执行"两个概念。实际上，"规则本身"和"规则执行"，是不同内涵、不同层面、不同领域的，完全不同的两个概念，不能等同。持"评定分离论"的学者认为条例规定招标人如何定标，其实质就是《条例》在定标，实际上是将"规则本身"等同于"规则执行"了。照此逻辑进行推理，会得出十分荒诞的结论。比如，《刑法》规定了定罪量刑的标准和规则，那就是《刑法》在定罪量刑了，而不是法院在定罪量刑了？因此，这种的逻辑缺陷是十分明显的。

二是该观点无法解释招标投标实践中的现象。我们知道，在招标投标活动中，招标文件中的评标标准和方法是由招标人或其委托的代理机构制定的。按照"规则即是执行"的逻辑，我们推论一下是谁在评标呢：是评标委员会吗？不是，因为评标委员会不能凭自己的喜好评标，只能按照招标文件规定的规则行事；是招标人吗？不是，招标人依法将评审工作交给了评标委员会；是招标文件吗？是的，按照"规则即是执行"的理论，是规则在评标，居然是招标文件在评标！——按照上述逻辑得出的推论，其结果让人哑然失笑。

其四，"公权力定标说"理论依据不足。持"评定分离论"的学者认为：《条例》的规定实则是公权力在定标。如本书《也论国资项目定标权的归属》一文所述：《条例》规定招标人应当确定排名第一的候选人为中标人，从其表象来看，招标人享有的私权利确实缩小了。但公权力并未相应增大了。因此，"公权力直接定标""公权力侵占私权利"等观点，其理论依据匮乏。

其五，"定标无人负责说"不足以推翻现行制度。持"评定分离说"的学者认为：现行规定下，定标出了问题没有人负责，招标人会把责任推诿给评标委员会；在推行"评定分离制度"以后，招标人可以在中标候选人中自由定标，进而可以明确招标人的责任，落实"谁招标、谁负责"的追责目标。

笔者认为：按照这一思维方式，即便是让招标人享有"三选一"的自由定标权，一旦合同履约阶段出现问题，招标人仍可以"中标候选人是评标委员会推荐的，招标人的自由选择权过于狭窄"为由，宣称定标的责任仍在评标委员会。进而广之，只要中标候选人是由评标委员会推荐的，招标人均可以找到类似的理由推诿定标责任。因此，照此逻辑，即便是让招标人在中标候选人中自由定标，其责任依然很难落实到位。

而实际上，由于《招标投标法》《条例》及其部门规章以上的配套法律规范（本文简称"招标投标法体系"），实行的就是"评定分离制"，定标的主体是招标人，而不是评标委员会，更不是《条例》和12号令。因此，在招标投标活动中，定标的责任人就是招标人，这点是明确的，不存在"定标责任无法追究"的问题。

其六，"评定分离是对《招标投标法》的回归"缺乏实践支撑。持"评定分离论"的学者认为，一些地方推行的评定分离举措，是回归于《招标投标法》，将定标权还给了招标人。而根据笔者的观察：各地推行的评定分离制度，非但没有将定标权还给招标人，反而对招标人的合法定标权进行了切割和分离，进一步伤害了招标人的合法定标权。

以南方某市出台的《评定分离管理暂行办法》为例，该办法将定标方法分为自定法、抽签法、竞价法等办法，招标人必须根据项目的不同特点，按其规定分别选用上述三种办法中的一种。

从该《办法》可以看出：该市实施的"评定分离"并未将确定中标人的决定权完全交给招标人，而是把定标活动肢解成由招标人自定、抽签和二次竞价三种方式。其中自定法是最接近"招标人自行确定中标人"的办法，但由于只是三种选项中的一种，且适用情形和定标细节均受到诸多制约。因此，该《办法》一定程度上反而侵犯了招标人在定标方法上的一直享有的、独立的、不受影响的合法权利。此外，《办法》中的抽签法与招标投标机制的竞争性相悖，二次竞价法与招投标制度确立的"报价唯一性"和"不可更改性"相悖，是实实在在的违背《招标投标法》的非法规定，"回归《招标投标法》"一说无从谈起。

五、推行"评定分离"且行且慎重

鉴于"评定分离"这一概念在内涵和针对性方面均存在瑕疵，加之"评定分离论"在理论和实践也表现出一些先天缺陷。因此，笔者并不十分看好各地正在推行的"评定分离制度"。在此基础上，笔者对现行评标定标制度和"评定分离"原则重新进行分析，提出如下思考：

其一，现行制度具有一定优越性。纵观整个招标投标法体系，从其涉及评标定标的诸多规定中，可以管窥该法在评标定标制度设计方面的基本思路：

（1）鉴于评标标准和方法系由招标人或其委托的代理机构制定，按照规则制定、规则执行和结果审核三分离的原则，招标人对评审结论只享有接受或不接受的权利，而不享有直接进行修改的权利。

（2）如果评标委员会组建合法，评审结论正确，招标人应当尊重并接受第三方评审机构的工作结果，选择排名第一的候选人为中标人。

（3）如果评标委员会的结论错误，招标人应视不同情形，通过相应的法律渠道实行救济。救济措施有重新组建评标委员会、重新评审和重新招标等；救济途径有通过行政监督部门或自行要求纠偏等。

（4）招标投标法体系不认可招标人有在前三名候选人中自由定标的权利：①当评审结论正确时，排名第一即代表着该投标方案最符合招标文件的要求，若赋予招标人自由定标权，本质上是赋予了招标人对正确的评审结论的否定权，显然不符合常理；②当评审结果有误时，若赋予招标人自由定标权，实际上是赋予了招标人直接修改评审结论的权利，这一做法违背第三方独立评审制度设立的初衷；③无论评审结果是否正确，且无论招标人是否接受评审结论，招标人均不可只凭自己的喜好随意定标，否则就是违法。

从上述分析可以看出，现行的第三方独立评审制度，在制度设计上秉承了规则制定、规则执行和结果审核三分离的理念，是具有先进性的制度设计。

其二，推行评定分离制度的实质是架空第三方评审机构。目前一些地方推行的所谓"评定分离"制度，其实质是将规则的全部或部分执行权转交给游戏规则的制定者，从而在实质上架空和弱化第三方评审机构。笔者认为，这种"创新方式"起码在现阶段并不可取。

需要申明的是：笔者并无维护第三方评审机构既得利益的任何动机和意图。实际上，现行制度下的第三方评审机构无论是在过去还是现在，都不是一个长期存在的利益团体，不可能也无须推举其代言人。笔者只是认为，如果确实需要架空或弱化第三方评审机构，起码应当符合下列前提中的其一：

（1）现行制度下，评标委员会的错误无法得到救济和纠正；

（2）评标委员会的作用本身是可有可无的；

（3）招标人的专业能力比库内专家整体水平要高。

就目前来看，上述前提几乎无一具备。因而，起码在现阶段，评标委员会的存在和作用，无论是从机构制衡还是从专业业务方面考量，都还是具有相当的积极意义的。

其三，现行制度确实存在很大改进空间。笔者并不否认第三方评审制度下出现的诸多问题，如库内专家素质良莠不齐、部分评标专家业务能力有待提高、评标专家责任心不强、评审过程随意性较大、个别专家违法串通投标等等。但是，上述问题大多是评标专家库和评标专家管理使用过程中的问题，而并非是"招标人定标权被剥夺"的问题。

一个被社会公众熟识的先例是：在计划经济体制下，项目业主享有对项目本身和公共资金使用方面的高度自主权，实际上是最彻底的项目业主负责制。但是，项目业主决策结果的合理性和公共资金的使用效益一直饱受质疑。个人认为：在当下招标投标制度面临一些问题的时候，不可"病急乱投医"，以所谓"定标权回归招标人"的方式，重新回到计划经济下的管理模式；否则，将得不偿失。

不可否认，从国际采购惯例来看，世界银行、亚洲开发银行的很多项目都有如下类似规定："采购人享有拒绝所有投标的权利且无须向投标人做出任何解释。"但是，涉外资金项目的这一规定，有其特定的产生、演变、发展和适用背景，并非是可以直接套用于我国现阶段的。在现阶段，由于我国招标投标制度尚处在不断改进完善之中，特别是在尚未建立一支专业化、职业化的政府采购官队伍之前，就急于架空第三方评审机构的作用，公共资金的使用风险是显而易见的。

实际上，即使是在美国、新加坡等法制相对健全的西方国家，出于在制度设计方面的制衡考虑，在使用公共资金进行的招标采购项目中，其采购人（即所采购货物和服务的使用者）则完全不具有定标权，而是由专业的政府采购官确定成交对象后，再由采购人与成交供应商签约。这一做法，在持"定标权被剥夺论者"看来，几乎是不可思议的。

笔者认为，对于第三方评审制度的改造，现阶段应把重点放在对评标委员会运行机制的改进和完善上。如：保障招标人的评审权、保障评审工作的必要时间、评审细则的客观化和标准化、强化对评审专家的业务能力和操行的考核、培养相对固定的评审队伍、强化评标专家个人的评审责任、引进评审职业保险制度、特殊项目的灵活处理等等。

其四，"评定分离"将给招标代理机构的转型发展带来不利影响。可以预见的是：推行以架空或弱化第三方评审机构为目标的所谓"评定分离"制度以后，招标文件编制质量的好坏将与招标人更不相关。针对一个特定的招标采购项目而言，一份招标文件即使编得再差，只要投标人能入围，招标人都会拥有 N 个对象可供选择，进而更无须关注招标文件本身的编制质量。

在这种情形下，招标人、评标委员会、投标人和代理机构等各方主体，对招标文件编制质量的要求也会随之降低，从而不可避免地带来从业人员专业能力和招标代理工作技术含金量的大幅降低。照此趋势发展，招标代理机构将沦为彻底的"跑堂"角色，或者仅仅依靠政策优势为招标人充当"白手套"作用，无法以专业技能立足于现代咨询行业，甚至可能整个招标代理行业被淘汰的命运也将指日可待。

因此，"评定分离"制度的推行，不仅不利于招标代理行业的转型升级，而且还与代理机构以提高技术含量为导向的转型升级方向背道而驰，甚至会给招标代理行业整体带来毁灭性的打击。

六、结语

目前各地推行的"评定分离"实践，在招标投标体制机制建设方面有其探索和突破的一面。无论这种探索方式是否科学合理，从长远来看，都将会对招标投标制度的完善起到一些借鉴作用。但从相关理论分析和各地实践看来，"评标定标相分离制度"的操作思路尚不清晰，容易给招标投标活动和招标代理行业的健康发展带来一些负面影响。

笔者以为：以架空评审机构为取向的"评定分离"制度，在招标投标实践中的运用和推广，应当慎重。

（原文载于《招标与投标》2015年第1期）

中标通知书相关法律问题及对策

◎**本文概要** 中标通知书是招标投标结果的体现。本文就中标通知书的发出主体、时间、形式、通知义务及相关注意事项进行分析并提出内容有误的补救措施。

招标人定标后，应向中标人发出中标通知书。中标通知书是招标人向中标的投标人发出的告知其中标的书面通知文件。一般理解，投标人提交的投标属于要约，招标人做出的中标通知书则为对投标人要约的承诺，是招标人同意投标人提出的要约的意思表示。中标通知书对招标人和中标人具有法律效力，招标人和中标人均不得擅自悔标，不得改变中标结果或者放弃中标项目，双方都应当履行按招标文件和投标文件订立书面合同的义务，否则应依法承担相应的法律责任。本文试就中标通知书相关法律问题进行分析。

一、中标通知书由招标人发出或授权招标代理机构发出

一般，中标通知书由招标人自行发出；招标人在招标文件中明确授权招标代理机构有权以其名义发出中标通知书的，也可由招标代理机构代为发出。《招标投标法》第四十五条规定："中标人确定后，招标人应当向中标人发出中标通知书，并同时将中标结果通知所有未中标的投标人"。可见，一般情况下，中标通知书发出主体应为招标人。同时，《工程建设项目货物招标投标办法》第五十条第二款规定："中标通知书由招标人发出，也可以委托其招标代理机构发出"。因此，在招标人明确授权的情况下，招标代理机构也可以发出中标通知书，视同招标人自己作出，这符合《民法总则》关于委托代理的规定。

如果招标人在招标文件中明确授权招标代理机构有权以其名义

发出的，方可由招标代理机构单独发出。未经招标人授权，招标代理机构无权自行发出中标通知书。实践中，更为常见的是中标通知书由招标人和招标代理机构联合署名发出。如果招标代理机构发中标通知书的行为未经招标人授权，事后招标人也未追认，那么招标人就不受此通知书约束。

二、招标人应按期发出中标通知书

发出中标通知书的时间是计算签订合同的起算时间，也是确定招标人作出承诺的生效时间。《评标委员会和评标方法暂行规定》第四十条规定："评标和定标应当在投标有效期内完成"。《招标投标法》第四十六条规定："招标人和中标人应当自中标通知书发出之日起三十日内，按照招标文件和中标人的投标文件订立书面合同。"《工程建设项目施工招标投标办法》第六十二条、《工程建设项目货物招标投标办法》第五十一条、《工程建设项目勘察设计招标投标办法》第四十二条等进一步规定："招标人和中标人应当在投标有效期内并在自中标通知书发出之日起30日内，按照招标文件和中标人的投标文件订立书面合同"。因此，考虑签约时间因素，招标人应当在投标有效期届满前30日确定中标人并发出中标通知书。可以突破前述提前30天的限制，但是必须确保投标有效期届满之前发出中标通知书并完成签约工作，否则依据《合同法》第二十条规定，要约（投标文件）确定的承诺期限（投标有效期）届满，受要约人（招标人）未作出承诺（发出中标通知书）的，要约（招标文件）失效，双方签约失去法律依据。也就是说，招标人原则上应在投标有效期届满之前30日完成定标发出中标通知书，至迟中标通知书必须在投标有效期内发出。

由于某种原因，不能在投标有效期内发出中标通知书的，招标人应向所有投标人发出延长投标有效期的通知，告知延长的时间（如30天）。否则，投标有效期届满后再发出中标通知书的，对中标人没有约束力。

三、中标通知应当采用书面形式

招标投标这种签约的特殊形式，要求其过程性的文件应当采用书面形式。根据《合同法》第十条规定，书面形式的合同是指合同书、信件和数据电文（包括电报、电传、传真、电子数据交换和电子邮件）等可以有形地表现所载内容的形式，以数据电文形式发出的中标通知书也属于书面形式。《电子招标投标办法》第三十六条规定："招标人确定中标人后，应当通过电子招标投标交易平台以数据电文形式向中标人发出中标通知书，并向未中标人发出中标结果通知书。招标人应当通过电子招标投标交易平台，以数据电文形式与中标人签订合同。"《电子签名法》第十一条规定："数据电文进入发件人控制之外的某个信息系统的时间，视为该数据电文的发送时间"。由于中标通知书的送达适用"发出主义"而不是"到达主义"，因此招标人通过电子招标投标交易平台以数据电文形式向中标人发出中标通知书的，自通过该系统生成中标通知书并点击发出指令该中标通知书进入中标人控制的信息系统可被其获知时，即视为投标人中标通知书已发出，做出的中标决定生效。

参照《标准施工招标文件》提供的《中标通知书》格式，中标通知书的内容一般包括招标项目名称、中标人名称、投标被接受的条件及签订合同的时间、地点，这些内容是中标通知中不可缺少的。以中标通知发出时间为准，中标通知书对招标人和中标人具有法律约束力，双方应当在投标有效期内且在中标通知书发出后 30 日内签订合同。

四、招标人应将中标结果通知所有未中标的投标人

在向中标人发出中标通知书的同时，应将中标结果通知所有未中标的投标人，这也是招标投标公开原则的必然要求，既履行了告知义务，也有利于接受投标人和社会公众的监督。并且，根据《招标投标法实施条例》第五十七条规定，招标人应在与中标人签订合同之后的 5 个工作日内向所有未中标的投标人退还投标保证金及其银行存款利息。

在工程建设项目设计招标中，招标人同意给予未中标人投标补偿或者采用未中标人投标文件中的技术方案的，应当征得未中标人的书面同意，并支付合理的费用。如《工程建设项目勘察设计招标

投标办法》第四十四条规定："招标人与中标人签订合同后五日内，应当向中标人和未中标人一次性退还投标保证金及银行同期存款利息。招标文件中规定给予未中标人经济补偿的，也应在此期限内一并给付。"第四十五条规定："招标人或者中标人采用其他未中标人投标文件中技术方案的，应当征得未中标人的书面同意，并支付合理的使用费。"《建筑工程设计招标投标管理办法》第十条规定："招标文件应当满足设计方案招标或者设计团队招标的不同需求，主要包括以下内容：……（十三）未中标方案补偿办法。"第二十六条规定："招标人、中标人使用未中标方案的，应当征得提交方案的投标人同意并付给使用费。"《建筑工程方案设计招标投标管理办法》第三十八条规定："对于达到设计招标文件要求但未中标的设计方案，招标人应给予不同程度的补偿。（一）采用公开招标，招标人应在招标文件中明确其补偿标准。若投标人数量过多，招标人可在招标文件中明确对一定数量的投标人进行补偿。（二）采用邀请招标，招标人应给予每个未中标的投标人经济补偿，并在投标邀请函中明确补偿标准。招标人可根据情况设置不同档次的补偿标准，以便对评标委员会评选出的优秀设计方案给予适当鼓励。"第四十条第三款规定："招标人或者中标人使用其他未中标人投标文件中的技术成果或技术方案的，应当事先征得该投标人的书面同意，并按规定支付使用费。未经相关投标人书面许可，招标人或者中标人不得擅自使用其他投标人投标文件中的技术成果或技术方案。"

五、中标通知书内容有误的应依法及时纠正

招标人在发出招标通知书时必须认真核对，确保中标通知书内容不出差错并且顺利送达中标人。

第一，中标人内容有误的，应以定标决定的内容为准，依据招标文件和中标人的投标文件与中标人协商及时更正，协商不成的，可根据《民法总则》第一百四十七条规定以其对中标通知书内容有重大误解为由请求人民法院或者仲裁机构予以撤销。

第二，中标通知书载明的"中标人"与定标决定的中标人不一致的，根据《民法总则》第一百四十七条、第一百五十七条规定，

招标人因自己的错误，使中标通知书载明的"中标人"与实际意思相悖与评标结果不符，对自身将造成较大损失，对其他投标人也不公正，可以认定为"重大误解"。招标人可以与《中标通知书》载明的"中标人"协商撤销《中标通知书》后，向实际的中标人发出中标通知书；协商不成的，招标人可请求人民法院撤销该《中标通知书》。同时，招标人应当赔偿对方因此所受的损失。

第三，中标通知书发给错误的接收对象，中标人未收到中标通知书的，及时补发即可。

（原文载于《中国招标》2014年第19期）

越权定标、迟延定标和违规定标的法律风险及对策

◎**本文概要** 定标是招标人确定中标人，发出中标通知书，授予合同的承诺行为。越权定标、迟延定标和违规定标三类违法行为直接影响招标结果的公正性和招标投标活动的有效性，本文就这三类风险提出相应对策。

一、定标环节的主要法律风险

1. 越权定标

未经招标人授权，评标委员会擅自定标，导致定标结果效力不确定。一般来说，评标委员会根据招标人的授权从事评标活动。《招标投标法》第四十条第二款规定招标人可以授权评标委员会直接确定中标人，也就是说，评标委员会有无定标权，根据招标文件中的规定或者招标人的单独授权来判定。《民法总则》第一百七十一条规定，没有代理权、超越代理权或者代理权终止后的行为，只有经过被代理人的追认，被代理人才承担民事责任，《合同法》第四十八条规定与此同义。因此，未经招标人授权，评标委员会直接定标的行为，如果招标人事后不予追认，则其定标行为无效。

2. 定标迟延

招标文件对投标有效期提出要求，投标文件也都对投标有效期进行承诺。该投标有效期是判定投标文件也就是投标人提出的要约受法律约束的期限，相当于投标人提出了一项附承诺期限要求的要约。根据《评标委员会和评标方法暂行规定》第四十条规定，在该有效期内，招标人应当完成评标、定标以及签署合同等工作。《合同法》第二十三条、第二十八条规定，承诺应当在要约确定的期限内

到达要约人；受要约人超过承诺期限发出承诺的，除要约人及时通知受要约人该承诺有效的以外，为新要约。因此，招标人超过投标有效期（承诺期限）定标的，由于要约已经自动失效，则招标人的定标行为已失去依据，投标人有权拒绝。

3. 违规定标

没有严格按照评标委员会推荐的中标候选人顺序定标，而在评标委员会推荐的中标候选人范围以外确定其他投标人中标且无充足理由，甚至选择被评标委员会剔除的未响应招标文件的投标人中标，或者在所有投标被否决后自行确定中标人，影响招标工作的公正性，使招标流于形式，如果是依法必须招标项目，则中标无效。对此类行为，根据《招标投标法》第五十七条、《招标投标法实施条例》第七十三条规定，行政监督部门有权责令改正并可处以罚款、对责任者给予处分。

二、法律风险防范对策

1. 招标人负责定标，评标委员会也可以经招标人授权行使定标权

《招标投标法》第四十条规定："招标人根据评标委员会提出的书面评标报告和推荐的中标候选人确定中标人。招标人也可以授权评标委员会直接确定中标人"。定标权原则上应由招标人行使，但评标委员会在招标人授权的情况下，也可以直接确定中标人。评标委员会直接确定中标人，必须有招标人的授权。未经招标人授权，评标委员会无权直接确定中标人。评标委员会定标的行为，依据委托代理的原理，视为招标人自行作出，其法律后果由招标人承担。

2. 招标人必须以评标委员会出具的评标报告为依据定标

评标委员会推荐的中标候选人为1～3人并标明先后顺序。招标人在定标时，应根据评标委员会提交的评标报告和中标候选人推荐意见确定中标人，不得绕开评标委员会的推荐意见从其推荐的中标候选人名单之外自行确定中标人。招标人的定标意见与评标委员会推荐意见不一致的，应提出充足、合理的理由。被评标委员会剔除

的未响应招标文件的投标人，不应该进入详细评审阶段，不得被推荐为中标候选人，更不得中标。在所有投标被否决后，招标失败，招标项目应该依法重新招标或者依法改采其他采购方式，更不能进入定标阶段。中标人确定后，招标人应及时向中标人发出中标通知书，并同时将中标结果通知所有未中标的投标人。

3. 招标人应当按照法律规定和招标文件规定的定标规则定标

《招标投标法》将招标项目划分为非依法必须招标的项目、依法必须招标的项目以及国有资金占控股或者主导地位的依法必须进行招标的项目三类，逐层递进规定了越来越严格的规则。

（1）原则上应当选择排名第一的中标候选人为中标人。一般情况下，招标人必须且只能从推荐的中标候选人中确定中标人，而且应当选择排名第一的中标候选人为中标人，不可以在推荐的 3 个候选人中直接确定第二名或第三名为中标人。《招标投标法实施条例》第五十五条规定："国有资金占控股或者主导地位的依法必须进行招标的项目，招标人应当确定排名第一的中标候选人为中标人。只有在排名第一的中标候选人放弃中标、因不可抗力不能履行合同、不按照招标文件要求提交履约保证金，或者被查实存在影响中标结果的违法行为等情形，不符合中标条件的，招标人可以按照评标委员会提出的中标候选人名单排序依次确定其他中标候选人为中标人，也可以重新招标。"这样规定可以防止受决策者个人主观倾向或非法交易的影响，避免招标投标活动因随意确定中标人而失去规范性、严肃性和公信力。此外，《评标委员会和评标办法暂行规定》《工程建设项目施工招标投标办法》《工程建设项目勘察设计招标投标办法》和《工程建设项目货物招标投标办法》都有类似规定。

对于非依法必须招标项目以及国有资金并不占控股或者主导地位的依法必须进行招标的项目，现行法律规定并未限定招标人必须确定排名第一的中标候选人为中标人，也未设定相应的法律责任，意味着招标人可以根据实际情况在中标候选人（一至三人）推荐名单范围内任意选择均可，但应有合理的理由。

依法必须进行招标的项目的招标人不按照规定确定中标人（即

未按评标委员会推荐的中标人候选顺序定标或在中标候选人以外定标），根据《招标投标法实施条例》第七十三条规定，由有关行政监督部门责令改正，可以处中标项目金额 10‰以下的罚款；给他人造成损失的，依法承担赔偿责任；对单位直接负责的主管人员和其他直接责任人员依法给予处分。

（2）对于国有资金占控股或者主导地位的依法必须进行招标的项目，排名第一的中标候选人不符合中标条件的，可以另行确定中标人。当排名第一的中标候选人放弃中标、因不可抗力不能履行合同、不按照招标文件要求提交履约保证金，或者被查实存在影响中标结果的违法行为等情形，不符合中标条件的，招标人可以按照评标委员会提出的中标候选人名单排序依次确定其他中标候选人为中标人，也可以重新招标。对于此种情形下"重新招标"的条件，《评标委员会和评标方法暂行规定》等规章规定："依次确定其他中标候选人与招标人预期差距较大，或者对招标人明显不利的，招标人可以重新招标"，其判定权在招标人。

（3）一个投标人在同一工程的多个标包中均排名第一的，允许招标人按照招标文件规定的规则只授予其中若干标包。如果招标文件未限定可中标包数量的，招标人应该将相关标包均授予该投标人（除非投标人自行声明只能承担其中部分标包的项目）；招标文件对其定标原则有特殊规定的，从其规定。

对于集中招标项目，由于一次性采购量巨大，少数投标人在一定期限内同时承担多个标包项目确有困难。对此，招标人可以考虑该行业内潜在投标人普遍的履约能力以及技术、工期、产能等因素后，在招标文件中设定合理的可中标包数量，并应允许投标人自选中标优选顺序，作为定标的依据。如可在招标文件中规定："若投标人所投的多个标包同时得分最高，招标人可以根据其列明的优选顺序授予投标人标包，另外的标包将授予综合排序次之的中标候选人；若投标人多个标包具备中标条件但未明确优选顺序的，由招标人自行决定所授予的标包"。

部分招标项目，考虑到投标人的供货生产能力或施工能力，一般将招标项目划分为多个标段且规定允许投标人投多个标段但只能中一个或其中若干标段，可能出现某一投标人在多个标段中均排名第一的情况，此时必须事先详细约定定标原则和具体办法，可允许投标人选择优选中标标段，供招标人定标参考，有利于避免定标中的争议。如果没有事先限定可中标段数量也没有其他法定事由（如招标人有充足理由证明投标人不具备同时承担两个以上项目的能力），则投标人可以在同一项目多个标段中同时中标。

4. 招标人应在规定的时间内确定中标人

《评标委员会和评标方法暂行规定》第四十条规定："评标和定标应当在投标有效期内完成。不能在投标有效期内完成评标和定标的，招标人应当通知所有投标人延长投标有效期。拒绝延长投标有效期的，投标人有权收回投标保证金……"。因此，中标候选人公示期满没有收到异议，经查明异议不成立，或者异议解决重新选择中标人候选人后，招标人即应依法进行定标，向中标人发出中标通知书。

定标工作一般应在投标有效期结束前 30 日完成。《评标委员会和评标方法暂行规定》第四十九条等规章规定"中标人确定后，招标人应当向中标人发出中标通知书，同时通知未中标人，并与中标人在投标有效期内以及中标通知书发出之日起 30 日之内签订合同"，因此招标人还要在投标有效期届满之前给予签订合同一个合理的时间（如 30 日）。当然，突破提前 30 天的限制签订的合同也是有效的，但是必须确保投标有效期截止时间之前完成定标及签约工作，否则中标人的投标承诺因投标有效期届满而失效，中标人有权拒绝签约。

如确实不能在投标有效期内完成评标、定标的，招标人应当通知所有投标人延长投标有效期，确保有足够的时间完成定标工作。

5. 确定中标人前招标人不得与投标人就实质性内容进行谈判

《招标投标法》第四十条明确规定："在确定中标人前，招标人不得与投标人就投标价格、投标方案等实质性内容进行谈判。"实践中，在定标阶段，常有招标人与投标人进行谈判的情况发生，如招标人向投标人提出带有附加条件的中标承诺，或投标人为中标而向招标人进一步提出优惠条件。这些附加条件或优惠条件均可能改变招投标文件实质性内容，在中标人确定之前，招标人不得与投标人就上述内容进行谈判；即使是在定标以后，也不得变更这些内容或者提出额外的条件与中标人订立合同。当然，就履行合同中的一些非实质性内容进行协商、确定和细化是允许的。

（原文载于《中国招标》2014 年第 28 期）

六

合 同 篇

招标项目合同订立中的法律问题及对策

◎**本文概要**　本文专题论述了合同订立中适格的签约主体资格确定原则和合同谈判变更合同实质性内容、拒绝签约、逾期签约等常见法律风险及其对策。

招标投标是招标人采用竞争机制选择交易对象的一种特殊交易方式。招标投标的过程，实际上就是合同谈判、磋商、签订的过程。招标人通过招标、投标、开标、评标、定标等程序，最终确定交易对象（中标人），目的就是达成交易，签订合同。受《招标投标法》的规范，招标项目合同有着与通常情况下的合同不同的法律风险。

一、签约主体引发的法律风险及对策

1. 签约主体应当是参加招标投标活动的法人或者其他组织

根据《招标投标法》第八条、第二十五条规定，"招标人是依照本法规定提出招标项目、进行招标的法人或者其他组织"；"投标人是响应招标、参加投标竞争的法人或者其他组织，依法招标的科研项目允许个人参加投标的，投标的个人适用本法有关投标人的规定"。由此可见，《招标投标法》规定的"招标人"必须是法人或者其他组织，单个的自然人不能成为招标人；投标人原则上也必须是法人或者其他组织，只有在科研项目招标中，单个的自然人才可以成为投标人。根据《民法总则》第五十七条的规定，所谓法人是指具有民事权利能力和民事行为能力，依法独立享有民事权利和承担民事义务的组织。法人包括营利法人（有限责任公司、股份有限公司和其他企业法人等）、非营利法人（事业单位、社会团体、基金会、社会服务机构等）、特别法人（机关法人、农村集体经济组织法人、城镇农村的合作经济组织法人、基层群众性自治组织法人），都具有独立的法律主体资格，有权以自己的名义参与招标或者投标，有权签订合同。

《招标投标法》也规定招标人、投标人可以是其他组织，根据《最高人民法院关于适用〈中华人民共和国民事诉讼法〉的解释》第四十条的规定，所谓其他组织是指合法成立、有一定的组织机构和财产，但又不具备法人资格的组织，包括：（一）依法登记领取营业执照的个人独资企业；（二）依法登记领取营业执照的合伙企业；（三）依法登记领取我国营业执照的中外合作经营企业、外资企业；（四）依法成立的社会团体的分支机构、代表机构；（五）依法设立并领取营业执照的法人的分支机构；（六）依法设立并领取营业执照的商业银行、政策性银行和非银行金融机构的分支机构；（七）经依法登记领取营业执照的乡镇企业、街道企业；（八）其他符合本条规定条件的组织。《民法总则》第一百零二条规定："非法人组织是不具有法人资格，但是能够依法以自己的名义从事民事活动的组织，非法人组织包括个人独资企业、合伙企业、不具有法人资格的专业服务机构等。"因此，符合前述条件的其他组织（非法人组织）也可以自行组织招标或者参与投标。需要注意的是，《招标投标法》第四十六条规定："招标人和中标人应当自中标通知书发出之日起三十日内，按照招标文件和中标人的投标文件订立书面合同"。

据此可知，参加招标投标是成为合同当事人的必要条件，只有投标人成为中标通知书载明的中标人后，才有资格成为合同当事人。未参加之前的招标投标环节的其他法人或其他组织（如招标人的关联企业、分支机构或者中标人的分公司等），不得在定标之后直接成为合同当事人，否则违反法律规定。

2. 依法成立的法人和其他组织都具有适格的投标人主体资格

依据《招标投标法实施条例》第三十二条第二款第（六）项的规定：依法必须进行招标的项目，不得非法限定潜在投标人或者投标人的所有制形式或者组织形式。其中"不得非法"意味着除非法律、法规对投标人的所有制形式或者组织形式有特别要求的以外，对于依法必须进行招标的项目，招标人不得以投标人为"其他组织"

为由而限制其投标。实践中，依法必须进行招标的项目，招标人在规定投标人的资格条件时往往只允许企业法人投标而排除了其他法人；或者只允许法人投标而排除"其他组织"的投标资格，这种做法都是违反法律规定的，应予纠正。

3. 分公司或者分支机构签约时其法律责任由法人承担

在招投标实践中，往往存在投标人、招标人是分公司或者某个法人的分支机构的现象；在签订招标项目合同时，合同一方或双方当事人也为分公司或者某个法人的分支机构。《公司法》第十四条规定公司可以设立分公司；分公司不具有法人资格，其民事责任由公司承担。《企业法人登记管理条例》第三十五条规定企业法人设立不能独立承担民事责任的分支机构，由该企业法人申请登记，经登记主管机关核准，领取《营业执照》，在核准登记的经营范围内从事经营活动。结合《最高人民法院关于适用〈中华人民共和国民事诉讼法〉的解释》第五十二条第（五）项规定，分公司或者法人的分支机构，只要是依法设立并领取营业执照的，就应属于"其他组织"。由此可见，经登记领取《营业执照》的分公司或者法人的分支机构，只要招标项目属于其经营范围，其依法可以独立参与招标或者投标，也有权以自己的名义签订合同。

《民法总则》第七十四条第二款规定："分支机构以自己的名义从事民事活动，产生的民事责任由法人承担；也可以先以该分支机构管理的财产承担，不足以承担的，由法人承担。"分公司或者法人的分支机构由于不具有独立的法律主体资格，其参加招标投标对外需要承担法律责任的，由设立该分公司的总公司或者设立分支机构的法人承担。在承担责任时，分公司、分支机构首先以自己的资产承担责任，自己的资产不足以对外承担责任的，由设立分公司的总公司或者设立分支机构的法人承担。对于非依法设立的，没有登记领取营业执照的分公司、分支机构，由于其不符合"其他组织"的条件，因而也就没有资格以自己的名义对外进行招标投标，对外擅自以自己的名义所签订的合同应属无效。

招标人或者投标人在从事招投标活动过程中，应注意审查对方的主体资格，确定对方是否能以自己的名义从事招投标，并且是否具有签约的能力。

二、合同谈判引发的法律风险及对策

1. 对合同谈判过程中变更合同实质性内容的法律分析

在中标通知书发出之后，招标人与中标人往往要为签订正式的合同进行谈判，在谈判过程中，招标人有时会为了降低造价、提高质量或者其他要求，而与投标人就合同的实质性内容进行谈判，投标人在中标以后也可能基于各种因素要求提高价格、延长工期、修改付款方式等，而这些要求一般都涉及合同实质性内容的变更。根据《招标投标法》第二十七条规定，投标人应当按照招标文件的要求编制投标文件，投标文件应当对招标文件提出的实质性要求和条件作出响应。也就是说，投标文件应反映招标项目的实质性内容和拟签订的合同的主要条款。

投标文件是投标人意思表示的载体，是对特定的招标人发出的，并且其内容具体明确，是投标人向招标人做出的希望与招标人订立合同的意思表示，对投标人具有法律约束力。招标人确定中标人并发出中标通知书，即是对中标人所提交的投标文件内容的认可，属于合同法上的承诺。《招标投标法》第四十六条规定招标人和中标人应当自中标通知书发出之日起三十日内，按照招标文件和中标人的投标文件订立书面合同；招标人和中标人不得再行订立背离合同实质性内容的其他协议。因此，定标以后，招标人、中标人都不得通过谈判变更合同的实质性内容。所谓"合同实质性内容"，是指对合同当事人的主要权利和义务产生重大影响的内容，根据《招标投标法实施条例》第五十七条的规定，"合同实质性内容"一般包括合同的标的、价款、质量、履行期限、技术标准、设备配置等对招标人或者中标人利益产生重大影响的内容。

2. 变更合同实质性内容所存在的风险及对策

由于合同实质性内容与合同当事人利益密切相关，招标文件和投标文件中所涉及的合同实质性内容是招标人、投标人经过慎重决策而提出的交易条件，中标通知书发出后，合同实质性内容即为确定。因此，结合《招标投标法》第四十六条和《招标投标法实施条例》第五十七条规定，中标通知书发出以后，招标人和中标人签订书面合同的，合同的实质性内容应当与招标文件和中标人的投标文件的内容一致。否则，依据《招标投标法》第五十九条规定招标人与中标人不按照招标文件和中标人的投标文件订立合同的，或者招标人、中标人订立背离合同实质性内容的协议的，责令改正；可以处中标项目金额千分之五以上千分之十以下的罚款。中标通知书发出以后，招标人或者中标人任何一方都无权要求改变合同实质性内容，如果中标人要求改变合同实质性内容而导致无法签订书面合同的，招标人可以取消其中标资格，并没收其投标保证金，对于招标人所遭受的超过投标保证金的损失，中标人对超过的部分还应承担赔偿责任；如果招标人要求改变合同实质性内容，中标人也有权拒绝，由此给自己造成损失的，有权要求招标人赔偿损失。

因此，对于招标人而言，为避免在确定中标人以后再行提出变更合同实质性内容而引发风险，其在编制招标文件时要认真、细致，对于涉及招标项目的实质性要求和内容在做出决策时要十分慎重，对于比较确定的交易条件和交易内容在招标文件中应明确提出，对于无法完全确定的交易条件和交易内容，可以设置幅度条款或者设定变更的条件和方式。

对于投标人而言，应当严格按照招标文件的要求制作投标文件，对于招标文件中所涉及的招标项目的实质性要求和内容，同样也要审慎地作出回应。

对于那种为了提高中标率，故意降低自己的交易条件，在中标以后又提出变更合同实质性内容的，招标人不仅有权拒绝还可要求赔偿损失，招投标活动监督机关有权予以处罚，以维持公平竞争的交易秩序。

三、拒绝签约引发的法律风险及对策

1. 中标通知书的法律性质分析

根据《招标投标法》第四十五条规定，中标人确定后，招标人应当向中标人发出中标通知书，并同时将中标结果通知所有未中标的投标人。由此可见，招标人经过开标、评标，最终发出中标通知书，确定中标人，实际上是对所有投标人的投标文件进行评审比较，最终选择与具有最优交易条件的投标人交易。因此，最终确定中标人、发出中标通知书的行为，应是对中标人的投标行为的承诺。

中标通知书是承诺，招标人向投标人发出中标通知书，就是同意投标文件的内容。根据《合同法》第二十六条规定，承诺一般自承诺通知到达要约人时生效。值得注意的是：《招标投标法》对中标通知书的生效采用发出主义，规定中标通知书一经发出即发生法律效力，也就是对招标人和中标人都发生法律拘束力。

2. 中标通知书发出后一方拒绝签约引发的法律风险

在招标投标实践中，中标通知书发出后，招标人或者中标人应签约而不签约，或者因一方提出变更合同实质性内容导致合同无法签订的，如何承担责任，是一个有争议的问题。根据《合同法》第二十五条、第四十四条规定，一般情况下，承诺生效时合同成立，依法成立的合同，自成立时生效。但《合同法》第三十二条也规定："当事人采用合同书形式订立合同的，自双方当事人签字或者盖章时合同成立。"据此，笔者认为，根据《招标投标法》第四十六条规定，招标人和中标人应当订立书面合同，招标人与中标人之间的招标项目合同自书面合同订立之日起成立、生效（法律、行政法规要求办理批准、登记等手续生效的，依照其规定）。根据《合同法》第十一条、第三十二条规定，所谓书面形式，是指合同书、信件和数据电文（包括电报、电传、传真、电子数据交换和电子邮件）等可以有形地表现所载内容的形式，采取合同书形式订立合同的，合同自双方当事人签字、盖章时成立。投标文件是按照招标文件编制的，并对招标文件的实质性要求和条件作出回应，中标通知书的发出，即意味着招标人对投标人投标文件内容的认可，换言之，招标人与中标人就招标项目交易的主要内容已经达成了协议，招标文件、投标文件、中标通知书即是这种协议的书面载体，招标人与中标人要订立的书面合同，是对双方认可的招标文件与中标人的投标文件在合同上予以确认，以内容详尽全面的合同书的形式对中标通知书的简要表述进行覆盖，合同的实质内容不能突破招标文件和中标人投标文件的规定。中标通知书一经发出，即产生法律效力，招标人与中标人均有义务基于诚信原则和互相信赖订立合同，一方拒绝签约的，应向对方承担缔约过失责任，如当中标人放弃中标项目，则招标人对其已经提交的投标保证金不予以退还，给招标人造成的损失超过投标保证金数额的，还应当对超过部分予以赔偿；未提交投标保证金的，对招标人的损失承担赔偿责任。

那么，当招标人、中标人任何一方悔标，拒不签订书面合同时，对方能否根据《招标投标法》第四十六条的规定诉请悔标方签订书面合同？笔者认为，任何一方悔标的，即表明其已经放弃签订书面合同、放弃中标项目，丧失履行合同的诚意；强制要求悔标方签订书面合同已经失去意义，而且从操作层面来看也难以实现。再者，招标项目合同的履行，依赖于招标人、中标人的相互协作，缺乏任何一方的协作、配合，合同的履行几乎不可能。因此，在一方悔标拒签合同的情况下，对方仍要求其承担继续履行、采取补救措施的违约责任，一般情况下很少有实现的可能。由此，招标人、中标人任何一方悔标，拒不签订书面合同的，相对方可要求悔标方承担损害赔偿责任，要求悔标方承担为从事招标或者参与投标、为准备履行合同等所支出的合理费用。

3. 中标人拒绝签约投标保证金的处理

根据《招标投标法实施条例》第七十四条规定，中标人无正当理由不与招标人订立合同，招标人有权取消其中标资格，投标保证金不予退还。中标通知书发出后，中标人无正当理由拒不签订书面合同的，要承担损害赔偿的违约责任，此时应如何处理中标人的损害赔偿责任与招标人不予退还投标保证金之间的关系？笔者认为，可以借鉴《工程建设项目施工招标投标办法》第八十一条第二款或者《工程建设项目货物招标投标办法》第五十八条第二款规定，如果因中标人拒绝签订合同给招标人造成的损失额低于其提交的投标保证金的，招标人不予退还投标保证金，中标人也无需另行支付赔偿，对于中标人而言，此时的投标保证金带有一定的惩罚性质；如果中标人拒绝签订合同给招标人造成的损失额高于其提交的投标保证金的，招标人不仅有权不退还保证金，还有权要求中标人对超过的部分另行支付，此时的投标保证金被抵作损害赔偿金。

四、逾期签约引发的法律风险及应对策略

《招标投标法》第四十六条规定招标人和中标人应当自中标通知书发出之日起三十日内订立书面合同。招标人或者中标人未在规定的时间内订立书面合同的，即为逾期签约。招标人和中标人一方逾期签约的，对方仍然有权要求其签订书面合同。但是，如果招标文件中规定了投标有效期的，一方逾期签约，则存在着法律风险。根据《工程建设项目施工招标投标办法》第二十九条第一款规定，招标文件应当规定一个适当的投标有效期，以保证招标人有足够的时间完成评标和与中标人签订合同；投标有效期从投标人提交投标文件截止之日起计算。过了投标有效期的，投标文件即不再具有法律约束力。对于招标人而言，如果招标人在招标文件中规定了投标有效期的，招标人应在投标有效期内完成评标和与中标人签订合同；逾期要求与中标人签订合同的，因投标文件对中标人不再具有法律约束力，中标人有权拒绝签订合同并无须承担责任。对于中标人而言，招标人在招标文件中规定了投标有效期的，如果招标人没有在投标有效期内完成评标和与中标人签订合同，投标文件失去法律效力，中标人也无权要求招标人再行签订合同。投标有效期事关招标人和中标人切身利益，因此招标人应考虑到不同行业、不同领域、不同的招标项目评标及签订招投标项目合同的所需要的合理时间，确定一个合理的投标有效期。

（原文载于《中国招标》2013 年第 3 期）

招标项目合同履行中的法律问题及对策

◎**本文概要** 招标项目合同的履行同时受合同法和招标投标法约束。本文针对转包、违法分包、不当变更合同以及违约等常见法律风险，提出禁止转包、严格限制分包、提交履约保证金、依法变更合同和全面履约等对策。

招标项目合同的履行，应按照《合同法》的规定执行。同时，基于合同项目是通过招标投标方式确定的，同时也要适用《招标投标法》上的特殊规定。招标项目合同在履行过程中，常见的法律风险主要有转包、违法分包中标项目、不当变更合同以及不按照合同约定履行等违法、违约行为，损害招标人利益或社会公共利益。招标人、投标人在招标项目合同签订之后，应按照《合同法》《招标投标法》规定依法如实履约，防范由此带来的风险和责任。

一、招标项目合同履行中常见法律问题

（1）中标人在获取招标项目后将其承包的全部工程项目转包给第三人，或者将其承包的全部工程项目肢解以后以分包的名义分别转包给第三人，将使招标失去实质意义，而且转包行为具有很大的危害性，易形成"层层转包、层层扒皮"的现象，滋长不良风气，既催生工程项目质量、安全隐患，也增加工程管理难度。

（2）中标人并未事先在投标文件中载明分包情况，也未经招标人同意，就擅自决定将部分招标项目进行分包、超越招标文件或招标人同意范围进行分包，甚至分包给资质不符合要求的单位或个人，或者自行将招标项目的主体、关键性工作分包给他人完成，损害招标人利益。

（3）招标人自行放松法律对分包问题的限制性要求，与中标人

达成默契，允许中标人转包，或者强行要求承包人将中标项目分包给其指定的分包人，以切割中标人通过竞争所获得的利益。

对于上述转包、违法分包的行为，根据《合同法》和《最高人民法院关于审理建设工程施工合同纠纷案件适用法律问题的解释》等规定，转包合同和分包合同无效，招标人可以追究中标人的违约责任，请求人民法院或仲裁机构解除合同。另外，《招标投标法》第五十八条规定，中标人将中标项目转让给他人的，将中标项目肢解后分别转让给他人的，将中标项目的部分主体、关键性工作分包给他人的，或者分包人再次分包的，转让、分包无效，行政监督管理部门可处以罚款；有违法所得的，并处没收违法所得，还可以责令停业整顿；情节严重的，由工商行政管理机关吊销营业执照。

（4）合同履行过程中变更合同实质性内容（如变更价款）缺少合法理由，这种变更招标结果的行为，一些属于以合同变更为手段规避招标或虚假招标的违法行为，如不防止，将助长投标人干搞幕后交易，不择手段谋取中标，在中标后变更合同，实现其不当利益。

（5）招标人或中标人在履约过程中有拒不履行、部分履行、迟延履行等违约行为，损害对方当事人利益。

二、相关法律风险防范对策

1. 禁止转包

《招标投标法》第四十八条规定："中标人应当按照合同约定履行义务，完成中标项目。中标人不得向他人转让中标项目，也不得将中标项目肢解后分别向他人转让"，即禁止中标人将合同转包给他人，无论这种转包是以整体形式，还是以分割形式，这一规定承接《合同法》上关于合同转让的规定。《合同法》第七十九条规定："合同债权人可以将合同权利的全部或者部分转让给第三人，但有下列情形之一的除外：（一）根据合同性质不得转让；（二）按照当事人约定不得转让；（三）依照法律规定不得转让。合同债务的全部或者部分也可以转让给第三人，但须经债权人同意，合同当事人还可以将合同的债权债务概括转移"。《合同法》第二百七十二条、《建筑法》第二十八条明确禁止承包单位将其承包的全部建筑工程转包给他人或者肢解以后以分包的名义分别转包给他人。

2. 严格限制分包

《招标投标法》第四十八条规定："中标人按照合同约定或者经招标人同意，可以将中标项目的部分非主体、非关键性工作分包给他人完成。接受分包的人应当具备相应的资格条件，并不得再次分包"，《建筑法》第二十九条也确立了限制分包制度。

（1）中标人只能在以下两种情况下分包：①中标人可以在投标文件中载明分包情况，并根据合同约定进行分包。②中标人可以在授予合同后根据招标人同意而分包，这主要是为了适应投标人没有在投标文件中说明分包情况，但基于招标项目的性质，在合同授予后又需要进行分包的情形。

（2）中标人无论在何种情况下进行分包，都只能仅将非主体、非关键性工作分包给他人完成，项目的整体合同或关键性工作必须由中标人亲自完成。投标人在投标时对于非主体、非关键性工作的分包，必须在投标文件中载明。在签订合同之前，中标人应与分包人签订分包合同，并报招标人备案，否则不得分包。

（3）分包人应当具备相应资格条件，并禁止再次分包。法律暂未规定分包人资格的审查主体，既然分包是主承包商（中标人）的行为，那么主承包商就有义务保证分包人的资格符合合同要求，并保证分包人对采购项目不得再次分包，招标人对此有权监督。发现中标人转包或违法分包时，可要求其改正；拒不改正的，可终止合同，并报请有关行政监督部门查处。

（4）中标人应当就分包项目向招标人负责，分包人就分包项目承担连带责任。《招标投标法》对招标人、中标人和分包人之间的关系作出了特别规定，尤其强化了分包人对招标人的责任。依据合同法上的合同相对性原则，存在主承包合同与分包合同的情况下，招标人只与主承包商存在着合同关系，并不与分包人存在直接的合同关系，分包人就分包合同的履行仅向主承包商负责，并不直接向招标人承担责任。《工程建设项目施工招标投标办法》第六十六条规定："招标人不得直接指定分包人"，所以非主体工程或非关键项目的分包人，应由承包人自行选择。《招标投标法》突破了合同的相对性原理，要求分包人就分包项目的履行直接向招标人承担责任，而且主承包商与分包人承担连带责任，更加有利于保障招标人的利益。

3. 严格按照要求提交履约保证金

在合同履行期间，中标人若违约拒绝或不正确履行合同，将可能给招标人造成经济损失。因此在招标文件的合同条款中，一方面应当针对中标人不同情形的违约行为在合同中约定相应的违约责任，以保证招标人因中标人违约造成经济损失时能得到适当的经济补偿。另一方面可要求中标人提供履约保证金，在法定比例内适度提高中标人的履约担保额度，加大履约担保对中标人的约束力度。

《招标投标法实施条例》第五十八条规定："招标文件要求中标人提交履约保证金的，中标人应当按照招标文件的要求提交。履约保证金不得超过中标合同金额的 10%。"履约保证金属于法律规定的一种特殊的督促中标人履行债务以及中标人违约而弥补招标人经济损失的一种有效措施。招标人应在招标文件中提出中标人应在签署合同时提交履约保证金及其格式、金额和保证期限。第一，履约保证金的金额应足以督促中标人履行合同，否则过高会加重中标人负担，过少又达不到制约中标人的目的，一般不超过合同金额的 10%。第二，招标人应当在招标文件中规定提交履约保证金的时间要求，一般要求中标人在接到中标通知书后的一定天数内提供。在整个合同履行期限以内，履约担保都应当有效。如果是以出具保函的方式提供担保，则保函必须是无条件的，担保人不得对招标人的支付要求进行抗辩或提出不合理的限制性条件。第三，如果中标人拒绝提交履约保证金，则视为放弃中标项目，除将丧失其索回投标保证金的权利外，还应当承担赔偿责任。在这种情况下，招标人可以从其余的有效中标候选人中择优选择中标人，也有权拒绝其余的所有投标，并重新招标。

另外，合同风险主要是价格风险，招标人应加强对合同价格风险的控制。合同价格调整、变更、索赔等条款往往是影响合同价格风险的关键，也是防范和控制合同价格风险的有效途径。因此，在招标文件合同条款中，应当根据招标项目实际情况，对合同履行过程中可能发生的引起合同价格变化或索赔的因素进行充分的预测，合理确定价格调整、变更、索赔等合同条款内容，有效防范和控制合同价格风险，如对于建设工程，意外事故和自然灾害带来的风险往往是难以避免的，因而可以在招标文件合同条款中规定合同双方分别对自己负责的险种及保险范围进行投保，加强对工程保险的管理，提高对工程风险的可控性。

4. 依法变更合同

合同法允许合同双方在履约过程中经协商一致就可以变更合同，但基于招标采购的特殊性，经过招标程序签订的合同的变更应更为严格，其理由是：变更合同，可能是由于履约过程中情势发生变化，确需变更合同内容，如不变更，将导致合同双方当事人利益失衡，显失公平，但也可能存在招标人与投标人事前串通，先以低价或很高的技术要求中标，之后双方再通过合同变更手段达到变更招标结果的目的，这实质上就是一种变相的规避招标或虚假招标行为，应被禁止。

如某工程施工项目公开招标，A公司和B公司均参加投标，且两家的投标均低于标底，最后B公司因是业主的关联企业而中标，并签订了总价包死的施工合同。工程竣工后，业主与B公司实际结算款超出中标价40%。A公司得知此事后，认为业主未按中标价履约，而是以低价中标在履约中调增价款，有弄虚作假行为，遂提起投诉。本案例中，如不禁止业主方与B公司的违法行为，势必会在实质上剥夺其他投标人公平竞价的权利，且纵容招标人与投标人之间串通投标。

招标人和中标人都应当依法签约、诚信履约，防范不规范的变更。如果合同本身不完善，那么大量的合同变更在所难免，为此招标人必须要提高招标组织水平，编制出高质量的招标文件，采用完善的合同条件、细化评标办法、严格评审，加强合同管理，减少和规范合同变更行为。对于投标人而言，要仔细研究招标文件，如有疑惑应要求招标人答疑，认真制作投标文件，为减少合同变更风险打好基础。在履约过程中，因合同履行背景、条件发生变化而且合同规定允许双方变更合同的，方可依法变更合同；对于对方提出的变更合同不具有合法事由的，坚决予以拒绝，维护合同的法律效力。

招标人和中标人都不能在合同签订之后，没有合法合理的理由，擅自变更合同内容，杜绝弄虚作假、以合同变更之名行变更招标结果之实的违法行为。

实践中允许投标人中标后仍能变动合同价（投标价）的情形，一般都是因为设计变更和工程量调整引起的合同总价变动，而且合同中也已经明确了因设计变更或暂估工程量核定后的价款变更原则。

5. 合同双方当事人都应严格按照合同约定全面履行

招标人和中标人在履约过程中，不履行、部分履行、迟延履行或具有其他不当履行行为，构成违约行为，应依据《合同法》规定追究其违约责任；中标人提供了履约保证金的，招标人有权没收其履约保证金用于弥补其损失。如果合同尚未履行完毕，中标人失去履约能力或者依法解除合同的，需要重新确定合同对方当事人。

根据《合同法》规定，合同履行过程中，中标人的违约行为大致可以分为以下几类：①不履行，中标人能够实际履行而不履行或合同履行期届满中标人未能实际履行两种情况；②不完全履行，包括给付有缺陷或加害履行；③迟延履行，即中标人不能按期完成招标项目。中标人在上述情形下应承担以下违约责任：第一，如提交履约保证金的，不予退还履约保证金，不管中标人的违约行为是否给招标人造成损害，只要其不履行合同即可。第二，赔偿损失，中标人赔偿的范围包括招标人所遭受的直接损失和间接损失，但不应当超过当事人订立合同时预见到或应当预见到因违反合同可能造成的损失。缴纳的履约保证金应当抵作损害赔偿金的一部分。履约保证金的数额超过因违约造成的损失的，中标人对于该损失不再赔偿。相反，履约保证金数额低于因违约造成的损失的，中标人还应当对超出部分予以赔偿。如果中标人的违约行为造成的损失重大的，有关行政监督部门可以取消其二至五年内参加依法必须招标项目的投标资格并予以公告，但法律未规定招标人是否也可以决定取消其一定年限的投标资格，招标人可以在招标文件中规定投标人有不良履约行为的，对投标人今后参与投标的资格条件予以限制。

（原文载于《中国招标》2014 年第 11 期）

参 考 文 献

1. 胡康生. 中华人民共和国合同法释义（第3版）[M]. 法律出版社，2013.

2. 全国人大常委会法制工作委员会. 中华人民共和国招标投标法释义 [M]. 法律出版社，2001.

3. 国家发展改革委法规司等. 中华人民共和国招标投标法实施条例释义 [M]. 中国计划出版社，2012.

4. 全国人大常委会法制工作委员会. 中华人民共和国政府采购法释义 [M]. 中国法制出版社，2002.

5. 本书编委会. 招标投标常用法律法规便查手册 [M]. 中国电力出版社，2016.

6. 白如银，张志军，孙逊. 招标投标典型案例评析 [M]. 中国电力出版社，2017.

7. 全国招标师职业水平考试辅导教材指导委员会. 招标采购法律法规与政策 [M]. 中国计划出版社，2012.

8. 全国招标师职业水平考试辅导教材指导委员会. 招标采购专业实务 [M]. 中国计划出版社，2012.

9. 陈川生，沈力. 招标人暨行政监督疏议 [M]. 电子工业出版社，2010.

10. 陈川生，沈力等. 招标投标法律法规解读评析 [M]. 电子工业出版社，2014.

11. 何红锋. 招标投标法研究 [M]. 南开大学出版社，2004.

12. 何红锋，李德华，方媛. 招标投标法实施条例条文解读与案例分析 [M]. 中国电力出版社，2015.

13. 国家电网公司经济法律部. 招标活动法律保障工作实务指南（2016版）[M]. 中国电力出版社，2016.

14. 刘振亚. 电力企业招投标法律风险防范 [M]. 中国电力出版社，2009. 01.

15. 赵勇，陈川生. 招标采购管理与监督 [M]. 人民邮电出版社，2013. 07.

16. 毛林繁，李帅锋. 招标投标法条文辨析及案例分析 [M]. 中国建筑工

业出版社，2013.05

17. 陈川生，王倩，李显冬. 关于中标通知书法律效力的研究［J］. 中国招标. 2011 年第 8 期

18. 钱忠宝. 论国资项目定标权的归属. 中国招标. 2010 年第 25 期

19. 李后龙，俞灌南，杨晓蓉，潘军锋. 建设工程招投标纠纷案件审判疑难问题研究. 法律适用. 2017 年第 7 期

20. 徐敏阳. 遏制工程招投标中"串标"行为的对策和建议. 建筑市场与招标投标. 2006 年第 7 期

21. 陈川生. 论评标委员会的地位、作用和法律责任. 中国招标. 2010 年第 44 期

22. 陈川生. 再论评标委员会的法定代理及其实践意义. 中国招标. 2010 年第 45 期

23. 陈川生. 三论评标委员会的法定代理及招标人的权利. 中国招标. 2010 年第 46 期

24. 陈川生. 四论评标委员会的法定代理和评标专家管理. 中国招标. 2010 年第 48 期

25. 陈川生. 五论评标委员会的法定代理和行政监督. 中国招标. 2011 年第 2 期

26. 何录华. 对评标委员会的法律地位的初步思考. 中国招标. 2010 年第 50 期